有坂 純
Jun Arisaka

ウクライナ戦争の正体

軍事史から読み解く
「不可解な戦争」

ONE PUBLISHING

まえがき

戦意高揚のプロパガンダや、その他の様々な理由によって、戦争はしばしばスポーツの試合になぞらえられてきたし、あるいは反対に、スポーツの試合が戦争の暗喩――チームを称して「○○軍」など――で語られることも珍しくはない。しかし、それが災厄や地獄であるか否か、そこで人が大量に殺されるか否かという以前に、戦争は――正確には近現代の戦争は「ゲーム」としてスポーツとはまったく性質を異にしている。[*1]

戦争、とりわけ現在のウクライナ戦争やガザをめぐる戦争のような、規模やグローバルな影響の大きな戦争が始まると、人々は日々更新されてゆくあらゆる種類の情報の奔流に晒されることになるが、スポーツの報道とは違い、情報の量は「何が、どうして起こっているか」を理解する直接の役には立たない。ほとんどの情報は、受け手をそれぞれの立場に応じて一喜一憂させるばかりで、事象Aが起こった原因や、別々の時間と空間で起こった事象Aと事象Bとの間の関係性を、分かりやすく説明してはくれないのである。

なぜ、ウクライナは多くの専門家が予測したように開戦から数日間で崩壊しなかったのか？　なぜ、国力と戦力に優るはずのロシア軍はこれほどまで「弱い」のか？　なぜ、人口がウクライナの三倍のロシアが兵士の募兵と訓練に苦しんでいるのか？　なぜ、多くの先進的な戦車や歩兵戦闘車（ＩＦＶ）が投入されているにもかかわらず、戦いが第一次大戦のような塹壕戦となっているのか？　なぜ、ロシア軍は訓練も受けていない囚人を兵士に仕立て上げ、「肉挽き器」に送り込まねばならなかったのか？　なぜ、一四〇〇機もの作戦機を持つロシア航空宇宙軍（空軍）が戦場でほとんど役に立っていないのか？　なぜ、キンジャル弾道ミサイルやレオパルト2戦車といった「超兵器」が戦局を劇的に変えないのか？　なぜ、ロシア軍はブチャの町の普通の住民を捕らえ、組織的に虐殺したのか？　そしてなぜ、戦争はいつまでも終わらないのか？

本書はウクライナ戦争で「何が起こったか、起こっているか」を一方的に説明するのではなく、「何が起こっているのかを考える」ための手がかりを、主に軍事史研究の知見に基づいて提供しようとする試みである。そのためにまず、近代戦というものの本質と、それが歴史上で実際にどのように戦われ、取り組まれてきたかということを俯瞰した上で、ウクライナ戦争で観察されている諸要素を一つ一つそこに当てはめてゆきたい。

具体的に手がかりのキーワードとなるのが、「非線形性《ノンリニアリティ》」「紀律《ディシプリン》」「作戦術《オペレーショナル・アート》」、そして「テクノロジー」である。

非線形性とはごく簡単に言えば、問題があまりにも複雑過ぎて、原因から結果を一対一では予測できないことである。手に入った情報を単純に加算しても、予測の品質は向上しない。つまりメディアの報道に反射的に「一喜一憂」することは、戦争を理解する上でほぼ無意味なのである。

紀律は、組織化の手段としての抑制的なメカニズムである。高校の野球部員を漏れなく丸刈りにするとか、そのような皮相的なことではまったくなく、指揮統制や戦術、装備品の開発と配備など、軍隊の活動のおよそあらゆる分野で行われる紀律化は、近現代における戦争文化の根幹として、戦争の非線形性を克服するための強力な道具となっているのである。

作戦術は、近現代の戦争で勝利するための、もっとも重要な紀律である。それは、国力や戦車の数といった「生」の資材を、個々の戦場で戦果を得るための戦力に変換し、そして複数の戦場で得られた戦果を結びつけ、最終的な目標の達成へと寄与させてゆく術なのである。

そして戦争に関する大きな誤解の一つが、テクノロジーが果たす役割である。ドローンやミサイル、IT技術といったテクノロジーの影響は無視し得ないが、決定的ではない。古代よりテクノロジーの発達は、戦争のやり方を漸進的に進化させてきたが、革命的に変化させたことは実はほとんどない。数年前にハーバート・マクマスタ将軍が「吸血鬼の誤謬」というアナロジーで警告したように、最新のテクノロジーがもたらす衝撃は実際には時間的にも空間的にも限定的であって、安全な場所でただボタンを押しさえすれば、苦労もなく血を流すこともなく戦争で勝利できるといったことはあり得ないのである。オムドゥルマン[*2]（一八九八）や湾岸戦争の砂漠の嵐作戦（一九九一）といった一方的な戦いは、単純なテクノロジーの優位だけで得られた勝利ではないのだ。

本書は三章構成とし、第一章では戦争、わけてもウクライナ戦争のような近現代における通常戦《コンヴェンショナル・ウォーフェア》（正規戦、対称戦）の性質を歴史的に論じる。第二章では、数理モデリングの手法を用いて、二〇二二年春の緒戦におけるロシア軍の侵攻の失敗の経緯と原因を、近似的かつ定性的に解明する。そして第三章では、作戦術の理解と分析を通じて、ロシア軍とウクライナ軍の紀律と能力を比較する。

本書の論述はもっぱら軍隊の構造と能力を対象とし、政治と経済、戦略は直接には扱わない。

しかし、ロシア軍の先進兵器のほとんどに多数の西側製の半導体が使われていることから分かるように、経済のグローバル化、水平分業化は、現在では戦域での作戦の帰趨と切り離すことはできなくなっている。制裁下のロシアで先進兵器の生産が上手くいっていない[*3]のも、逆に、半導体のようなクリティカルなコンポーネントを自力で生産していないトルコやインドが、それらを輸入してバイラクタルＴＢ２ドローンやアルジュン戦車といった先進兵器を開発できているのも、経済のグローバル化の帰結なのである。

そのようなグローバルなサプライ・チェーンと戦争との強い関係について触れられなかったのは、単に時間の不足、筆者の力量の不足ゆえであることをお断りしておきたい。

1 カイヨワが看破したように、前近代における一部の様態の戦争は、少なくとも従軍する戦士らにとっては、きわめてスポーツに近かった。実際、中世欧州の馬上槍試合（トゥルネイ）は、プロスポーツ化した戦争に他ならない。ロジェ・カイヨワ、秋枝茂夫訳『戦争論　われわれの内にひそむ女神ベローナ』法政大学出版局（一九七四年）、pp.23-31.

2 一八九八年、エジプト領スーダンで叛乱を起こしたマフディー運動の軍を、数的に遥かに劣勢なイギリス派遣軍とエジプト軍が撃滅した会戦。

3 ロシア政府の公式の分析でさえ、西側半導体への依存からの脱却はどんなに急いでも二〇三〇年までは不可能だとしている。そして言うまでもなく、その頃には西側の半導体はさらに性能と経済性を向上させているだろう。I. van Brugen, 'Russia Signals it can't ditch Critical Western Tech any Time soon', Newsweek, September 27th, 2023. (https://www.newsweek.com/russia-technology-microchips-western-sanctions-1830368)

目次

第3章 何が戦いを支配するのか

装丁・本文デザイン／ファントムグラフィックス
DTP／ゼスト
編集協力／アルタープレス

ウクライナ戦争の正体

軍事史から読み解く「不可解な戦争」

第1章

よみがえった通常戦

現在のアメリカ軍の医療システムは、このような大規模な紛争に対処できない……対等の敵が用いる兵器は、アメリカ軍のあらゆる過去の経験より遥かに致命的となり、外傷のパターンもより深刻化するだろう。

——アーロン・エプステイン医師[*1]

会戦を決心したのなら、戦力を集中せよ。戦力を分散してはならない。時には一個大隊がその日の命運を決する。

——ナポレオン

1 起こらなかった二つの侵略

二〇二二年二月二四日のウクライナ戦争の開戦で、世界がまず驚いたのは、アメリカが警告していた通り、ロシアが本当に隣国を侵略したことではなく、ロシア軍の信じ難いまでの「弱さ」であった。

二〇一四年のクリミア侵攻直後に、ロシアを追放した主要国首脳会議がG8からG7へ戻って以来、ロシアは北大西洋条約機構（NATO）東側面の脅威であり続けてきた。しかしながら、それは冷戦時代たけなわのソ連とはまったく次元の異なる脅威であった。この相違を理解する手がかりとしてまず、二人のイギリス陸軍の退役将官が、三八年間の時を隔ててそれぞれ著したフィクションについて見てみよう。

NATO北方軍集団司令官を務めたジョン・ハケット大将が一九七八年に出版した『第三次世界大戦　1985年8月』は、一九八五年、ポーランドの暴動とティトー後のユーゴスラヴィアの内乱がグローバルな危機に拡大し、ワルシャワ条約機構軍が西欧に全面侵攻を発起する、という筋書きの小説で、一九七〇年代のNATOが抱えていたあまたの政治的、軍事的な弱点を世論――作中で何度も強調されているようにとりわけ著者の母国イギリスの――に訴えかけるために書かれたものである。[*2] 二倍ないし三倍の数的優勢を有し、緒戦で主導を獲得したワルシャワ条約機甲軍は、北ではデン・ハーグとロッテルダムを陥れてライン河に達し、中部ではフランクフルト・アム・マインに迫り、南ではオーストリアとイタリアほぼ全域を確保するに至るが、立ち直ったNATO軍の、わけても航空優勢と電子装備の優位、そして圧倒的な海上優勢に護られてアメリカから到着した増援とによって戦勢は逆転する。[*3] 双方が戦略核兵器を一発ずつ発射し、バーミンガムとミンスクが数十万以上の住民もろとも破壊された直後にウクライナ——ワルシャワ条約機構のもっとも重要な軍事的中枢の一つであったウクライナから叛乱が始まり、クーデタで指導部を一掃されたソ連が崩壊して物語は終わる。

もう一人の、リチャード・シレフ大将は元欧州連合軍副司令官で、二〇一六年の小説『二〇一七年対ロシア戦争　司令部からの警告』は、ジョージア（グルジア）とクリミア半島に侵攻したウラディーミル・プーチン大統領のロシア軍が、次の獲物としてNATOの柔らかい横腹、バルト三国を狙ってくるという筋書きである。[*4] 独裁者の下で一元化され、迅速で容赦ないロシアに対して、NATOの制度には欠陥があり、これまでの極端な軍縮政策が祟り戦力を即応させることができない。それどころか加盟諸国の政府は最初から結束をまったく欠き、またプーチンがカリーニングラードにこれ見よがしに展開した戦域核兵器を恐れて、バルト三国を救うためのNATO条約第五条[*5]の発動に同意しようとしない。しかし、バルト海で行動していた空母「クイーン・エリザベス」の撃沈が政治の風向きを変え、NATOの航空戦力と特殊部隊がカリーニングラードの核兵器を無力化し、この都市を人質に取ることでロシア軍をバルト三国から撤収させる。おしまいにはかろうじて善玉が勝つものの、ここで描かれているのはまさしく二〇二二年二月に現実のプーチンが期待していたであろう、分裂し、うろたえよろめくＮＡＴＯの姿である。

両者の小説は共に、政府と議会、世論に向けた「警告の書」であるが、内容と趣意は大きく異なっている。ハケットの本では、双方の機甲師団や機械化歩兵師団による、短いが激烈な強度《インテンシティ》の通常戦《コンヴェンショナル・ウォーフェア》（正規戦、対称戦）が繰り広げられる。そもそも戦争が三週間足らずで終結する設定なのは、このような種類の戦争の長期化に兵站は耐えられず、砲弾もミサイルもすぐに備蓄が射耗されてしまうからだ、と作者は説明している。[*6] これは第四次中東戦争（一九七三）の戦訓である。

一方、シレフの作品世界で起こるのは低強度の不正規戦《アンコンヴェンショナル・ウォーフェア》（非対称戦）、いわゆる「ハイブリッド戦」であり、軍縮政策の生贄となった――対潜護衛艦を随伴していなかった――「クイーン・エリザベス」とその乗員乗客を除けば、戦うのはそこそこの規模の機械化部隊と、特殊部隊、航空部隊、サイバー戦部隊である。そこはまた、今では広く知られるところとなったクレムリンの核のレトリックと偽旗作戦の世界でもある。つまるところＮＡＴＯは手酷い屈辱を被るが、ドイツやオランダの国土が敵の軍靴に踏みにじられるわけではない。

シレフの作中の戦争の経緯は、当時、ＲＡＮＤ研究所が行った一連のウォー・ゲーム（兵棋演習）の結果に基づいており、同研究所のデーヴィド・シュラパとマイケル・ジョンソンによれば、二二個大隊（大隊戦術群）によるロシア軍の侵攻を、バルト三国に配備されている軽歩兵一二個大隊では止めようがなく、最善の場合でも彼らはタリンとリガにそれぞれ六〇時間以内に到達していた。そして、占領され、まず間違いなくロシアに「併合」されるであろうバルト三国を解放するために、ＮＡＴＯは大戦力を動員し、（本来の）ロシア領内をも戦域とする反攻を発起するか、冷戦時代のドクトリンをなぞって核兵器をモスクワに突きつけるか、さもなくばバルト三国を見捨てるかの、いずれかを取っても破滅的な選択を強いられることになる。[*7]

もっとも、ＲＡＮＤのアナリストたちはちゃんと処方箋を用意していた。彼らによれば、充分な航空戦力と砲兵に支援される重旅団（機甲または機械化歩兵）七個をバルト三国に配備しておけば、プーチンの野心を抑止できるのである。そのための経費は年二七億ドルと試算されているが、毎日毎週のように「〜億ドル」という新たな支出の数字が報道されている現実のウクライナ戦争のこれまでを振り返ってみれば、これがきわめて安上がりな平和のための出費だったことが分かる。

さすがにクリミアの強奪が現実となった後では、ＮＡＴＯもこのリスクを看過してはおられず、二〇一七年よりバルト三国に計三二六〇名の多国籍戦闘群（指揮階梯は大隊）三個を前方展開し、ウクライナ戦争の勃発後にはこれらを計四九四九名に増強した。[*8] ＲＡＮＤの処方箋より遥かに小さな戦力であるが、カリーニングラードを含むＮＡＴＯ正面ばかりか、極東の北方領土など世界各地から戦力や装備品を引き揚げてウクライナとの戦いに注ぎ込まざるを得ない状態の、[*9] 現在の衰弱したロシア軍の侵攻を抑止するにはさしあたっては充分であろう。さらに長期的には、フィンランドとスウェーデンのＮＡＴＯ加盟は間違いなくバルト海における決定的な戦略的優位の獲得に繋がるので、戦力の配備と——後述するように——継戦能力の整備さえ適切になされるなら、ロシア軍のあらゆる攻撃的な作戦行動を不可能とするであろう。

二〇一七年のNATOの前方展開を見たプーチンが、彼の帝国へのバルト三国を併呑をいったん先延ばしにし、代わりに同盟国を持たぬ、政治的に孤立したウクライナに目標を変えたと考えるのは、論理的である。

ちなみに二〇二二年一一月に、『ニューズウィーク』誌はロシア連邦保安庁（FSB）の内通者からの情報として、プーチンはバルト三国やウクライナではなく日本――恐らく北海道――への侵攻を検討していたと報道した。[10] そのような計画を平時からあらかじめ国家戦略のポートフォリオに入れておくのは決して奇異ではなかろうが、実行可能性はまったくの別儀である。確かに、北海道には一定数のプーチンの代理人がおり、ウクライナ戦争開戦以来、彼の忠実なプロパガンダ・マシンとして政界やメディアで活動し続けている。だが、日本への侵攻の発起に呼応して、彼らが政府と議会の意思決定プロセスや、戦域の情報空間やインフラをよく麻痺させ得るとは考えにくい。またロシアは日本に対して最大一五〇発のミサイル打撃[11]が可能であり、もしうち数発ないし数十発を人口密集地や泊原子力発電所に撃ち込めば、世論に「衝撃と畏怖《ショック・アンド・オー》」を与えて日本の長期的な戦略に干渉できるやも知れないが、しかしあくまでそれは認知戦の手法であるに過ぎず[12]、侵攻の一戦術行動としてそれを実施するのであれば、ウクライナで既に失敗し中止されたミサイルによる無差別攻撃や、後述するかつてのドイツのA－4ミサイルの攻撃と同じく、軍事的にも政治的にも実効性はごく限られるだろう。

ましてや、日本の軍事力は自衛隊が一元的かつ集権的に独占しており、治安部隊や民兵といった準軍事組織《パラミリタリ》ないし自衛隊内の軍閥などは存在しないので、例えば旭川を、二〇一四年のセヴァストポリや二〇二二年のヘルソンのように、代理人の息のかかった行政や守備隊の内通によってたやすく奪取することも望めない。

　そもそも侵攻では、後述するようにサイバー戦や認知戦は付随的な戦力倍加手段《フォース・マルチプライア》であって、戦いの主たる手段となるのは必ず、敵軍を撃破して要地を確保するための地上戦力の投射である。質も量も相対的に劣るのみならず、即応態勢が酷い状態にあるロシア太平洋艦隊が、かような両用戦を実施できる見込みは皆無なのである。[*13]

　ところで、ＲＡＮＤのバルト三国防衛研究の結果を逆から見て言えるのは、極端な軍縮政策の下でも、ＮＡＴＯ諸国の潜在的な軍事力はなお圧倒的に優位であって、ハケットの小説の如き通常戦を、ロシアの側からＮＡＴＯに挑む能力はとうていないということである。これについてはＲＡＮＤのスコット・ボストンとダラ・マシコットや、スウェーデン国防研究所（ＦＯＩ）のフレデリク・ヴェスタールンドとスサンネ・オクセンシェルナらの報告書等で論じられている。[*14]

　ウクライナ戦争でのロシア軍の「弱さ」は、ＲＡＮＤやＦＯＩの分析の正しさを示している。そもそもアメリカ軍を始めとする西側諸国の軍隊を基準とするならば、それらに対するロシア軍の相対的な弱さは、ずっと以前から、多くの将校やアナリストたちが共有する言わば公然の秘密であった。ＮＡＴＯのナポリ連合統合軍司令官として、ロシアが鳴り物入りで実施した「ヴォストーク二〇一八」大演習が、酷くお粗末な張子の虎でしかないことを仔細に観察したアメリカ海軍のジェイムズ・フォッゴ大将によれば、「連中はプロフェッショナルの軍隊ではない。紀律のない暴徒の類いか何かだ」。かつて陸軍大将としてＮＡＴＯ軍事委員長を務めたチェコのペトル・パヴェル大統領は、たぶん大多数の専門家の総意を代表して、「ロシア軍が幾つも問題を抱えていることは皆が知っていたが、まさかこれほどとは。彼らも戦訓から学んでいるはずだと思っていた」[*15]。一九八〇年代にソ連軍に勤務していたリトアニア陸軍のヴァイドタス・マリニオニス大佐は、当時自分がいた基地の現在の衛星画像で、兵舎や施設が新しくなっているどころか、一部が朽ち果てたまま放置されているのを見て、「何の進化もなく、ただ退行があるのみだ」[*16]。

もちろん、反対の意見の持ち主もいた。あるロシア軍事の専門家は、シレフの小説について「あまりにもたやすくロシア軍がひねられてしまっている」と評した。彼は、シレフがロシア人はクラウゼヴィッツを読まないと書いたのに反論して、「実際には、ロシア軍の指導部は西側の人々に優るクラウゼヴィッツの徒なのだ。とりわけ、戦争の現実と人間の要素を考慮する点において」と擁護している[*17]。第三章第四節で見るように、この言葉は第二次大戦（一九三九～四五）後半においては間違いなく正しかったが、キーウやチェルニーヒウ、ブロヴァルィやドネツ河、イジュームやヴフレダルの戦闘空間において、二十一世紀のロシア人がクラウゼヴィッツの教えをいかによく守っているかをつぶさに見てきた現在では、どちらの説が現実に近かったのかは明白である。

2 銀の弾の幻想

専攻分野にかかわらず、研究者はどうしても自分の研究対象を無意識のうちに贔屓してしまう傾向がある。しかしもちろん、ロシア軍の虚像と実像とのはなはだしい乖離は、そのように象牙の塔の中だけで説明できる事象ではない。

「世界第二位の軍事強国ロシア」という幻想は、プーチンが定期的に宣伝してきた「超兵器」の数々を先頭に押し立てた、巧妙なプロパガンダの産物に他ならない。そしてそのプロパガンダは、各国の政界や財界、メディアに存在するプーチンの友人と代理人のみならず、ロシアの脅威をセンセーショナルに煽り立てて稼ぎたい一部のジャーナリズムや、自分たちの劣勢をことさら強調することで予算の獲得を図りたい軍の各部門、そして「死の商人」のイメージとは裏腹に、慢性的な利益率の悪さと先の読めない需要に苦しむ軍需企業によって、西側の世論の内部で利用され、増幅されてきたのである。ちなみに、敵の宣伝に乗じたそんな身も蓋もない競争が繰り広げられるのは、これも陰謀論とは真逆に、軍産複合体が「ディープ・ステート」なる妖怪の下で一つにまとまってなどいない証に他ならない。

戦争とは非線形問題の塊である。複雑に相互作用する多くの変数があり、情報が不完全で、かつあらゆる局面で偶然が強く作用するので、原因から結果を一対一で予測できないのである。もっと簡単に言えば、戦争は複雑怪奇で、分かりにくい。それこそどちらが勝っているのか、勝ったのかさえ容易には分からない。戦争が終わっても勝敗が分からないことすらあり得る。メディアは連日戦争について報道するが、そこで取り上げられている個別のあれこれの出来事が、途方もなく大きな戦争の全体像の中にどのように収まるのかは見えて来ない。戦争を、まがいものの騎士的冒険や男らしい高貴なスポーツとして称揚する軍国主義プロパガンダやハリウッド映画とはまるで違い、現実の戦争はひたすらに残虐で、かつ、ひたすらに地味である。

だから世論は、戦争と聞けばその実態ではなく、もっとも分かりやすいイメージ――小綺麗で精悍な兵士たちが一糸乱れず行進するパレードだとか、恐るべき超兵器だとかに眩惑されてしまうが、どちらも軍隊の本当の強弱にはほぼ無関係なのである。

パレードで兵士たちが見せる分列行進は、十八世紀、啓蒙時代の戦争文化の名残りである。当時の低性能の小銃（燧石銃）の火力を最大限に発揮するためには、歩兵を隊形に整斉と密集させたまま、起伏や河川のある戦場を、できる限り精確かつ迅速に運動させることが絶対的に重要とされていた。[*18]すなわち、分列行進は近世の戦争における兵器そのものであり、それを定め、錬成する操典の一部は軍事機密扱いされていた。

現代の軍隊においても、分列行進は兵士たちに紀律と団結心を叩き込み、そしてそれらを外部に披露する手段としてなお一定の価値を保っているが、もはや戦闘力と同義ではない。イギリス陸軍の近衛隊が、毎年の君主公式誕生日に行う軍旗巡行分列式《トルーピング・ザ・カラー》は見事であるが、彼らの本業はあくまで現代の戦場で戦う歩兵である。モスクワの赤の広場で「パレード専門部隊」を務めていたタマン親衛師団（第二親衛自動車化狙撃兵師団）とカンテーミル親衛師団（第四親衛戦車師団）も、本業は政権中枢のボディガードであった。[＊19]

　見てくれの精悍さはともかく、小綺麗さに至っては、言わずもがなである。一九四三年、アメリカ史上最悪の将軍の一人であるロイド・フレデンダールの下で支離滅裂となっていた、チュニジアの第Ⅱ軍団の指揮を承けたジョージ・パットンは、まず将兵に些細な服装の乱れすら許さぬところから紀律の回復にとりかかったが、[＊20]しかしこの方法論は現代の分列行進と同じく、軍隊精《エスプリ・ド・》神《コール》錬成の道の入門編に過ぎない。パットン自身について言えば、もし彼の聖なる附属物《アトリビュート》たるヘルメットや乗馬ブーツが多少汚れていたとしても、指揮官パットンは依然としてパットンであったに相違ない。同様に、ナポレオンの老親衛隊《ヴィエイユ・ギャルド》やユリシーズ・グラントの北軍古参兵といった歴戦《コール・》の精鋭《デリート》は、小綺麗さとは縁遠い、むさ苦しくふてぶてしい、埃と汗にまみれた男たちであった。

　超兵器について言えば、新開発の技術ないし兵器がそれ単独で戦局を逆転させるなどということは、決してあり得ない。

　第二次大戦（一九三九～四五）におけるドイツのA－4――V－2（報復兵器2号）という名前の方が有名だが――弾道ミサイルはそのような超兵器の華々しい成功例であり、イギリスとベルギーの数千名の非戦闘員を死亡させ、そのことは確かに小さくない政治的、心理的な打撃をもたらした。だが、終末誘導システムを持たず戦術的な精度をまったく欠くゆえに軍事的な成果はゼロに等しく、マイケル・ニューフェルドが指摘するように、このミサイル計画に投入された莫大な費用と資源に見合っていたとはとても言えない。ニューフェルドは、アメリカが原爆の開発と製造のためにマンハッタン計画に費した約二〇億ドルに対し、ドイツがＡシリーズの開発と運用に支出した総額を約二〇億マルク（約四億七〇〇〇万ドル）と推算しているが——彼らが親衛隊（ＳＳ）管轄の安価な奴隷労働力を広範に用いていたことを考慮せねばならない[21]——広島と長崎で使用された原爆二発がもたらした被害と衝撃は、Ａ－４ミサイルの記録上の全生産数五七八九発の四倍どころではない[22]。弾道ミサイルが実用的な兵器として成熟するまでには、戦利品としてＡシリーズの技術を引き継いだアメリカとソ連で、戦後さらに一〇年余の時間を必要としたのである。

ただし、Ａ－４の威力を——あくまで後知恵で言うならば——過大に評価していた連合軍は、発射基地や生産施設を無力化するために相当な規模の航空戦力及び地上戦力を割いたので、本来はより重要な目標を攻撃するはずだったそれらを誘致したという点では、戦略的にまるで無意味な存在だったわけではない[23]。

サダム・フセインのイラクは、湾岸戦争（一九九〇～九一）前に驚異の新兵器として国産の早期警戒管制機アドナンを宣伝し、西側でもこれを侮り難しとする声が上がっていたが、戦いが始まるやそれらは瞬く間に連合軍の「砂漠の嵐」に呑み込まれてしまった。今では思い出す者さえいない。

やはりフセインが、弾道ミサイルの代用品としてカナダ人技術者ジェラルド・ブルに開発させていた最大射程数百kmの極超射程砲《スーパーガン》「バビロン計画」は、ブルの暗殺によって頓挫するが、万が一これが実用化されていたとしても、Ａ－４と同じく、核弾頭を搭載しない限り、何らかの軍事的な実効性を得られたとはとうてい思えない。

一九六〇年代のアメリカ軍は、ロバート・マクナマラがフォード社から国防総省《ペンタゴン》に持ち込んだ科学的管理法《サイエンティフィック・マネジメント》の支配下にあったが、そこから生まれた超兵器の一つが海軍のＰＨＭ－１「ペガサス」型ミサイル艇であった。「ペガサス」型は、先んじてマクナマラが対キューバ作戦用に整備させたＰＧＭ－８４「アッシュヴィル」型砲艇の技術的な後継である。大型艦に不利なカリブ海の島嶼沿岸での行動のために、「アッシュヴィル」は大火力と高速力、大航続力、そして耐航性を小型で安価な船体に兼ね備える、言うなれば「マイクロ駆逐艦」として計画されたが、それらの要求を同時に実現させるのは結局不可能であった。できあがった艇は排水量が当初計画の二・五倍、調達単価が五倍にまで膨れ上がったにもかかわらず、カリブ海ですらまったく使い物にならず、仕方なくヴェトナムに河川砲艇として投入されたが、そのような任務においては性能は逆に過剰となった。

しかし、「アッシュヴィル」型の欠陥はほとんど反省されることなく、後継の「ペガサス」型の開発計画でも同じ失敗がそっくりそのまま繰り返された。国防総省と海軍は、新しい革命的なテクノロジー――艦対艦ミサイル（ＳＳＭ）[*24]とガスタービン機関、そして水中翼《ハイドロフォイル》の採用が、技術的な困難を克服してくれると信じていたのである。

だが結果は、輪をかけて酷いものとなった。「ペガサス」型の調達単価は当初計画の四倍、「アッシュヴィル」型の二倍を上回るおよそ一三〇〇万ドルとなり、予算が尽きたので最終六番艇は武装せずに竣工する有様であった。水中翼とガスタービンは確かに五〇ノットというとてつもない最大速力を発揮したが、きわめて燃費が悪く、最大航続距離は「アッシュヴィル」型の半分未満の一一一〇海里に過ぎなかった。船体の耐航性も「アッシュヴィル」型と同じく不良で、少しでも海が時化れば、作戦行動以前に乗員の生活と健康が脅かされる程度であった。加えて、小型に過ぎる船体は自分自身の兵站を賄えず、昔の水雷艇や潜水艦のように母艦による持続的な支援が必須であることが明らかとなり、運用経費はさらに跳ね上がった。[*25]

「ペガサス」型のように、劇的に費用対効果（ＣＰＥ）を向上させてくれるはずの超兵器が、作ってみれば逆に予算や兵站をパンクさせてしまうというのは、未だにアメリカ軍の宿痾的な悪癖であり続けている。それはまさしく、マクナマラの科学的管理法の悪しき遺産なのである。[*26] 例えば近年では、海軍は沿岸戦闘艦（ＬＣＳ）計画で「アッシュヴィル」「ペガサス」の失敗を三度繰り返しており、空軍はこれもまた未実証の新テクノロジーであるデジタル工学にのめり込んでＦ－３５戦闘機やＴ－７Ａレッドホーク高等練習機の開発・調達計画を迷走させ、また、戦術機にも搭載できるよう小さくし過ぎたＡＧＭ－１８３ＡＲＲＷ極超音速兵器の開発計画を頓挫させてしまった。[*27] うち、幸いにも競合の多い[*28]ＡＲＲＷについては、早々に切り捨てて傷が広がるのを防いだのであるが。

コスト計算と標準化というマクナマラの亡霊に取り憑かれたアメリカの超兵器に対して、ロシアの、そして中国の超兵器の性格はＡ－４ミサイルやバビロン計画に近い。彼らが好むのは、現実的なコストやテクノロジー水準を度外視して資源を集中し、ごく少数で「ゲーム・チェンジャ」となり得る兵器を仮想敵——西側——に先んじて完成させるというやり方である。

ヒトラーのドイツと同じく、現在のロシアや中国、あるいは北朝鮮が超兵器の獲得に血道を上げる理由の一つは、ハンナ・アレントが論じるように、これらの国々が親和的な全体主義にとってプロパガンダは単なる便利な道具などではなく、構造的に体制の欠くべからざる血肉だからである。「自分たちに不公平であるゆえに偽りの」事実を、「自分たちに心地よいゆえに真実の」プロパガンダに書き換えることが、全体主義の政治目的なのだ。[*29] これは、現実（トランプ支持者によるアメリカ議会議事堂襲撃や、環境活動家による芸術作品への襲撃）と情報空間（ゲーマーゲートやQアノン）の双方でのテロルを駆使して科学や歴史を陰謀論で書き換えようとしている、西側世界の極右や極左のモッブ——活動的な階級社会脱落者にも、そのまま当てはまる。

ただし、アレントが、ムッソリーニのファシズムを全体主義に分類しなかったのとまさに同じ理由——自己破壊的かつ無制限のイデオロギー運動の欠落と、他方では国家や軍隊、教会といった保守的でソリッドな制度への依存——から、ロシアの現体制そのものは決して全体主義ではなく、軍国主義《ミリタリズム》及び帝国主義と結合し、法を超えて国家を私物化する少数のエリート——シロヴィキ（軍・治安部門高官）とオルガリヒ（新興財閥）——に支えられる権威主義的独裁と定義できる。[*30] しかしながらプーチンは、過去のスターリンの「正真正銘の」全体主義から、国家の他の全てに優越する秘密警察、人種主義的ナショナリズム（種族ナショナリズム）[*31]、そしてプロパガンダといった、彼にとって便利で魅惑的な支配の道具を借用してきている。なので、ロシアのプロパガンダは全体主義のそれのように政治の目的そのものではないが——プーチン自身が、公式のイデオロギーとプロパガンダをどれほど本気で信じているのかは分からないにせよ――依然として強力な政治動員の手段であり続けている。

体制の敵に死と破壊をもたらす攻撃的な超兵器は、テロルと軍国主義、帝国主義の象徴でもあるから、内外に対するその誇示はまさに最良のプロパガンダ手段として機能する。ワシントンDCでの華々しい軍事パレードの挙行を熱望しながら、「体裁が悪い」という――つまり、「精悍で小綺麗」であるべき戦争のイメージを損なう――理由で傷痍軍人たちの参加を排除しようとしたドナルド・トランプは、明らかにそれと同じ世界観の持ち主である。[*32]

しかし言うまでもなく、コストやテクノロジー、その他の数々の現実的な障碍を無視して作り上げられた超兵器は、非現実的なポテンシャルしか持ち得ない。要求に遠く届かない性能、深刻な信頼性の欠如、量の不足、あるいはA－4の如く戦略とのそもそもの不整合といった、致命的な諸問題を避けることはできないのである。それらの問題は、超兵器が全体主義的プロパガンダの幻想の世界から、現実世界の戦場へと引きずり出された際に一挙に噴出する。

ウクライナ戦争においては、市街戦を一変させるとまで言われていたBMPTテルミナートル戦闘車と、最新鋭戦車T－14アルマータはそれぞれがごくごく少数配備されたと伝えられるものの、何の役にも立っていない。BMPTの方は二〇二三年二月に一輌が撃破されたが、[*33]二〇二二年まで工場と試験場、そしてパレードの広場から外にはいっこうに出て来ない状態であったT－14の前線での行動は、未だに確認されていない。

第五世代戦闘機Su－57、NATOコード「フェロン」については、イギリス国防省は遅くとも二〇二二年六月より、五機前後がウクライナの実戦に投入されている強い可能性を示しているが、[*34]それらはどうやら単なるミサイル母機《キャリア》として、安全なロシア領内からの散発的なスタンドオフ攻撃にのみ従事しており、設計上の能力をほとんど発揮できていない。アメリカのＦ－３５戦闘機にほぼ匹敵するほど高価な、[*35]かつ機密情報の詰め込まれた貴重な機体をウクライナ軍の防空システムに近づけて危険に晒すリスクを避けているのは容易に想像できるが、それだけではなく、ロシアは「超兵器」Ｓｕ－５７が「普通の兵器」に撃墜されることでプロパガンダの幻想が打ち砕かれ、彼らの体制の権威の正統性に傷が付くのを恐れているのである。

　そのような幻想の破壊をついに現実にもたらしたのが、二〇二三年五月のウクライナ軍によるＫｈ－４７Ｍ２キンジャルの撃墜であった。キンジャルは、二〇一八年三月一日の演説でプーチンが大々的に発表した「六つの超兵器」の一つで、[*36]以後の数々の威嚇的な宣伝によれば、「速度マッハ一〇、最大射程二〇〇〇㎞」で、「アメリカとＮＡＴＯのいかなる防空システムでも要撃できない」「既に実戦配備された」「極超音速滑空兵器《ブースト・グライダ》」という触れ込みであった。

　西側では、ＭｉＧ－３１Ｋ戦闘機が腹に抱えたキンジャルの映像から、９Ｋ７２０イスカンデルＭ地対地弾道ミサイルとの機体形状の類似が早くから指摘され、恐らくはイスカンデルを空中発射型に改造した兵器だろうと推測はされていたが、[*37]多くの人々はなおも、それが頭部フェアリング内に隠された、小型のブースト滑空体（ＢＧＶ）を運搬しているものと信じ込んで――あるいは、信じている振りをして――いた。[*38]

　ところが、ウクライナが西側から供与されたばかりのＭＩＭ－１０４パトリオットＰＡＣ－３

MiG-31K戦闘機に搭載されたKh-42M2キンジャル空対地ミサイル。2018年の戦勝記念日パレードの展示飛行にて（写真：ロシア大統領府）。キンジャルは「極超音速兵器」でも何でもないが、高度に紀律化されたスタンドオフ兵器である。原型となった9K720イスカンデル地対地ミサイルの、さらにその前身であるOTR-23オカー地対地ミサイルは、1970年代後半に縦深打撃用の通常兵器として開発された。だからイスカンデル＝キンジャルは、同様の目的でオカーと同時期に構想されたアメリカのATACMS（陸軍戦術ミサイル・システム）の鏡像的存在と呼べる。

地対空ミサイルにより、二〇二三年五月四日に一発、五月一六日に六発のキンジャルが撃墜され、それらが実際に原型のイスカンデルＭとほとんど変わらない、ただの弾道ミサイルであることが露呈してしまった。しかも、パトリオットを無力化するための打撃任務に失敗した結果として。

　少しだけテクノロジーについて補足しておくと、いわゆる極超音速兵器は、極超音速弾道ミサイルとはまったく異なる存在である。技術的には極超音速とはマッハ五、つまり音速の五倍以上の速度と定義されるが、音速は大気の温度によって、つまり高度によって変わる。音速が最大となる地表付近でのマッハ五は、およそ毎秒一・七㎞となる。

　ここで、地球の歪みと自転、大気の抗力を無視するもっとも単純な条件で最小エネルギー弾道、つまり射程が最大となる弾道を計算すると、地表からマッハ五で発射された弾道ミサイルはちょうど三〇〇㎞飛翔する。しかし現実には、大気の抗力によってミサイルは大きく減速させられるから、最大射程が三〇〇㎞以上であるような弾道ミサイルの最大速度は、必ずマッハ五以上、極超音速に達しているのである。が、その条件を満たすドイツのＡ－４やソ連の古いＲ－１７「スカッドＢ」、そしてロシアのイスカンデルＭなどが極超音速兵器と呼ばれることはまずない。[*39]

　無論、速度はそれ自体が武器であって、高速で落下してくるミサイルの要撃は技術的に難しい。湾岸戦争では、初歩的な弾道ミサイル対処能力しか持たない当時のパトリオットＰＡＣ－２ではイラク軍のスカッドＢを無力化できなかったし、[*40] またウクライナの防空部隊は二〇二三年四月に二個中隊分のパトリオットＰＡＣ－３を受領するまでは、ロシア軍のＫｈ－１０１／５５５や３Ｍ５４カリーブルといった亜音速巡航ミサイルは多数撃墜していたものの、イスカンデルＭと、旧式のＫｈ－２２／３２超音速巡航ミサイル[41]に対してはほぼ完全に無力であった。[42]ウクライナ軍の公表に基づくミサイル防空の成功率が、二〇二二年一二月の〇・七六から、二〇二三年五月の一・〇〇、つまり全数無力化にまで跳ね上がっているのは、パトリオットＰＡＣ－３の価値を端的に示している。[43]

ＰＡＣ－３のような現在の対空ミサイルが弾道ミサイルをどうにか要撃できるようになったのは、レーダで探知した弾道ミサイルの飛行経路、つまり弾道が発射直後から高精度で予測可能だからである。対して、極超音速兵器は機体に揚力を持ち、飛行機のように大気中をジグザグに機動できるので、その経路は容易には読めない。のみならずレーダの死角や、対空ミサイルの飛行包絡線《フライト・エンヴェロープ》、つまり要撃可能な標的の速度や高度の範囲外を潜り抜け、プーチンが豪語した通り、探知や射撃を――少なくとも理論上は――不可能とすることさえできるのである。[44]

そのように既存の手段では「要撃不可能」な真の極超音速兵器の実用化には、近年のアメリカ軍が試射の失敗を繰り返していることからも伺えるように、当然ながら最高水準のテクノロジーと莫大な資源を要する。そして公刊された論文数で計る限り、ロシアの極超音速技術の水準は、アメリカと中国ばかりか、ドイツやフランス、オーストラリア、日本、イタリアと比べ大きく立ち遅れている。[45]しかも、ロシアでは二〇一四年のクリミア侵攻後の制裁により、極超音速兵器製造のための資金及び高規格炭素繊維が枯渇しており、中距離核戦力全廃条約（ＩＮＦ）廃棄を見越して西欧諸国に直接向けられるはずだった、小型大陸間弾道ミサイル（ＩＣＢＭ）ＲＳ－２６ルベジェの開発を中止したと伝えられる。[46]

要するに、少なくともロシアについては、過去の「ミサイル・ギャップ」や「戦闘機ギャップ」と同じく、「極超音速兵器ギャップ」はまったくの幻想であり、西側にとっては杞憂であった。敵の過小評価と同じく、過大評価もまた危険である。戦略的な戦力の経済の原則に違反するからである。

ところで、パトリオットPAC－3やM1A1エイブラムス戦車といったアメリカ軍の先進装備品をウクライナに供与するに際して、頻繁に当局者の口から出た言葉が「銀の弾などない」である。

銀の弾《シルヴァ・ブレット》とは、恐るべき不死身の狼人間《ウェアウルフ》をただ一発で仕留めることができるとされるフィクション上の武器で、つまりロシアやイラク式の「超兵器」、あるいは「ゲームチェンジャ」と同じ意味である。もともとはフレデリク・ブルックスが一九八六年の論文の表題に用いた言葉で、彼はその中で、ソフトウェア工学には本質的な複雑性があり、そこから生じる多種多様の困難を一挙に解決してくれるような革命的な手段＝銀の弾は論理的に存在しない、と説いた。[*47]

ブルックスの言う本質的複雑性とは、先述した、非線形問題としての戦争の複雑性とまったく同じものである。冷戦後のアメリカ軍のドクトリン研究者たちは、戦争におけるネットワークと非線形性の問題の解明に傾斜してきたので、[*48]ソフトウェア工学についてのブルックスの警告が、軍事のための警告として好んで引用されるのはむしろ自然と言える。

「わたしは、M１戦車は世界最高だと考えています」。二〇二三年四月二一日の記者会見で、統合参謀本部議長（当時）マーク・ミリー陸軍大将は言っている。「しかし、警告しておきますが、戦争に銀の弾などありません。これは戦争、そう、戦争です。会戦や戦争の結果は、多くの、非常に多くの変数の関数なのです。今この場合について言えば、戦車は、機械化歩兵、砲兵と連合させられ、さらにそれら全てが下車歩兵、その他諸々と同期させられねばなりません。ですから、M1戦車は銀の弾ではありませんが、それが配備され、適切な作戦能力を獲得した暁には、戦場でとても大きな実効性を発揮するでしょう[*49]」。

あたかも決闘かスポーツの試合の如く、M1A1とT－14はどちらが強い戦車か？　F－16とSu－35は空戦でどちらが勝つか？　などと、カタログ性能を引っ張り出してきて議論するのは、軍事的には無益であり、茶飲み話にすらならない。決闘やスポーツはルールが厳格に定められており、試合場の場所や状態が試合が始まってもまだ分からない（戦場の摩擦）といったことは起こらないし、試合やその準備に偶然（戦場の霧）が介入する余地が非常に小さいので、線形問題として近似できる。つまり、スポーツ・メディアや賭け屋が日々やっているように、事前に良質な情報を得られるならば、原因から結果を一対一で合理的に予測することが――少なくとも賭け屋や予想屋といったビジネス・モデルが成立する程度には――可能なのである。

戦争はそうではない。

3 紀律化された戦争

プーチンの超兵器幻想の破綻と、ウクライナにおける彼の「特別軍事作戦」の失敗は、決して無関係ではない。簡単に言えば、それらはおしなべて、戦争の非線形性への不適応が引き起こした複合的な作用なのである。

前十三世紀の東地中海青銅器文明の崩壊（ホメロス的な戦争文化の始まり）、九世紀の西欧世界の封建化（騎士的な戦争文化の始まり）といった局所的な後退はしばしば起こったものの、人類史全体における戦争の本質的複雑性、つまり非線形性の度合いは、社会経済の発展を反映して、概して時代と共に増加していった。そして十九世紀に産業革命が到来すると、急速なテクノロジーの発達は、兵器の火力と精度、交戦距離を従来のやり方では制御し難い水準にまで向上させてしまい、戦争の非線形性に歯止めをかけるどころか、むしろ幾何級数的に増加する方向へと拍車をかけたのであった。

大多数の人々がそのことにはっきりと気づいたのは、非線形性に由来する種々の困難が同時かつ爆発的にあらわとなった第一次大戦（一九一四〜一八）であるが、十九世紀後半の世界各地での戦争は、既にその予兆を、あたかも大地震に先立つ複数の前震の如く、次第に程度を高めつつ示していた。それらの一つであるクリミア戦争（一八五三〜五六）に、当時もっとも非線形性に適応できていなかった軍隊、つまりもっとも後進的かつ腐敗した軍隊であったロシア帝国軍の将校として出征したのが、レフ・トルストイである。

その従軍経験と歴史への思索から、トルストイは戦争、ひいては歴史とは、各々が好き勝手に考え、行動する無数の個人の意思の総和、すなわち我々がここで言うところの非線形問題そのものであり、それはいかなる人知をもってしても分析や計画の対象とできるような代物ではないと確信するに至った。[*50] 彼の描く、自身が見事に制御していたはずの現実に裏切られ途方に暮れる偽の天才ナポレオンの像は、現実のヴェトナム戦争におけるマクナマラの、そして今のプーチンの姿とぴったり重なって見える。[*51] トルストイの考えとは正反対に、戦争や社会経済はおしなべて理性により精密に計画し指導することができると唱えるのが、マクナマラの奉じていた科学的管理法であり、プーチンのロシア軍がソ連軍から受け継いだ摂理的社会工学——戦争科学なのである。

だからアイザイア・バーリンがつぶさに論じたように、非線形性に着目したトルストイの歴史哲学は、一般に考えられてきたよりも深く、鋭いのであるが、しかし残念ながら、彼は非線形問題の複雑さを克服するための「プランB」をついに提示することができず、ナポレオンの猛烈に空回りする天才に、クトゥーゾフの徹頭徹尾受動的な態度をただ対置させておくだけで終わってしまった。

現実には、トルストイのクトゥーゾフはソフトウェアをいつまで経っても完成させられず、戦争の不必要な犠牲を減らすこともできないだろう。トルストイが誤っていたのは、非線形問題を線形問題と同じように見なしていたこと、つまりそれを意のままに制御できるかそれともまったくできないか、ゼロか一か、で考えていたことである。

トルストイはクラウゼヴィッツをナポレオンと並ぶ社会工学の権化として嫌悪したが、その批判は正当ではない。霧（情報の不完全性）や摩擦（発生も結果も予測できない変数とエラー）という概念を通じて、戦争の非線形性を同時代の誰よりもはっきりと認識していたのはクラウゼヴィッツなのである。[*52]

結局のところ、正解はゼロか一かではなく、その中間にある。非線形問題を完全に能動的に制御するのは事実上不可能であるが、それをつぶさに観察して、生じた変化を解釈し、ひいては分析と計画にフィードバックして持続的に更新する試みは無駄どころではない。[*53] また、非線形問題を細かく分割して線形問題に近似する有限要素法は主に工学の解析手法であるが、第二章と第三章で見てゆくように戦争についても一定の条件下では非常に有効である。

トルストイは、君主や諸侯によって計画された第一回十字軍（一〇九六～九九）に対立する「人々の意思の総和」の運動の事例として民衆十字軍（一〇九六）を挙げているが、[*54] 前者が、長途の遠征に伴う苛酷な兵站上の挑戦を克服し、戦闘と行軍からそれぞれ大きな損耗を被りつつも歩騎およそ一万三〇〇〇と、恐らく同規模の非戦闘員をイェルサレムまで到達させ、これを奪取するという戦略目標を達成した一方で、後者は何ら目標に行動を適合させぬまま掠奪とユダヤ人の虐殺に明け暮れ、最後は無秩序の狂瀾中に潰滅したのではなかったろうか？[*55]

現代の西側の軍隊では、ミリーが四月二一日の記者会見で示唆したように、戦争の非線形性がもたらす霧や摩擦の影響を、テクノロジーの力――社会工学ではなく、ＩＴ（情報テクノロジー）の力を借りて抑制するべく、戦闘空間におけるC^4Ｉ[*56]の改良や、また戦力の管理運用や造成、訓練のやり方と手順、すなわち作戦術《オペレーショナル・アート》の改良に注力し続けている。

しかるに、これらの方法論を試みるに当たって、共通した必要条件として先んじて求められるのが、堅固な紀律《ディシプリン》、すなわち、集団を秩序付けるための抑制的な制度的及び心理的なメカニズムの確立である。もし、ある指揮官が、おのれの高貴な身分を盾に将軍の命令に従わなかったり、自分たちと仲が悪い門閥の連中だからという理由で、苦戦する友軍への救援命令を拒絶したり、あるいは、勇者なり英雄なり、名人芸の職人なり、誰か傑出した個人が倒れた際にすぐ代わりを務められる者が見当たらなかったりするならば、現代人の常識では、とても戦争などやってはいられないだろう。

けれども、紀律とは人類にとって普遍的な概念ではなく、比較的少数の幾つかの文化の固有の所産に過ぎない。[*57]なればこそ、潤沢な財政と進歩した行政及び軍事の技術を誇っていたアカイメネス朝ペルシアは、その野戦軍に堅固で信頼できるバックボーンを与えるために、紀律に優れるギリシア人傭兵をわざわざ雇わなければならなかったのである。[*58]

上に挙げたような紀律不在の例は、中世の騎士の軍隊ではまったく異常ではなかったし、ロシア軍がウクライナ戦争でかいま見せている欠陥でさえもある。今日の軍事において紀律が尊重されているのは、西洋文明がその高度に紀律化された近代軍隊の威力のおかげで、ひとたびは他の諸文明に対する圧倒的な優位性を獲得したという歴史上の経験にのみ依っているのである。

J・F・C・フラーは「歩兵が民主政を作った」という言葉で、近代軍隊の紀律と、国家権力の下での市民ないし国民の平等化との根源的な関係性を正しく指摘した。*59 近代軍隊の理念型においては、特別な人間は誰もいない。個々の将兵の出自や人格は何ら考慮されず、彼らは巨大な制度の交換可能な構成要素として、与えられた義務の遂行のみを求められる。個人の騎士的な栄光は国家と軍隊のための犠牲という価値観に押し潰され、無数の戦死者の記憶は、死後もなお均一化、紀律化されたままの彼らの名前と顔を呑み込んだ無名戦士の墓によってしか、もはや公的には追悼し得なくなる。*60

両次世界大戦という未曾有の規模の近代戦を、国家指導者として戦わせる立場だったスターリンの「赤軍は、英雄になろうとしないきわめて勇敢な兵士を必要としている」という言葉と、反対に、下級将校として最前線で戦う立場だったエルンスト・ユンガーが、六〇年前のトルストイの体験よりもずっと苛烈になった戦場での殺戮の様と人間の存在理由を、工場での大量生産の作業工程になぞらえた分析*61は、それぞれ近代軍隊の本質を冷酷に、しかし的確に伝えている。

戦争の非線形性を克服するために紀律化された軍隊では、人間のみならず、兵器や装備品もまた交換可能な要素として統計的に扱われる。ゆえに、統計上の言わば「外れ値」として「特別扱い」される超兵器は、ごく短期間かつ規模の小さい、つまり線形問題に近似できる不正規戦ないし戦術行動では役立つかも知れないが、ウクライナ戦争のような通常戦では有害無用でしかない。

キンジャルを無力化したウクライナ軍のパトリオットPAC－3も、わずか二個中隊という現有の戦力では、たとえ防空システムの縦深に有機的に組み込まれ、充分な兵站支援を受けているとしても、超兵器の範疇に入ってしまっていると言わざるを得ない。実際、それらは早くも五月一六日の戦闘で軽微な損傷を被った。[*62] パトリオットを狙うロシアのミサイル打撃がこの先も反復されるならば、いずれは統計上で幸運が尽きて不可逆な損害、損失が生じるだろう。ウクライナが少なくとも二〇個中隊のパトリオットを求めているのは、[*63] 防空システムの覆域の拡大や、イランが供与するかも知れない弾道ミサイルの潜在的な脅威への対処というだけではなく、パトリオットを超兵器から、交換可能な紀律化された普通の兵器へと「格上げ」するために必要なのである。

二〇二二年六月下旬より配備され、ロシア軍後方の指揮統制と兵站の結節《ノード》を破壊することで、砲兵戦で圧倒されていた東部戦線の苦戦を劇的に終わらせたＭ１４２ＨＩＭＡＲＳ（高機動ロケット砲システム）は、超兵器でないどころか新兵器ですらない。その起源は実に一九七〇年代半ば、ハケットが『第三次世界大戦』を著した頃にまで遡る。

アメリカ国防総省の諮問機関である国防科学会議（ＤＳＢ）は一九七六年に、ハケットの設定よりもさらに数的に優勢なワルシャワ条約機構軍の侵攻を食い止める策の研究を行った。そこで提案された、敵の後方を打撃する非対称的な戦力倍加手段《フォース・マルチプライア》の一つが突撃破砕兵器《アサルト・ブレーカ》、つまり現在のＧＭＬＲＳ（誘導多連装ロケット・システム）——ＨＩＭＡＲＳとその姉貴分であるＭ２７０ＭＬＲＳ（多連装ロケットシステム）の総称——の基本概念だったのである。[*64] だからむしろ、ＧＭＬＲＳの威力よりも、それらを組み込んだアメリカ軍の通常戦ドクトリン——空地戦《エアランド・バトル》——を、湾岸戦争という強烈な戦訓を目の当たりにしていながら、ソ連軍及びロシア軍が深刻な脅威と見なさず、有効な対抗策を打ち出さぬまま四〇年間も放置してきたことの方に、驚くべきであろう。

しかしもちろん、ロシア軍についても、その先進兵器がことごとくＢＭＰＴ市街戦戦闘車やＴ－１４戦車のような役立たずの超兵器ばかりなわけではない。ＭｉＧ－３１戦闘機とＲ－３７Ｍ遠距離空対空ミサイルの組み合わせ、Ｔｕ－２２Ｍ他の爆撃機と空中発射巡航ミサイルの組み合わせ、Ｓｕ－３４／３５戦闘機とＫｈ－２９及びＫｈ－５９空対地ミサイル、そして二〇二三年三月より投入され使用の頻度が漸増しつつあるグロム誘導滑空爆弾との組み合わせは、ウクライナ軍の制空戦闘機と防空システムの交戦距離外からのスタンドオフ攻撃によって、重大な脅威となっている。[*65][*66] 地上戦においては、ＺＡＬＡランセット徘徊型自爆ドローンがウクライナ軍の多数の自走砲と牽引砲、そして自走対空ミサイルさえをも破壊して、不活発な攻撃ヘリコプター部隊の穴を埋めている。[*67] これらはいずれも超兵器ではなく、一定以上に成熟した技術に基づく、多数が配備された紀律化された装備品である。

4 集中と経済

パレードや超兵器に次いで分かりやすい軍隊の強弱のイメージは「量《マス》」ないし「数《ナンバーズ》」であろう。この問題については第二章で掘り下げることとしたいが、近代戦において量は質に優るのが原則である。

ただし、量にものを言わせるためには、幾つかの厳格な条件を満たさなければならない。

まず、彼我の質の差――わけてもテクノロジー水準の差がきわめて大きい場合がある。湾岸戦争のある任務で、連合軍のF－117ステルス攻撃機は二〇機をもって二八個の標的を打撃したが、非ステルス機を用いた別の任務では、たった一個の目標に対して四一機（攻撃機八に加えて、護衛戦闘機四、防空制圧機二九）もの有人機とドローンを投入しなければならなかった。[*68]

二〇二三年五月に、バフムート方面の塹壕戦で、六名のロシア兵をたった一人で無力化してゆくウクライナ兵の動画がSNSに投稿された。[*69] この兵士の落ち着きと技量が並外れているのは一見して明らかだが、彼は決してスーパーヒーロー映画の主人公ではない。そもそもこの動画が空撮であることから分かるように、彼は友軍のドローンを通じて敵兵の位置と動向を精確に知っており、ゆえに、彼らの有効な対処を封じたままほとんど一方的に攻撃できたのである。

この二つの例のように極端な質の差のある戦いは、非対称的なモデリング手法、例えばランチェスタ・モデルならば放物線則に従って解析するべきであるが、対等か対等に近い敵《ニア・ピア・エネミー》との通常戦で発生するのは稀である。第三章第一節で検討するように、ウクライナ戦争の彼我の戦力と損耗の比のデータは、この戦争が統計的には対称戦として戦われていることを示している。

対称戦の枠内における質の差、つまり戦闘効果《コンバット・エフェクティヴネス》の差ももちろん重要である。たとえ戦力やテクノロジー水準、戦術が同等であろうと、身体、知性共に優秀な人々から選抜され、よく整備された装備品を持ち、充分に訓練された歩兵部隊と、やる気も考えもなく、手抜きと横領によって満足に作動しない状態の装備品しか与えられておらず、古参兵の恣意的ないじめ以外に訓練など受けたこともない歩兵部隊とでは、互角の戦いになるはずがないのは明白である。

その顕著な例が、二〇二二年夏より、ロシアの傭兵部隊ワグネルの長エフゲニ・プリゴジンがバフムートでの攻勢のために募兵した囚人兵と、そして、一九六六年から七一年にかけて、ヴェトナム戦争（一九六一～七五）のためにアメリカのジョンソン政権が動員した新基準兵士《ニュー・スタンダーズ・メン》の戦訓である。

ジョンソン政権は、ヴェトナムにおける戦力の著しい欠乏に苦しんでいた。にもかかわらず、ジョンソン大統領が大学生や予備役の召集をどうしても避けなければならなかった理由は、現在のプーチンが総動員に踏み切れないでいる理由の一つと同じく、そのような決定は彼らの政権の受動的な支持基盤である中間層のほぼ確実な離反につながるだろうからである。

そこでマクナマラ国防長官は、新たな人的資源として、国民の中でも政治的な力の弱い人々に着目した。彼は軍の募兵検査基準を大幅に改定し、従来は兵役を免除されていた知的障碍者を、もっぱら貧困地域の有色人種から集めて軍服を着せるという妙案を思いついたのである。これが、映画「フォレスト・ガンプ／一期一会」（一九九四）の社会背景となった「一〇万計画」で、社会的弱者に軍隊での教育と技能習得の機会を提供するという福祉政策の看板に惹かれて、のべおよそ三五万四〇〇〇名が徴兵と志願の双方を通じて兵役に就いたのであった。戦争における練度や紀律といった変数を理解できないマクナマラは、自分が得意とする線形的な量《マス》のデータだけに基づいて、「一〇万計画」が最小限の政治的、経済的なリスクの下で戦力を飛躍的に増強するだろうと考えたのである。

「フォレスト・ガンプ」の主人公は知能指数が低いというだけで、類まれな意志力と多彩な才能を発揮する人物であるが、大多数の新基準兵士はそうではなかった。読み書きができず、規則や階級章や交通標識の意味も分からない青年たちに一定の技能を覚えさせるためには、軍は健常者に比して数倍の時間をかけなければならず、それが無理な場合には——健常者兵士の一・六倍の比率でそうなったが——最初からろくに訓練を施さぬまま雑用か歩兵任務に回すしかなかった。

が、歩兵として従軍した新基準兵士は、しばしば装備品の操作や命令を理解できずに、自分自身のみならず戦友たちをも危険に晒した。結果、ワグネルがバフムートで囚人兵を「使い捨て」たのと同じやり方で、ヴェトナムでの前線指揮官の少なくとも一部は、新基準兵士に斥候の先頭を歩かせて、地雷やブービートラップ除けにしていたと伝えられる。新基準兵士の損耗率は健常者兵士の二倍ないし三倍に達し、五七四八名が戦死、二万二七〇名が負傷した。[*70]

言うまでもなく、仮に倫理や社会福祉を残らず捨て去り、軍事合理性のみを冷酷に追求するとしても、ワグネルの囚人兵やアメリカの新基準兵士の例は、フランス革命戦争（一七九二〜一八〇二）の軍隊について未だに一部の人々が主張しているような、通常戦における質の低い歩兵戦力の一般的な有効性を示すものとは言い難い。第二章第八節で論じるように、「使い捨て」歩兵戦術がもし奏功するとすれば、バフムート戦のように彼らの犠牲が目標の達成に合理的に寄与する場合のみであり、軍全体の質が低ければそんなことはあり得ないからである。

エティオピアの独裁者メンギストゥは、ソ連から供与されたＴ－５４／５５戦車を山のように持っていたが、それらは一九八八年から九一年にかけて、遥かに装備の劣る反政府軍が彼の政権を倒すのを防ぐ役にはまったく立たなかった。

戦車は非常に重くてデリケートな機械であり、毎日数マンアワーの整備と、もちろん大量の補給――と予算――を欠かせない。戦場の外をただ自走しているだけで頻繁に故障を起こすので、落伍車をスムースに回収、修理してやらなければならない。メンギストゥに送られたＴ－５４／５５のうち、恐らく大多数を占めていたであろうソ連で国内生産された車体は、知られている限りもっとも酷い事例の一つで、それらは年間の標準走行距離が二〇〇㎞と定められており、さらに稼働五〇〇時間ごとに必ず徹底的なオーヴァホールを受けなければならなかったが、それでも六〇〜一二〇㎞を走っただけで必ず故障して動けなくなった。[*71]

西側の戦車は、少なくともかつては格段に信頼性に優れており、アメリカのＭ６０Ａ１の平均故障間隔自走距離はＴ－５４／５５の三倍の二四〇〜三二〇㎞であった。[*72]しかしＭ６０よりも

「先進的な」後継のM1の保守整備はずっと厄介で高くつくようになり、例えば初期型の履帯はM1では五一四km、M1A1では四三〇km走ればまるごと交換しなければならなかった。ために、後にもっと命数の長い新型の履帯に交換したのであるが、あいにくこれは旧型よりもかなり重い代物で、今度はサスペンションへの負荷が増し、ガスタービン推進ゆえにただでさえ悪い燃費がさらに悪化するというトレード・オフを招いてしまった。*73

加えて、M1を始めとする各国現用の重装甲、大火力の戦車は、機械部品よりもさらに複雑繊細な電子及び電子光学部品を満載しており、しかも、戦場で戦車の面倒を直接見る乗員の数はかつての五名から四名、そして三名へと減少の傾向にある。

そして、現在のウクライナ戦争を含む歴史上の無数の戦訓が示しているように、戦場での戦車は、戦い方を誤ればあっけないほどに脆い。第四次中東戦争では、一〇月八日、機械化歩兵と下車歩兵、そして航空機の支援を欠いたままエジプト軍の防御線に突進したイスラエル軍アダン師団ニル旅団の戦車隊は、数分間の戦闘で二二輌中一八輌を失った。しかし一〇月一四日には情況が正反対となり、アメリカから到着したばかりのBGM－71TOW対戦車ミサイルを携えて反斜面陣地を布くイスラエル軍シャロン師団の諸兵科連合部隊に正面攻撃をかけたエジプト軍の第二一戦車師団は、戦車二四六輌のうち一一〇輌を撃破され敗走したのである。*74

戦車や、戦車以上にデリケートな戦闘機ほど顕著ではないにせよ、同じ問題はその他の戦闘装甲車輌（AFV）や砲兵、そして今では電子装備品への依存を強めている歩兵にすら言えることである。上述したように、量に本来あるべき戦闘価値を発揮させるには、言い換えれば戦力を真に戦力化するためには、適切な資源と、適切な作戦術の導きが必須なのである。

そしておしまいに、量そのものの使い方の巧拙、すなわち、戦力の集中の原則及び経済の原則を考慮せねばならない。

ナポレオンが言ったように、真に重要なのは紙の上での戦力の総数ではなく、戦場ないし戦闘空間に存在する決定的な時と場所――ジョミニの言う決勝点《ディサイシヴ・ポイント》、クラウゼヴィッツの言う重心《センタ・オヴ・グラヴィティ》*75を発見し、そしてそこに、敵よりも優勢な戦力を集めることとなのである。ナポレオンの最高傑作《マスタピース》たるアウステルリッツの会戦（一八〇五）では、プラッツェン高地が重心であった。皇帝は、自軍左翼の制高点であるサントン高地に砲兵を集中する一方で、戦場のほぼ中央に位置する別の制高点、より重要なプラッツェン高地を意図的に同盟軍に確保させた。ここを支撐《しとう》点として攻撃を発起するであろう同盟軍の側面が、無防備に暴露される戦機を狙ったのである。ナポレオンは正面攻撃を予想していたのだが、実際には同盟軍はフランス軍の脆弱な右翼に攻撃を集中するために、プラッツェン高地を横切って右翼と中央から大戦力を送り込むという下の下の策を選んだ。皇帝は隠していた予備戦力を投入し、伸び切った同盟軍の右側面をプラッツェン高地で衝き、四時間弱で敵軍の半ば以上を破砕して勝敗を決したのである。*76

決勝点ないし重心へのそのような戦力の集中を、皇帝が一八〇九年以降にはあまり行わなくなったのは、戦争の長期化と大規模化が招いた大陸軍《グラン・ダルメ》の紀律の劣化と、戦訓からの敵の学習と適応とによって、質的な優位をもはや保てなくなったからである。同様に、ウクライナ戦争におけるロシア軍の「弱さ」も、簡単に言えば、質の高い戦力を造成する能力と、戦力を時間と空間に集中する能力の欠落に他ならない。それが二〇二二年の数々の失敗を引き起こし、その夏からは、彼らはついにソ連以来の機動的なドクトリンの実施を断念して、後期のナポレオンのように、砲兵と歩兵によるいっそう線形的な、いっそう消耗的な正面攻撃に頼っている。

しかも、一九四二年にスターリングラードはソ連にとっての重心ではなかったとB・A・フリードマンが指摘しているのと同じく、ロシア軍がドンバスでの二〇二二年冬季攻勢で戦力を集中したバフムートは、ウクライナにとっての重心ではない。ヒトラーとドイツ軍は、集中と経済の原則に反して、スターリングラード攻略に過剰な戦力と資源を注ぎ込んだ結果、逆に、この都市をわざわざ自分たちにとっての重心、それも敵に暴露された脆弱な重心としてしまい、そこに対するソ連軍の反攻（天王星作戦）を致命傷としてしまった[*77]。バフムートのロシア軍は、同種の失敗を繰り返しているように見える。彼らにとって幸運なのは、この失敗をウクライナ軍が自分たちの戦機として大胆かつ迅速に活かすための戦力と作戦能力を余裕を、今のところは持ち合わせていないことであろう。

5 灰の中から

軍備は常に相対的である。絶対的な軍備など存在しない。

開戦時に、アメリカの情報機関がウクライナは数日以内に崩壊すると予測していたのは、彼らが二〇二一年にアフガニスタンの政府と軍を過大評価していたのと反対に、ウクライナの政府と軍を過小評価していたからである。[*78]

換言すれば、彼らはロシア軍の弱さを承知しつつ、ウクライナ軍もまた弱いだろうと考えていた。独立後、長らくウクライナの司法と統治は、旧国有財産を横領したオルガリヒと、彼らと結託する政治家や高級官僚に牛耳られていたが、彼らの多くは、二〇一四年のマイダン革命で親ロシアのヤヌコーヴィチ政権が倒された後も、天然資源利権を通じてクレムリンと強く繋がり続けていた。[*79]

一方、マイダン革命への報復として、プーチンがドンバスとクリミアへ仕掛けた不正規戦において、政府と軍が無能と弱体を曝け出したことで国家に生じた「権力の空白」を埋めるように、アゾフ運動を始めとする全体主義的なイデオロギー運動が誕生し、急速に勢力を伸長していた。[*80]

そして、そのような混乱と分裂をいっこうに収拾できずにいる「お笑い出身」の、かつ本人も腐敗オルガリヒの一人をパトロンに仰ぐヴォロディミル・ゼレンスキ大統領の指導力に対する国外からの評価も、決して高くはなかった。

ベルリンに本部を置くNPO、国際透明性機構（TI）による二〇二一年の腐敗認識指数（CPI）は、ロシアが一八〇カ国中第一三六位の二九だったのに対して、ウクライナはわずかにましな一二二位の三二であった。[*81] 西側の政治家や外交官の多くが、まず間違いなくイラクやアフガニスタンでの悲惨な出来事を思い起こしつつ、ウクライナをあたかもヴァイマル共和国の再来と見なしていたのは不思議ではない。

しかしながら一部の専門家らは、近年のウクライナ軍はめざましい改革を推進しており、既に最悪の状態を脱しつつあるという正確な分析を行っていた。世間にほとんど知られずに、訓練や技術支援を通じてウクライナ軍の近代化を強力に支援してきた、西側諸国の軍民の「お雇い外国人」たちである。この計画は、二〇〇八年のジョージア侵攻直後にNATOからの働きかけで始まったが、ウクライナ政府がようやく本腰を入れるようになったのはクリミア喪失の衝撃の後である。[*82]

計画は、ウクライナ合同多国籍訓練群（JMTG－U）の下で二〇一五年から正式に開始された。[*83] 少なくとも三個設けられたJMTG－Uの訓練施設の一つ、ポーランド国境に近いウクライナ西部のヤヴォリウ戦闘訓練センタには、アメリカ軍だけで約三〇〇名の人員が常駐し、年およそ五個大隊のペースでウクライナ将兵を訓練してきた。彼らはただ単に戦術を伝授したのではなく、ソ連軍のそれよりもずっと統制が弱く柔軟な西側の軍事ドクトリンそのものを教え、その実現のための制度的バックボーンとして、信頼できる厚い職業下士官（NCO）団の育成と、指揮階梯ごとの参謀組織《スタッフ》の整備と拡充を助言した。要するにNATOは、二〇一四年当時の参謀総長ヴィクトル・ミュゼンコ大将が「がらくた」と自嘲する状態だったウクライナ軍を立て直すだけではなく、その戦争文化を作り直そうとしたのだ。アメリカが二〇二一年までにJMTG－Uに投じた資金は、のべ約二一億ドルである。[*84]

　世界銀行の統計によれば、二〇一三年に対GDP一・六パーセントであったウクライナの国防支出は、二〇一四年には二・二パーセント、二〇一五年には三・三パーセントへ急増し、二〇二〇年には過去最大の三・八パーセントに達し、[*85]即応と予備を併せて二〇個以上の旅団が増設された。[*86]訓練については、二〇一三年には大隊規模の演習が七回、二〇一四年には一八回行われただけであったのに、二〇一五年には旅団規模の演習が一五回、大隊規模の演習が九四回、二〇一六年には二〇回と一二五回、二〇一七年には三五回と一六八回と、こちらも急増した。[*87]

　プーチンのもっとも手強い敵を生み出したのは、まさしく彼のクリミア強奪なのであった。

　とりわけ特殊戦とサイバー戦の領域《ドメイン》において、「近代化」「西側化」は奏功しているように見える。

　緒戦で「全縦深同時制圧」[*88]に失敗し、甚大な損害を被ったロシア軍特殊部隊《スペツナズ》が明らかに不活発化しているのに対して、ウクライナの国防省情報総局（GUR）及び内務省の特殊部隊は、クリミアのケルチ大橋を含めた高価値目標の無力化、遠距離打撃の観測、占領地及びロシア領内でのパルチザン戦の計画と調整、支援等、かいま見えるだけでも多くの戦果を上げており、またほぼ間違いなく、彼ら自身もロシア領内への越境襲撃を頻繁に実施している[*89]のみならず、ウクライナ領内での西側の特殊部隊の活動の痕跡がしばしば認められているところから[*90]、ウクライナ特殊部隊の作戦が彼らのそれと統合されている可能性すらある。

ロシア軍の「ハイブリッド戦」の言わば象徴として深く懸念されていたサイバー攻撃は、宣伝倒れに終わったようにも思われるが[*91]、ウクライナのサイバー防御を支援してきたマイクロソフト社によれば、実際のところロシアの攻撃は未曾有の規模と苛烈さであった。それらの大部分に対して、ウクライナとマイクロソフトが長期にわたって準備し、訓練していた防御が実効性と適応性で優っていたがゆえに、彼らはどうにか「相対的な成功」を収められたのである[*92]。

他方、ウクライナ地上軍全軍の「西側化」の道のりはまだ遠い。第三章第一節で詳しく見るように、西側のドクトリンで訓練された精鋭の旅団と、また指揮官が独自の判断で西側式のドクトリンを採用している一部の大隊以下の単位を除き、多くの旅団がソ連式のドクトリンに依存し続けていると観測されている[*93]。

しかしながら、どのように遅々たるペースであろうと、もし軍制改革が行われていなかったとすれば、ウクライナ軍はプーチンが予想したように数日間で崩壊することはやはりなかったかも知れないが、首都キーウはともかく、ハルキウ等ドニプル河以東の諸州を果たして守り切れたかは疑問である。

それら軍制改革を指導し、ただ今は国民存亡の戦いを指揮しているのが、「勝利の組織者」ウクライナ軍総司令官ヴァレリ・ザルジニ大将、緒戦では北部と北東部への攻勢を頓挫させ、次いで秋季攻勢でハルキウ州とヘルソン市を奪い返した陸軍司令官オレクサンドル・シルスキ大将（彼は旧軍制下の最後の上級大将でもある）、そして特殊戦出身のGURの長キリーロ・ブダノフ中将（二〇二三年九月まで少将）を始めとする、傑出した将校たちである。[*94]

ウクライナ軍の「強さ」は、ドンバスの戦闘空間での苦戦をわが身で直接経験した彼らが、西側の協力の下で軍を灰の中から蘇らせ、そして自身は軍事の経験と知見をまったく持たぬゼレンスキが改革計画を継承し、彼らの助言に耳を傾け続けてきたことから得られた、シヴィリアン・コントロールの賜物なのである。

紀律化、匿名化された近代戦では、交換不能な特別な人材があるべきではないと先に書いたが、政治はそうではない。「ウクライナなど実在しない」と言い放ったプーチンの侵略の糸口となった人種と文化の亀裂を克服し、ゼレンスキはこの国を初めて国民国家として実在させたのである。ウクライナの市民と西側諸国の市民の双方に対して、ゼレンスキは危険と苦難を彼らと分かち合う同胞として繰り返し姿を見せ、語りかけた。[*95]そして前者に対しては、自由と独立の代償として、通常戦という想像を絶する犠牲を支払う覚悟を、後者に対しては、ロシアの天然資源の利益や核レトリックの恐怖に沈黙せず、人種イデオロギーを掲げる帝国主義が再び国民国家を破壊しようとする脅威に抵抗する国際的な団結を、なさせしめたのであった。

西側諸国の支援は、充分でもなければ迅速でもない。ＮＡＴＯやＥＵ内部の国益の衝突は団結にしばしば不協和音を生じせしめ、二〇二三年夏季攻勢が劇的に進展しないことに期待を裏切られたメディアは、掌を返して「支援疲れ」を書き立てるようになった。しかし、権威主義体制が

ウクライナ軍総司令官ヴァレリ・フェドロヴィチ・ザルジニ大将（写真：ウクライナ国防省）。

ウクライナ陸軍司令官オレクサンドル・スタニスラヴォヴィチ・シルスキ大将（旧軍制下の最後の上級大将）（写真：ウクライナ国防省）。

ウクライナ国防省情報総局長キリーロ・オレクショヴィチ・ブダノフ中将（写真：ウクライナ国防省）。

誇示する見せかけの政治動員とは異なり、常に不協和音が存在していることが民主主義の証であり、長期的には共同の利益を生み出すのである。[*96]政治家とメディアには、一つ一つの出来事にその都度反射的に反応するのではなく、ウクライナ戦争と自国との関わりの意味を、忍耐強く国民に説明し直してゆく責任がある。

ところで無論、ウクライナの善戦は、腐敗一掃や民主化の進展とは必ずしも同義ではない。ゼレンスキ政権が通常戦――全面戦争遂行のために、挙国一致の戦時体制の構築と維持に成功しているということであり、ウクライナ国民の将来は戦後の、別の問題である。たとえ戦争がウクライナに望ましい結末で終わるとしても、力を持ち過ぎた軍が政治や社会へ干渉するようになるかも知れないし、あるいは、ゼレンスキ政権自体がナショナリズムを摂り込んだ権威主義的体制へ変質する可能性もないとは言えない。

内なる全体主義の脅威も消失していない。アゾフ運動の「武装SS」であったアゾフ連隊はマリウポリ攻囲（二〇二二年二〜五月）で潰滅し、現在は旅団として、恐らくは通常の軍政プロセスの下で人員を割り当てられ、再編成されている。マイケル・コルボーンは、このことがアゾフ旅団のイデオロギー性を薄め、「普通の」精鋭部隊の性格に近づけているのではないかと推測しているが、西側諸国は警戒を解いておらず、アゾフ旅団に対する支援を依然として禁じている。[*97]

実際のところ、コルボーンの楽観的な分析は、「純粋な国民社会主義者」とはかけ離れた徴兵や外国人を多数含んでいた武装SSについて繰り返し書かれてきた擁護の論理と変わらないのであって、[*98]結局、旅団それのみではなく、母体であるアゾフ運動との関係、そして旅団を通じてアゾフのイデオロギーが逆に国家親衛隊や軍の隊内に拡散される可能性、等までをも検討しなければ確たることは見えてこない。共通の敵に対する挙国一致体制の下、国民国家と暫定的な城内休《ブルクフリー》戦《デン》を結んでいるに過ぎないこの全体主義イデオロギー運動がどうなるのかも、やはり戦後の問題である。

しかるに、国民と西側の支持を将来にわたって繋ぎ止めるための、そして民主政に基づく国民国家を最終的にウクライナに根付かせるための大前提として、現在のゼレンスキ政権は政治プロセスの透明化と汚職の摘発を推進し続けている。二〇二二年二月には、ついにゼレンスキ自身の友人で、パトロンであった石油・メディア王イーホル・コロモイスキにまで捜査の手が及んだ。[*99]九月には、戦争の利権をめぐり国防省に蔓延している汚職に有効な対策を打てない責任を取らされ、オレクシ・レズニコフ国防相が解任されている。[*100]

アメリカではトランプが、ジョー・バイデンを間接的に攻撃する武器としてウクライナの腐敗を取り上げ、[*101]また彼の支持層である極右モッブがそれを親ロシアのプロパガンダとして多用してきた経緯から、バイデン政権はウクライナ支援に対する超党派の同意を繋ぎ止めるために、開戦以来供与された一一〇〇億ドルを超える資材と資金の行く先を現地で監視しているが、戦時下の外国におけるそのような任務は言うまでもなく困難であり、天網恢恢とはとうてい言い難い。二〇二三年七月までに明らかとなった、小火器や弾薬、防弾ベスト等の盗難計画を摘発したのはウクライナの情報機関だった。[*102]それら犯罪の規模が、国家財産の山分けが権力エリートの事実上の特権と化しているロシアでの横領よりも桁違いに小さいことは慰めにもならないが、今のところ、犯行のほとんどがロシア系を含む職業的犯罪組織によるものであって、レズニコフを含めた政府や軍の高官の直接の関与が認められていないのが小さな希望ではある。

追記：二〇二三年一一月二〇日、ウクライナのサイバー防護の責任者である国家特別通信情報防護局（ＳＳＳＣＩＰ）のユーリ・シチホル長官及びヴィクトル・ゾラ副長官が、二〇二〇年から二二年にかけての横領の容疑で解任された。[*103]

6
軍神《ベローナ》は貪る

軍事の発展についての考え方は、大きく二つに分かれている。戦争のやり方は長い時間をかけて漸進的に変わってゆくとする「進化論《エヴォリューション》」と、画期的な新テクノロジーや新戦術の出現が戦争の様態を激変させ得るとする「革命論《リヴォリューション》」である。近世の「軍事革命」テーゼや、湾岸戦争の頃に流行した「軍事における革命（RMA）」テーゼ、そして、二十一世紀の新しい戦争の様態として盛んに喧伝されてきた「ハイブリッド戦」「新世代戦」「第四世代戦」「超限戦」（これらは名前が違うだけで、中身は同じである）が後者の代表である。「超兵器」をめぐる恐怖や信仰は、後者が歪められ俗化した、あるいは娯楽化すらした、一種のサブカルチャーとも言えよう。[*104]

ところが、近年の軍事史における実証研究は、古代から少なくとも産業革命期までの戦争と軍隊の性格のゆるやかな連続性を、つまりどうやら後者ではなく前者が正しいことを、いっそう明らかにしている。

一九五六年にマイケル・ロバーツが唱えた最初の「軍事革命」テーゼは、十七世紀にオランダとスウェーデンで採用された革新的な戦術（横隊戦術《リニア・タクティクス》[*105]）が、近代軍隊の起源となったと主張していた。しかしながら、対象を戦術のみならず、テクノロジーや行政、社会文化にまで拡大した研究の進展によって、十五世紀、十六世紀、十八世紀の戦争についても次々にユニークな「革命」が発見されていった。[*106] そしてこれまで述べてきたように、近代軍隊のもっとも際立った性格を等質的な紀律化とするならば、結局のところ、その起源は十四世紀初めの市民軍、とりわけ、封建的な騎士軍に対して常勝を誇ったスイス人の長槍密集軍にまで遡り、[*107] またその完成は、十八世紀末のフランス大革命とナポレオンの軍隊にまで至らせねばならないはずである。[*108] いったい、進行におおよそ五〇〇年弱もかかる「革命」などあり得るだろうか？

もちろん、以下のように反論することはできる。なるほど「軍事革命」が「革命」ではなく、実際には「進化」と呼ぶにふさわしい事象であることは分かった。しかし「軍事革命」に属する五〇〇年間は、その全プロセスが前近代、すなわち産業革命より前の時代に属している。ならば、産業革命の如く、人類社会を根底から変えてしまった「本物の」革命を挟んだ前後では、戦争の様態もまた激変を遂げたのではないか？と。

この疑問の提起は正しい。一九八〇年の著書でアルヴィン・トフラーは、人類史上に三つのエポック、すなわち新石器時代の「農業革命」、十八〜十九世紀の「産業革命」、そして二十世紀後半の「情報革命」[*109] を配し、そのそれぞれに始まり、特徴付けられるところの三つの「波」＝時代区分を提示した。

当然と言うべきか、すぐにトフラーの考えは「軍事革命」テーゼと組み合わされ、戦争の世代論へと応用されていった。[*110] アメリカにおけるもっとも急進的な軍事理論家の一人であるウィリアム・S・リンドは、特にヴェストファーレン条約（一六四八）による主権国家体制の確立以降の

「近代戦」を取り上げて、これを第一世代＝密集歩兵の時代、第二世代＝火力の時代、第三世代＝機動の時代、そして第四世代＝不正規戦の時代、に細かく分割した。[*111] 冷戦終結後の地域紛争とテロリズムの猖獗は、主権国家による軍事力独占の終わり、つまりリンドの言うヴェストファーレン体制の終焉を思わせたので、彼の極端な世代論は少なくない支持者を得たのである。

リンド自身の理論は、やがて初期の軍事革命テーゼと同様あまりに技術に偏重していることや、そもそも実証的な歴史研究を無視していることを厳しく批判されるようになったが、[*112]「第二の波」に属する通常戦から、「第三の波」のテクノロジー・ドリヴンな不正規戦への不可逆的で必然的な交代、という基本的な考え方は今日でも根強い影響を残している。[*113]

だが、そもそもトフラーが明敏に指摘しているように、「革命」は決して即時的で徹底的な変化を意味しない。社会にとって「革命」は恐ろしい危機、試練なのでもあり、二十一世紀のグローバリズムや情報化、エネルギー危機やジェンダ、陰謀論、果ては3Dプリンティングや脱テレビといった問題が人々の生活と人間性――そしてもちろん、権力エリートたちの既得権――を揺さぶり、不安と混乱に陥れている有様は、彼が「明日への大闘争」[*114] という言葉で具体的に予測していたほぼそのままである。制度や文化が「革命」を受容して適応を果たすには長い時間――世代を超えた時間がかかるのであり、ましてや、非線形問題の塊である戦争が例外であることなどあり得ない。[*115]

かつまたクラウゼヴィッツによれば、戦争の性格は時代や環境に応じて変わりゆくが、非線形問題としての戦争の本質は不変なのである。[*116] クラウゼヴィッツや孫子、ジョミニの著作が、今日においても普遍的な価値を持ち続けているのがその証左である。ＲＭＡ支持者らの言うような戦争の新しい性格が、あたかも戦争の本質をも変えられるかの類いの議論は慎まねばなるまい。

アメリカ陸軍のハーバート・マクマスタ中将は、訓練ドクトリン・コマンド（ＴＲＡＤＯＣ）副司令官を務めていた二〇一四年に、「吸血鬼の誤謬」及び「ゼロ・ダーク・サーティの誤謬」というアナロジーで、ＲＭＡ的な戦争観が構造的に内包するところの誤りを強く警告している。[*117]「吸血鬼の誤謬」は、革命的な新テクノロジーへの過剰な期待である。不死の怪物である吸血鬼のように、この誤謬は退治しても一〇年ごとに蘇ってくる。しかしいつでも、どのようなテクノロジーに対しても、敵はさほど時間を置かずに必ず適応し、約束されていた「銀の弾」の驚くべき実効性は結局得られないのである。

ウサマ・ビン・ラディン急襲作戦を扱ったサスペンス映画（二〇一四）の題名を借りた「ゼロ・ダーク・サーティの誤謬」は、敵のネットワーク構造におけるクリティカルな結節、すなわち重心を精密打撃や特殊戦によって外科手術的に除去するだけで戦略的な勝利をたやすく得られるという考えである。マクマスタはこの誤謬について、戦争の政治的、人間的な複雑性――非線形問題――を単純な――線形的な――手法のみで克服しようとする試みとして批判している。

ちなみに、マクマスタがこの時に列挙した誤謬は計四つで、残りの二つのうち、日本でも放映されたテレビの動物番組の題名から取られた「野生の王国の誤謬」は、戦争を他人に任せておけば自分たちのリスクは減少するだろうと信じる誤り。「ＲＳＶＰ《オプトアウト》（出欠の確認）の誤謬」は、関与したくない戦争には関与しない、あるいはいつでも抜け出すことができると信じる誤りである。

彼によれば、「吸血鬼の誤謬」は対イスラム国（ＩＳ）作戦での、「ゼロ・ダーク・サーティの誤謬」はイラクとシリアでの、「野生の王国の誤謬」はイラクでの、そして「ＲＳＶＰの誤謬」はシリアでの失敗の原因となった。

対象の時期を広げれば、「野生の王国の誤謬」の例にはアメリカのヴェトナムとアフガニスタン、そしてロシアのワグネルの叛乱をも加えられるだろう。

産業革命後の戦争の変容について、充分に実証的かつ定量的な分析を加えているのはスティーヴン・ビドルである。初期のキャリアにおいて、ＮＡＴＯ軍とワルシャワ条約機構軍の戦闘モデリングに従事していた彼は、その経験に基づき、主著『軍事力　近代戦における勝利と敗北の解明』で、ミヒャエル作戦（一九一八）、グッドウッド作戦（一九四四）、そして砂漠の嵐作戦（一九九一）の数理分析を試みた。[*118] 彼の得た結論は、火力と量の優劣はいずれも裸のままでは勝敗の決定的な要因とはならず、それらにのみ頼った戦いは攻勢を頓挫させ、避けられたであろう消耗戦を現出させてしまう。真に重要なのは、敵の火力からの危害を最小化しつつ、戦力を機動させ敵の重心に集中させるための「戦力の運用《エンプロイメント・オヴ・フォース》」だということであった。戦力の運用とは、要するに作戦術と戦術の総称である。

戦力の運用にとりわけ卓越しているユニークなドクトリンを、彼は「近代システム」と名付けた。具体的には「遮蔽、隠蔽、分散、制圧、自律的な小単位の機動、戦術における諸兵科連合、縦深、予備、戦域における圧倒的な集中」の諸要素から成るこのシステムは、第一次大戦後期に誕生してその消耗戦に終止符を打ち、[*119] 以降、湾岸戦争までのあらゆる「強い軍隊」の構造的な基礎となっているとされる。ビドルは、湾岸戦争の圧勝の原因を「革命的」「破壊的」テクノロジーに帰する説をいっさい否定している。彼によれば、RMA支持者たちは、裸のテクノロジーを戦力の運用と区別できていないのである。[120]

軍事史の視座から見れば、ビドルの言う「近代システム」は実のところ、彼の扱った近代戦に留まらず、産業革命前においても親しい概念である。全部とまでは言い難いが――榴弾砲やミサイルは存在しなかったので――その多くの要素は、グスタフ・アドルフやナポレオン[121]どころか、ラムセス二世やアレクサンドロス大王の時代[122]から変わらない、「強い軍隊」の特徴に他ならない。前四〇一年に、ペルシア帝国の敵地深くに完全に孤立したクセノフォンらギリシア傭兵部隊が、長途六〇〇〇kmの「一万名の退却《アナバシス》」から生還できたのは、彼らの練度と紀律が優れていたばかりでなく、「近代システム」の原則に従っていたからである。

戦争の本質に関わるような変化をもたらしたテクノロジーは、人類史全体においてさほど多くない。むしろごくごくわずか、と言っても良い、先史時代には弓と船、前近代にはチャリオットとカタパルト、制度の標準化、砲列甲板を備えた帆装戦闘艦、近現代には設計と生産の標準化、無線通信と航空機、コンピュータ、加えてもしかすると弾道ミサイルが挙げられるくらいで、戦車や機関銃、人工衛星やデジタル・ネットワークは、過去との完全な断絶ではなく、むしろ過去のやり方の実効性を倍加する手段として働いている。

弾丸を安定して飛翔させられない前近代の滑腔小銃よりも、段違いに優れた最大射程と精度を持つ施条小銃、つまりライフルの普及は、近代の戦場に大変革をもたらしたとこれまで長く信じられてきたが、南北戦争（一八六一～六五）の歩兵戦術についての新しい研究は、それとナポレオン時代の戦術との間に隔絶した差異はなく、第二次産業革命の少なくとも初期の段階においては、戦術行動の様態を決定していたのはテクノロジーではなくドクトリンであったことを明らかにしている。[*123] 言い換えれば、テクノロジーに起因する戦争の非線形性の爆発をどうにかまだ抑え込めていたのである。

ダニエル・ヘッドリクは、彼の専門である十九世紀の技術史について、「現代の知ったかぶりの学者たちは、誇大宣伝を浴びせかけ、最新の機械がつくりだした情報時代が昨日生まれたばかりであると信じ込ませようとしている（塚原東吾／隠岐さや香訳）」とテクノロジー革命論者を辛辣に批判しているが、[*124] 彼の言葉は産業革命よりずっと前の時代にも該当する。

例えば、寺田寅彦は、前四世紀のアイネイアス・タクティコスの軍事理論書から古代ギリシアの水圧信号通信の高度な能力を知った驚きを随筆にしたためているが、[*125] クリミア戦争で海底ケーブルが、ドイツ統一戦争（一八六四～七一）と南北戦争で陸上の電信が軍事的に実用化される遥か以前から、一定の信頼性と速達性を有する戦略・戦域遠距離通信テクノロジーは広く用いられていたのである。[*126] それらの役割も、また脆弱性の所在も、現在のＭｂｐｓ／Ｇｂｐｓ級の衛星通信システムと基本的には変わらない。ナポレオン戦争後のフランスが舞台のデュマ・ペール『モンテ・クリスト伯』の主人公は、腕木通信ネットワークに対するハッキングを復讐の手段の一つとしている。[*127]

ちなみに、大戦間期の無線テクノロジーから始まった戦術通信の軍事的価値は、これらの戦略・戦域通信とは性質が異なる。機械化部隊による大規模な機動戦が技術的に可能となったのは、戦車やトラックよりも、軽量で扱いやすい双方向無線通信機の実用化の寄与が大きい。独ソ戦（一九四一～四五）の緒戦で、ソ連赤軍のきわめて有力な戦車戦力がほぼ一方的に蹴散らされた主因の一つは、中隊長車以下の階梯の戦車に無線機が備えられていなかったからである。*128

ウクライナ戦争も軍事の進化論の例外ではない。開戦から二〇カ月、これまでのところ、ビドルの「近代システム」の定義、あるいはアレクサンドロスやナポレオンの戦例が示す原則から逸脱する事象はいっさい観察されていない。ウクライナ戦争が人々に与えた驚愕や困惑の正体は、ＦＧＭ－１４８ジャヴェリン携行対戦車ミサイルやドローンが体現しているかのように見える新テクノロジーによる「革命」などではなく、冷戦の終結と湾岸戦争から、「平和の配当」と「対テロ戦争」の一世代を経て忘れ去られていた対等の国家対国家の通常戦、つまり人類が他のどの神よりも見知った不吉な軍神の貌《ベローナ》に、突然の、好ましからざる再会を強いられた衝撃なのである。

ところで軍神と言えば、正教の司祭が核兵器に祝福のまじないを施しているロシア軍では、それとは別に、無神論のソ連赤軍から受け継いだ彼ら固有の軍神《ボッフ・ヴォイニ》の信仰が存在している。『砲兵行進曲』中にその名で讃えられる砲兵である。そしてウクライナ戦争が間違いなく「第二の波」型の通常戦であることを、何よりも雄弁に知らしめているのが砲兵の兵站、サプライチェーンである。弾薬、特に一五榴つまり一五二㎜及び一五五㎜榴弾の凄まじい速度での射耗は、それらがロシア軍とウクライナ軍の火力のほとんどを担い、作戦と戦術の行方を左右する、決定的に緊要な資材であることを示している。

充分に信頼できるデータは当然ながら公になっていないが、ハケットが『第三次世界大戦』で描いた通り、砲弾の膨大な需要に供給がまったく付いてゆけていないのは疑いない。ハケットの予言が外れたのは、兵站への負担が理論上の破断界を超えてもなお、戦争が高強度で続いている事実である。

戦前におけるロシア軍の砲弾の在庫は、エストニア軍情報部によれば約一七〇〇万発であった。初期の射耗の速度は、日あたり射撃数が二万から六万発。二〇二二年九月までの七カ月間で約一〇〇〇万発が消費された。ウクライナ軍のＧＭＬＲＳ投入によって砲兵の戦闘効果が損なわれた後もしばらくの間は、アメリカ国防総省の一一月時点での推計によれば、日に約二万発が撃たれていた。

だが、年が明ける頃から火力は顕著な減少の傾向を示すようになり、ウクライナのレズニコフ国防相（当時）によれば、二〇二三年二月〜三月でのロシア軍砲兵の月あたり射撃数は約四四万発、つまり日あたり約一万五〇〇〇発とされる。[*129] あれほど恐れられ、期待されていたロシア軍の冬期攻勢が不発に終わった主因は、兵員の質の低下の他に、砲弾の欠乏であった可能性が大きい。

二〇二三年五月に公表された王立国防安全保障研究所（ＲＵＳＩ）のジャック・ワトリングの新しい報告によれば、同年第１四半期におけるロシア軍の日あたり射撃数は一万二〇〇〇〜三万八〇〇〇発であるが、二万四〇〇〇発を超える日は前年より格段に少なくなっている。二〇二二年における総消費量は約一二〇〇万発であったが、二〇二三年の総消費量は七〇〇万発を割り込むだろうと彼らは分析している。[*130]

対してロシア軍の砲弾の供給は、エストニア軍情報部によれば戦前の生産力が年産約一七〇万発で、施設を整備増強しても約三四〇万発が上限である。ワトリングらの推計では、二〇二三年の年産の見込みは約二五〇万発。

エストニア軍情報部が二〇二三年一〇月下旬に、ロシアの砲弾の在庫を約四〇〇万発、衛星画像の分析から、北朝鮮が最近ロシアに供与した砲弾を約三五万発とした最新の推計は[*131]、ワトリングらの推計とよく一致している。言い換えれば、一〇月までの二〇カ月間でロシア軍が消費した砲弾は計約一七〇〇万発、つまり開戦時の在庫をちょうど使い果たした計算になる。

イラン、北朝鮮、あるいは中国が、月に数十万発規模での砲弾の持続的な供与に踏み切らない限り――北朝鮮はついにそれを始めた模様だが、いつまで続けられるかは分からない――ロシア軍の砲兵火力が開戦時の水準まで回復することはないだろう。実際、ワトリングらは、二〇二三年に入りロシア軍砲兵が、弾薬の節約のために主たる射法を弾幕射撃から精密射撃へと変えたのみならず、一五榴に代えて一二迫（一二〇㎜迫撃砲）を多用するようになったと報告している[*132]。

バフムート戦で、ワグネルの長プリゴジンは繰り返し、弾薬の補給をめぐってセルゲイ・ショイグ国防相とワレリ・ゲラシモフ参謀総長を激しく非難した。が、ワグネルに嫌がらせを仕掛ける充分過ぎる動機を我慢しつつ、彼らがもし昨年夏の如く弾薬を惜しげもなく供給しようと考えたとしても、既にそれはできなくなっていたのだ。

しかしながらロシア軍砲兵の兵站の苦境は、必ずしもウクライナ軍の利益に直結していない。軍備の相対性の原則により、彼らの兵站もまた、敵と同程度ないしそれ以上の苦境に陥っているからである。

ウクライナ軍砲兵の射耗は、ＧＵＲによれば二〇二二年六月時点で日あたり五〇〇〇から六〇〇〇発、前述のアメリカ国防総省の推計によれば一一月時点で四〇〇〇から七〇〇〇発、同じく先のレズニコフ国防相による、対象を一五榴に限った数字では、二〇二三年二月〜三月時点で月約一一万発、つまり日あたり四〇〇〇発である。[*133] 第三章第八節と第一一節で改めて述べるが、ウクライナ軍砲兵は、「吸血鬼の誤謬」に憑かれた一部の報道が伝えているような、精密誘導砲弾や先進的なC^4ＩＳＲを活用した非対称的な質の優位を決して確立してはいない。月あたり最低でも三五万六四〇〇発（日あたり約一万二〇〇〇発）、可能ならば五九万四〇〇〇発（日あたり約二万発）の一五榴弾が必要だとのレズニコフの発言は、そのことを裏付けている。

かつてはロケットのユージュノエ設計局やＡＦＶのハルキウ設計局などを擁し、ソ連の巨大な軍産複合体の枢要の一つであったウクライナだが、今次の戦争勃発時における国内の砲弾生産数はほぼゼロで、ソ連時代の在庫と輸入に依存しきっていた。その在庫は冷戦直後には充分であったが、二〇一四年から二〇一八年にかけて起こった一連の「原因不明」の弾薬庫の爆発によって計およそ二一万トンもの弾薬が破壊されたことで、急速に枯渇した。同様の爆発はチェコとブルガリアでも起こっており、チェコ政府はロシアの破壊工作として公然と非難している。[*134]

ウクライナ政府はようやく二〇一八年から、砲弾の国内生産とサプライチェーン構築に着手したが、計画は腐敗と汚職によってことごとく失敗し、二〇二二年二月時点での在庫は絶望的に乏しいものとなっていた。[*135] ブルガリアが開戦直後に、燃料と共に秘密裏に供与した大量の砲弾——

三カ月間の所要量の三〇パーセントとされるので、計一五万発以上ということになる――がなければ、緒戦の戦況はもっとずっと悪くなっていたかも知れない。[*136]

国営軍需企業ウクロボロンプロム社が、新規に建設した一五二㎜及び一二二㎜砲弾の国内生産ラインを稼働させたのは二〇二二年一一月、それらの砲弾が前線に届いたのはようやく一二月だが、仕事の困難さを考えれば驚異的な速さと呼べる（ただし、砲弾の設計と製造は簡略化せざるを得なかった）。[*137]

同社によれば、開戦から九カ月間の軍需品の総生産量は二〇二一年の年産の七倍、一部の物品では一〇ないし一二倍に達した。年末の時点で、全装備品に占めるソ連製及び国産品の割合は、西側の供与品を依然として上回っていた。[*138] しかしながら、こと砲弾に関しては、レズニコフが訴えているように、需要を国内生産だけで賄うことは将来的にもまず不可能である。二〇二三年七月現在、砲弾の国内生産量は「需要の一五パーセント以下」とされているので、[*139] 再びレズニコフの発言から推測すれば、恐らく月産五万発程度ということになる。こちらもまことに驚異的な数字ではあるが、ロシアの生産量の四分の一でしかない。

輸入についても、バルト三国や東欧諸国はＮＡＴＯ加盟後に、軍隊の装備品をＮＡＴＯ規格へ切り替える作業に着手し、しかも今回の戦争がもたらした危機感がそのプロセスを加速させつつあるから、国外で新たに生産されるソ連規格の砲弾を調達できる望みはもうほとんどない。

またウクライナはパキスタンからＮＡＴＯ規格の砲弾の、またアメリカが世界中でかき集めて来た――北朝鮮製やイラン製も含まれるかも知れない――ソ連規格の砲弾の供与を受けているが、いずれも何もないよりはまし、といった程度の効き目しかない。

ゆえにウクライナ軍がきわめて近い将来、NATO規格の砲弾に全面的に依存せざるを得なくなるのはどうしても避けられず[*140]、それを見越したNATOは、ウクライナの軍需産業を西側化するための「一〇カ年計画」を策定している。[*141]けれども言うまでもなく、戦局は産業構造の刷新を待ってはくれないので、西側諸国はとりあえず自国の在庫を割いて砲弾を送り続けているが、ロシアと同様、彼らの供給能力も無限と呼ぶにはほど遠い。しかも、援助のために在庫を空っぽにして、自国の防衛を危うくするリスクは負えないのである。

二〇二三年四月までにアメリカが供与した各種砲弾はのべ四四〇万発以上。うち一五榴弾が一五〇万発以上、さらにそのうち約七〇〇〇発以上がM982エクスカリバ精密誘導砲弾であった。[*142]ちなみに、M795在来弾に対するエクスカリバの一発あたりの戦闘価値は、サブタイプによって異なるが調達費込みでおよそ一・五倍から二・〇倍と評価されている。[*143]が、今回は無償供与なので、高額なコストの加重を差し引いて戦闘価値を再計算すると、およそ三倍から三・八倍となる。つまり七〇〇〇発のエクスカリバは、二万一〇〇〇〜二万七〇〇〇発の在来弾に相当するのだが、通常戦の統計においては、その程度の量では「銀の弾」でしかないことが理解できる。

戦前の月産約一万五〇〇〇発というアメリカの一五榴弾の生産力ではもちろんこれらの需要を補えないので、国防総省は既存の生産ラインへの投資と新規施設の建設に約三〇億ドルを投じて、二〇二四年までにこの数字を六倍（月産約九万発）に引き上げる計画を策定した。[*144]年産は約一〇〇万発となる。だが、『ウォール・ストリート・ジャーナル』紙によれば、砲弾以外にも多くの弾薬に用いられている信管の内蔵爆薬の国内唯一の供給元であったルイジアナの工場が、二〇二一年の爆発事故で破壊された不運と、アメリカ社会を覆う慢性的な熟練労働力の不足から、増産計画がスムースに運ぶ見通しは大きくはなさそうである。[*145] 実際に、二〇二三年五月時点での生産数は月産約二万発でしかなく、[*146] アメリカは急遽、韓国に対しては貸与扱いで一五榴弾五〇万発の、日本には物品役務相互提供協定（ＡＣＳＡ）に基づいて炸薬用ＴＮＴと一五榴弾の供与を、それぞれ要請している。[*147]

　冷戦終結の「平和の配当」を最大限に享受していながら、一世代にわたる軍縮政策の下、対ＧＤＰ二パーセント以上の国防費支出というＮＡＴＯのガイドラインを無視してきた欧州諸国では、[*148] 情況はさらに悪い。ウクライナ戦争のような通常戦に対するドイツ軍の継戦能力はわずか二日間、榴弾の在庫はたったの二万発（口径の内訳は不明）に過ぎない。チャレンジャー2戦車やストーム・シャドウ／ＳＣＡＬＰ－ＥＧ巡航ミサイルといった先進兵器を率先して供与しているイギリス軍も、アメリカ軍を相手とした最近のウォー・ゲームでは八日間かそこらで弾薬が尽きたと言う。[*149] ドイツ軍は自国用として、二〇三一年までに在庫を約二三万発まで積み上げる方針を示しているが、ウクライナの戦訓は、少なくともその一〇倍が必要であることを教えている。

　通常戦の脅威を突き付けられた欧州諸国は一転して軍拡を呼号すると共に、エストニアの提案に基づき、欧州連合（ＥＵ）として一〇〇万発の一五榴弾を協同で調達して、ウクライナに供与する計画を立ち上げた。[*150] 二〇二三年五月三日に合意に至ったこの計画は、各国の在庫からの直接の供与、各国の供与に対するＥＵ資金からの補償、新規に生産される砲弾の協同調達、の三段階から成っているが、最後の協同調達については、アメリカの増産計画と同じく、既に黄信号が点っている。

　戦前における欧州の一五榴弾生産量の総計は、アメリカ一国にほぼ等しく月産約一万五〇〇〇発であった。[*151]欧州最大の砲弾生産者であるノルウェーとフィンランドの合同国策企業ナンモ社は、二〇二八年までに生産力を最大二〇倍に上げることを求められているが、『ニューヨーク・タイムズ』紙の取材に対し、一九九〇年代から二〇二二年までノルウェー政府からの発注はただの一件もなかったという同社の経営陣は不信を隠さず、契約がこの先も長期にわたって続く保証がない限り、とうていそのような巨額の投資はできないと答えている。[*152]

　ロシアは非効率的で、腐敗し、西側の制裁で入手できなくなった半導体や光ファイバ、複合材、そして国外に流出し続ける熟練労働力を欠く軍需産業に増産を強いるために、ドミートリ・メドヴェージェフ前大統領を頻繁に工場に送り込み、経営者や技術者を秘密警察《チェーカー》の流儀で恫喝させる、といった対症療法的なやり方を用いている。[*153]しかし一方で西側諸国もまた、自らは交戦国ではない、言わば準戦時体制という中途半端な情況の下で、軍拡のための財源の確保と、「平和の配当」を手放すことを国民に納得させる手段を容易に見出だせない政治的難題に直面している。

　しかしながら、ウクライナ軍の二〇二三年夏季攻勢の支援のため、アメリカ政府が七月七日に両用改良型通常弾（ＤＰＩＣＭ）[*154]、いわゆるクラスタ砲弾供給の決定を明らかにしたことは、中期的に情況をウクライナ軍に傾ける可能性がある。調達と運用のコストの荷重を考慮しない場合、一五五㎜ＤＰＩＣＭの対人戦闘価値は榴弾の八倍で、特に塹壕に対して有効であることが戦訓から評価されているが、[*155]そのことはとりあえず第二義的である。ロシア軍のクラスタ弾の子弾不発率が約三〇～四〇パーセントであるのに対して、新しいDPICMではそれは二・三五パーセント以下に過ぎないという、どうやら製造元の実験室環境から得られたとおぼしき国防総省の主張[*156]にかかわらず、クラスタ弾の構造は統計的にどうしても不発の発生を避けられないのであり、クラスタ弾禁止運動の最大の動機である非戦闘員――特に、不発弾を玩具だと誤認する子供たち――の巻き添え被害をもたらすばかりではなく、軍事合理性においても榴弾に完全に取って代わるに足る実効性を証明しているとは言えないからである。[*157]

重要なのは、アメリカが枯渇しつつある榴弾の在庫から独立して、別にDPICMの在庫を大量に保有していることである。具体的な数は不明だが、最低でも一〇〇万発、恐らくは三〇〇万ないし五〇〇万発以上だと考えられる。うち「数十万発」は供与決定から一週間後には既に引き渡されており、[*158]仮に二〇二三年中に計一〇〇万発が供与されるとすればウクライナ軍の砲兵火力を平均して現在の一・五倍に、計二〇〇万発ならば二倍に増加することになる。この数字は決定的ではないが、非常に大きい。

DPICM供与に対する人権団体の反対や世論の懸念は間違っていないが、これは善悪の二元論で断じられる問題ではない。外国領土でのクラスタ弾の使用にいっさいの抑制を持たないロシア軍は、開戦直後からそれを榴弾やロケット弾と共に「ごく普通の兵器」として大量に投入してきた。[*159]ゆえに、今回のアメリカの供与に対抗してプーチンは同種兵器での報復を宣言しているが、アメリカ軍のように特別に取っておいた予備の在庫がロシア軍に存在する理屈はないので、例の如くプロパガンダである。*160

クラスタ弾ばかりでなく、ウクライナはロシア軍の無数の対人地雷やブービートラップによって想像を絶する深刻な汚染を被っており、その被害は日々拡大している。国土の破壊と国民の犠牲を食い止めるためのもっとも迅速な手段として、ウクライナ人が「小毒をもって大毒を制する」ことを選んだのを、冷戦終結の「平和の配当」で享受した、安全で快適な場所に座っている西側の人々が一方的に非難できるのだろうか？　軍備は常に相対的であり、絶対的な二元論は無意味である。対人地雷やクラスタ弾に無条件に反対するのではなく、政治と軍事の――今の場合は、現実主義よりも厄介な帝国主義と、不正規戦よりも厄介な通常戦の――論理に立ってそれらを抑制する戦略を検討し、かつ、ただちにできる行動として、それらの安全で確実な除去技術や資材の支援を持続的に行うのが、多くの生命や生活を救うことに繋がるだろう。

通常戦で生き残るために必要なのはどんな種類の銀の弾でもなく、訓練された将兵と、無数の普通の弾である。プーチンの冒険が解き放ってしまった通常戦の神々は、血と汗と金――汗を流せば血の犠牲を贖うことはできるが、金だけはどうしようもない――を際限なく貪り食うのだ。

7 「これが本物だ」

　通常戦としてのウクライナ戦争の経緯は、「ハイブリッド戦」「第四世代戦」なる概念が単なる疑似専門用語《バズワード》に過ぎないことを露呈させてしまった。そもそも、純粋な軍事力の直接的な行使のみならず、経済や外交、情報、文化といった複数の領域《ドメイン》の資源や手段を戦争に総動員するというのは、別に新発明でも何でもなく、これもまた古代から広く行われてきた方法である。[*161]

　例えば、七世紀から十四世紀までの地中海の政治と軍事は、決して「キリスト教徒対ムスリム」といった単純な対立構造などでは説明できない。ビザンツとアッバース朝、カロリング朝（及びその海での後継者であるフランス）の三つの帝国以外に、ヴェネツィアとジェノヴァを始めとする海洋諸共和国、シチリア、ナポリ、マムルーク朝、イベリア半島の諸国家、十字軍諸国家《ウトルメール》といった大小無数の政権が存在し、そのほとんどは宗派に関係なく相互に慢性的な戦争状態にあり、しかしまた同時に活発な商品や人の往来を交えていた。重要なのは、それらの国家のいずれかが集権的な海軍力によって広域に及ぶ海上優勢を獲得するに至ったことはただの一度としてなく、それどころか、戦争と海賊と商行為の区別さえ曖昧だったことである。当時の漕走戦闘艦隊の戦力投射能力の費用対効果が、陸軍に比べてはなはだしく低かった——言い換えれば、国家が高強度の海洋戦を養えなかったことが、その主たる理由である。[*162]

中世の地中海における、戦争と平和との、軍と民との境界を認識できない数世紀間にわたる戦略情況は、いわゆる「ハイブリッド戦」そのものである。その種の戦争の様態は新しいものでも、珍しいものでもないのだ。

にもかかわらず、二十一世紀の最初の二〇年間にことさらに「ハイブリッド戦」がもてはやされていたのは、三つの理由による。第一に、冷戦後の歴史的な情況として、もはや通常戦よりも軍事力の強度が遥かに低い不正規戦しか戦われていなかったため、軍事力に対する外交や情報の寄与が相対的により大きかったこと。第二に、ロシアが、二〇〇〇年一〇月のセルビアに始まる世界各地での一連の「カラー革命」——ウクライナのマイダン革命もその一つ——を、アメリカとNATOが仕掛けた、サイバー戦と情報戦、認知戦を主とする様態の不正規戦の帰結であると認識し、いずれロシア国境の内側にまでその種の攻撃が及ぶリスクを深刻に懸念したこと。[*163]そして第三に、今度はロシアが報復の不正規戦によってクリミアを奪い、ドンバスに侵入するのを見た西側が、それこそがカラー革命の戦訓から開発された新しい「ハイブリッド戦」であると信じ、さらに一部の人々が、その体系化をゲラシモフ参謀総長と結びつけることで「ゲラシモフ・ドクトリン」と呼んで、NATOへの重大な脅威に位置づけたこと、[*164]である。

しかし、クリミア以降、西側で急速に支配的となったそのような見解は、既に二〇一六年頃から少なくないロシア専門家によって、戦史の事例研究と戦争科学を重視するロシアの戦争文化の文脈においては、西側で言う「ハイブリッド戦」の如き、あらゆる戦略及び作戦環境に持ち込める汎用的なモデルの存在する余地はなく、そもそもゲラシモフ自身はもちろん、「西側が作り出した新しい戦争の概念」という以外の意味で「ハイブリッド戦」について論じているロシア人は誰一人としてしない、との強い批判を被っていた。[*165] チャールズ・バートルズによれば、ロシア人の定義では戦争とは最初から軍事力の行使以上のものであり、西側では戦争回避の方法として考えられている経済制裁や外交圧力も、ロシア人にとっては戦争を意味しているのである。[*166] ゆえに、ロシアはウクライナとだけではなく、NATOの侵略と戦っているのだとのプーチンの主張は、(少なくともこの件については)プロパガンダに留まらない現実的な意味があり、恐るべき「ハイブリッド戦」の幻想は、そのような戦争文化における認識の齟齬から生み出されたのである。

コリン・グレイが「(核戦争に対する)通常戦」という概念のおおざっぱさに異議を唱えたのは、[*167] 冷戦時代の文脈としてはその通りであろうが、今日では論理がそこからシフトしていて、「ハイブリッド戦」の特異性についての過度の強調が、対立概念として「通常戦」を際立たせていたのである。二〇〇五年に、アメリカにおけるハイブリッド戦の提唱者の一人フランク・ホフマン海兵隊中佐は、ジェイムズ・マティス中将(当時)と共に、アフガニスタンとイラクでの経験は、それまでのRMAとテクノロジーへの没入が「我々自身のイメージの鏡像に過ぎず、戦争を自分たちに都合の良いやり方で支配したいという非現実的な願望でしかなかったこと」を明らかにしてしまったと書いたが、二〇二二年二月の戦争の勃発は、ハイブリッド戦争もまたRMAと同じく、西側の多くの人々の心の鏡像、あるいは歴史の理解を欠いた一時の流行に過ぎなかったことを知らしめつつある。[*168]

孫子とクラウゼヴィッツの意見がしばしば対立しているのは、前者が国家戦略を含めた戦争を総体として扱っているのに対し、後者が戦域での軍事力の行使に論を絞っているからである。なので、軍事力の投入と損耗を最小限に抑えつつ、外交や情報戦、あるいは認知戦によって勝利を得るという孫子の「ハイブリッド戦」の理念型はクラウゼヴィッツの通常戦のそれとは異なって見えるが、両者はもとより排他的な関係にあるわけではなく、[*169]同時に一つの戦争の二つの側面であることさえ決して例外的ではない。最近の例は、クリストファ・ベラミが指摘するように、コソヴォ戦争（一九九八〜九九）である。

NATOはクラウゼヴィッツ式の通常戦に近い戦略で戦い――しかもビドルの「近代システム」とはほど遠い、裸の火力とテクノロジーをぶつける拙劣な作戦によっていたが、最後の最後に地上部隊を逐次投入するまでは航空戦力しか使えず、否応なくそう戦うしかなかった――セルビアの軍事力を重心と見なしてこれに攻撃を加えたが、スロボダン・ミロシェヴィチのセルビアは徹底的に不正規戦の戦略を貫き、彼らのイオデオギー的な人種戦争の敵であるアルバニア系住民そのものに加えて、NATOの後方にある西側諸国の世論を新たな重心とし、認知戦の手法によって、それに影響を及ぼすような標的を選び攻撃した。[*170]

頻繁に「ハイブリッド戦」の革命的要素として取り上げられてきたサイバー戦の威力も、情況ごとに相対的に評価され直されねばならない。アメリカ軍は、一九九六年にネットワーク中心戦（NCW）とフルスペクトル優位性という、戦闘空間にサイバー戦の要素を統合したドクトリンが提唱されたのと同時期から、「サイバー真珠湾」の脅威を声高に世論に警告するようになった。[*171]

だが、その時からの現在までの数々の演習と研究は、通常戦におけるサイバー戦力は、地上部隊や巡航ミサイルといった在来型の戦力の戦闘効果を増幅する戦力倍加手段として機能するが、それ自体が独立した戦力として働くわけではない、という結論を一貫して得ている。[*172]

もちろん、サイバー戦は決して軽視してよいようなものではない。それは「第三の波」に属する戦いであるゆえに、本質的に「第二の波」型のシステムに対する優位性を有している。デーヴィド・サンガーが描くロシア、中国、北朝鮮のサイバー攻撃の脅威と、対する西側世界の構造的及び戦略的な脆弱性は、これから起こり得る危機ではなく、既に起こったこと、起こっていることである。

しかしながら、彼が挙げる「サイバー真珠湾」の最悪のリスクは、それが冷戦型の、つまり「第二の波」型の抑止のメカニズムを無効化し、直接、通常戦ないし核戦争の引鉄となることである。[*173]逆に言うならば、核戦争はともかく、ひとたび対等か対等に近い敵との通常戦が始まってしまえば、その瞬間から、サイバー戦の魔術的なヴェールは剥ぎ取られ、高強度の通常戦の単なる一要素、一変数として呑み込まれてしまうのだ。何故ならば、ロシアや中国、北朝鮮の政治・社会は、新しい「第三の波」の段階に達しているどころか、極端に集権的な権威主義体制という「第二の波」の形態に固着しているのであり、「ゲラシモフ・ドクトリン」の実在性をめぐる最近の議論から分かるように、彼らはただ不正規戦の戦術行動の一種としてサイバー攻撃を用いているに過ぎないのだ。ゆえに、彼らが大規模な通常戦を戦わざるを得なくなれば、それは「第二の波」型の戦争以外にはなり得ないのであり、サイバー戦の「第三の波」型の相対的な優位は統計的に消失してしまうのである。

ウクライナのサイバー部隊とマイクロソフト社の縦深防御を突破した幾つかの「苛烈な」攻撃は、二〇一四年以来プーチンが反復してきた同種の攻撃と同じく、間違いなく、ウクライナに幾つもの重大な損害を与えているだろう。[*174] しかし電力インフラを広域で無力化する手段としては、結局、サイバー攻撃よりミサイル打撃の方が優れているのだ（後者の威力を前者によって倍加させるのがもっとも適切であるはずだが、ロシア軍がどれくらいそれに成功しているのかは不明である）。あるアメリカの高位の国防当局者はこう語っている。「サイバー戦について書いているあれこれは、全てが憶測に過ぎなかった。今や初めて、戦争とサイバー戦が一体化したのだ。これが本物だ[*175]」。

8 DELTAの世界

逆に言えば、ドンバスの分離主義者の叛乱への支援やクリミアの「電撃的な」併合を実施する上でロシア軍の「ハイブリッド戦」がきわめて良く機能していたのは――もしくは、機能しているように見えたのは――それらが不正規戦だったからである。つまるところ、「サイバー真珠湾」や核レトリックを「スペクトル」に含めた「ハイブリッド戦」の正体とは、「不正に獲得した利益を保全するために、弱い国家がより強い敵を打ちのめすために行う奇襲」[*176]であるところの、攻撃的な不正規戦そのものなのである。そしてウクライナ戦争におけるロシア軍の惨状は、クリミアと同じようにウクライナ全土をも不正規戦のみで征服できると判断し、通常戦への備えがまったく整っていない軍隊を送り込んだ、プーチンの政府の致命的な誤謬に起因しているのだ。ブダノフが、クレムリンはウクライナに対して行使し得るあらゆる軍事的オプションの中で、もっとも愚かな策を選んだ、と言う通りである。[*177] プーチンはＮＡＴＯを「より強い敵」、ウクライナを「不正に獲得する利益」と考えていたが、そうではなく、現実にはウクライナこそが「強い敵」、あるいは少なくとも対等か対等に近い敵だったのである。

ＦＯＩのヴェスタールンドとオクセンシェルナらは二〇一九年の時点で、ロシアはただ一つの地域戦争、すなわち一個ないし複数の軍管区の諸兵科連合軍と艦隊、航空戦力が投入される規模の、比較的短期間の戦争を遂行する能力を有するが、もしも大々的な軍拡が行われれば、一〇年後には同時に二つの地域戦争を戦う能力を持つ可能性がないとは言えない、と分析していた。[*178] しかるに、ロシア人が今ウクライナで戦っているのはのヴェスタールンドらのそもそもの想定の外にあった分類最上位の大規模戦争、つまりロシアの全即応戦力に加えて予備役が投入される戦争である。

「聖ジャヴェリン（FGM－148対戦車ミサイル）」は高性能かつ使い勝手の良い優れた武器であるが、その活躍を契機に一時的に起こった「戦車無用論」は、第四次中東戦争当時のそれのリヴァイヴァルでしかない。アメリカの軍産複合体内で、戦車と軍艦の無用を唱えているジャヴェリンの製造元[*179]レイセオン・テクノロジーズ社のグレゴリ・ヘイズCEOは、この戦争を非対称戦と呼んだ時点で誤っている。[*180] 第二章で改めて述べるように、緒戦の北部戦線でロシア軍を食い止めたのは対戦車ミサイルだが、彼らを敗走させたのは砲兵である。

歩兵の支援を欠く戦車がきわめて脆いのは大昔からの本質であり、装甲を貫徹されたロシア戦車が簡単に砲塔を天高く吹き飛ばすのは、設計のみならず運用に問題があり、かつ戦訓から学習しないからである。現に、設計思想がほぼ同一であるはずのウクライナ軍の戦車は、そのような問題を――少なくともロシアのプロパガンダ素材になるほどには――起こしてはいない。

クラウゼヴィッツが、騎兵を欠く軍はそれでも戦うことはできるし、どうにかして勝つこともできるかも知れないが、多大な困難と犠牲が伴うだろうと書いたのは、[*181] 騎兵の後継である現代の

ＡＦＶ、とりわけ戦車と歩兵戦闘車（ＩＦＶ）についても正しい。ＡＦＶも携行対戦車ミサイルも、共に敵のＡＦＶと堅固な陣地を破壊することができるが、攻撃のために陣地から出て身を敵の火力に晒さなければならない兵士の生命を護ることは、ミサイルにはできない[*182]。

ヒュルトケンの森（一九四四〜四五）では、広大な森林深く、ジークフリート要塞線に沿って布かれたドイツ軍の周到防御に対して、アメリカ軍は航空機と戦車を有効に用いることができず、「近代システム」からかけ離れた作戦術で実施された攻勢は歩兵の地獄と化した[*183]。正解はジャヴェリンを買って戦車を捨てることではなく、第二次大戦の半ばに戦車兵たちが発見し[*184]、ハケットが小説で訴え[*185]、ミリーが先般の記者会見で述べたように、両者をC^4ＩＳＲに統合し、諸兵科連合や縦深防御に組み込むことなのである。そのように適切に運用される戦車の威力は、ヴフレダルの開豁地での教科書的な戦車戦に限らず[*186]、バフムートの陣地戦の情況[*187]からも明らかである。

同じことが、ドローンについても言える。

ウクライナ戦争で、ドローンは欠くべからざる装備品となった。ウクライナはミハイロ・フェドロフ副首相兼デジタル相の指導の下で、国内ドローン産業の育成、既存の民生用ドローンや標的機の改造、水上ドローンによる泊地攻撃、第一次大戦最初期の戦闘機を連想させる空戦ドローン、そして軍民合同のドローン学校の設立等、新しい技術と戦術、インフラ、制度を開発しつつ史上初の「ドローン軍」を立ち上げようとしている[*188]。ＳＮＳ上には、両軍の自爆ドローンが戦車や自走砲に突入して撃破する印象的な動画が頻繁に上げられているが、ドローンがもっとも威力を発揮しているのは、第三章第八節で見るように、砲兵火力の致死性を急激に増加させている戦

キーウ市街、FGM-148対戦車ミサイルを持つマグダラのマリアの壁画。「聖ジャヴェリン」として緒戦で国民的抵抗の象徴となったこの兵器は、戦闘隊形すらろくに取らずに突進するロシア軍大隊戦術群に甚大な損害を与えたが、最終的に彼らを敗走させたのは観測ドローンを組み合わされた砲兵火力であった。(写真:APアフロ)

術偵察及び観測の任務においてである。

しかし現時点においては、ドローンの運用はあくまでもそのような在来の航空偵察や観測、迫撃砲や巡航ミサイル等のそれの互換に留まっている。第二次ナゴルノ・カラバフ戦争(二〇二〇)の不正規戦で「超兵器」として猛威を振るったバイラクタルＴＢ２ドローンは、ウクライナがトルコからだけでも少なくとも五〇機を新規に調達し、緒戦の数日間はジャヴェリンと並ぶほどの戦果を挙げていたが、ロシア軍が防空態勢を操典に書いてある通りに整備すると共に、つまり不正規戦作戦が通常戦作戦へと変換されると共に生残性を喪失し、前線で行動することはほぼなくなった。[*189] ＴＢ２は、今では月に恐らく一万機以上が調達されているずっと安価で単純な、多くが中国製やイラン製の各種のドローンに代わられている。

二〇二二年七月二二日のアスペン安全保障フォーラムで、アメリカ特殊作戦軍司令官リチャード・クラーク陸軍大将が述べたように、[*190] それらは今や、低コストだからこそ対処が難しい、軍隊の欠くべからざる消耗品となっているが、遠くない将来には軍備の相対性の原則、そして「吸血鬼の誤謬」から初期の衝撃は薄れ、戦争の様態は革命的にではなく、進化的に次なる段階に落ち着くであろう。

ＲＵＳＩのシダース・カウシャルが、ウクライナ軍がクリミア襲撃に投入している水上ドローンを、第二帝政の崩壊後にしばしフランスの海軍戦略を支配した青年学派《ジュヌ・エコール》の思想、つまり大艦巨砲主義を時代遅れと見なし、費用対効果に優れた兵器——先進的な高速巡洋艦や軽艦艇を用いれば、イギリスの高価かつ鈍重な戦艦部隊の非対称的な優位を覆し得るとした「弱者のための理論」と比較しているのは慧眼であり、同時に彼が歴史の教訓からこの新しいテクノロジーを過信せぬよう戒めているのは正しい。[191]

一九一四年九月二二日、北海でドイツ潜水艦Ｕ－９が、わずか一時間半のうちにイギリスの装甲巡洋艦三隻を撃沈した戦闘は、青年学派の予言が成就したかと思わせたが、各国の海軍はすぐに適応し、このように一方的な戦果が再び上げられることはなかった。戦艦の費用対効果は時と共に低下していったが、それらは引き続き駆逐艦や潜水艦には不可能な、多くの重要な任務をこなすことができたのである。結局、戦艦を最終的に引退に追い込んだのは、火力の致死性において遥かに優る新たな主力艦、空母の出現であった。

カウシャルの戒めは、ドローン一般を対象として拡張することができる。アメリカ陸軍のアナリストたちは、第二次ナゴルノ・カラバフ戦争とウクライナ戦争の戦訓から、ドローンに対する戦車の脆弱性に深刻な懸念を抱いているが、彼らが勧告している対策は戦車の廃止ではなく、あまりに長きにわたって使われ過ぎ、あまりに重くなり過ぎたＭ１を更新する新世代戦車の開発である。[192] 対戦車ミサイルと同じく、現在のドローンは戦車の役割を引き継げる兵器とはなっていない。

自律ＡＩを備える複数の機体が有機的な部隊として行動するドローン群《スウォーム》、塹壕や建築物に探知されずに侵入し、個々の標的の顔を識別して殺害するスズメバチのような超小型対人ドローンといったテクノロジーの実用化はまだ先である。もしそのような、高度にネットワーク化された自律ＡＩ兵器が実現されれば、それが今度こそ戦争を「第二の波」型から「第三の波」型へ根本的に変えてしまう可能性は小さくないかも知れない。何故ならAIにとって、戦闘空間における管理者たる人間の介在は、キル・チェーン[*193]を遅延させ阻碍する夾雑物でしかないので[*194]、やはり軍備の相対性の原則が、人間性を排除することで最高度の軍事合理性を獲得した純然たる敵AI軍に対して、こちらも同種のAI軍をぶつけることを強制するだろうと思われるからである。そして、そのようなAI軍の実現には、人類を絶滅させかねない技術的特異点《シンギュラリティ》の運び手として懸念されている超知性AI[*195]などは別段必要とされない。映画「オブリビオン」（二〇一三）に登場する戦闘ドローンの知性は、人間性のドラマを描くという作品の当然の目的からの要請によって、たぶん意図的に愚かに設定されているが、あの程度の水準のAI兵器でも、戦力の集中と経済の原則、及び「近代システム」に則って適切に運用されるのであれば、既存の「第二の波」型の軍隊を圧倒し去るだろうことも想像できなくはない。

けれどももちろん、軍事AIテクノロジーの普及がまたしても革命ではなく、漸次的な進化に留まる可能性も小さくない。AI兵器が、命じられた任務の邪魔となる自らの管制者を殺害する、というぞっとするような思考実験を提示したアメリカ空軍のタッカ・ハミルトン大佐は、しかし同時に、人間がAIを騙すのはとても簡単であり、AI兵器――それこそ「オブリビオン」の戦闘ドローンのような――への過度の依存は倫理性のみならず、軍事合理性の視座からもまったく望ましくない、と指摘している。[*196] ChatGPTに代表される身近な生成AIが見せる奇妙なまでの頑固さや愚かしさからも分かるように、戦争の非線形問題を克服する能力において、AIが人間よりも優れているという保証は実はまだほとんど何もないのである。[*197] ナポレオンは下手糞なチェス・プレイヤーで、現代のチェスＡＩと対戦すれば間違いなく翻弄されてしまうだろうが、彼の棋力は彼の戦争の技芸《アート・オヴ・ウォー》（術）とは無関係なのだ。

　だから、来るべき「第三の波」型の最初の軍隊は、結局、「C^4ＩＳＲと戦術行動の双方において、ＡＩのアルゴリズムが人間を総合的に支援する」という、特別に危険でも革命的でもない見た目のものに収まるのかも知れない。それは既に技術的特異点のような空想には留まってはおらず、例えば、アメリカ軍の最新のドクトリンである統合全ドメイン指揮統制（ＪＡＤＣ２）——その一部は、陸軍の統合戦闘管理システム（ＩＢＣＳ）として実用化を目前にしている——で試みられている要素である。[*198] ゆえに、不幸にしてウクライナ戦争が一〇年間、あるいはそれ以上に長期化するのであれば、そのようなシステムのプロトタイプが——ドローン群やスズメバチ・ドローンと共に——恐らくウクライナ軍によって実戦に投入される可能性は大きい。

　その下地となり得るのが、ウクライナ独自の情況認識システムＤＥＬＴＡである。ＤＥＬＴＡは、軍民協同の技術ＮＧＯアエロロズヴィドゥカ（「航空偵察」の意）によって二〇一六年に開発が着手されたネットワーク中心型のC^4ＩＳＲアーキテクチャで、アメリカのＩＢＣＳの従兄弟と呼んで良いだろう。統制が極端に強いソ連型のドクトリンを好む守旧派将校たちの抵抗で二〇二〇年に計画は中止され、アエロロズヴィドゥカもいったん事実上の閉鎖に追い込まれるが、ゼレンスキ政権下でフェドロフがテクノロジー政策の指揮監督権を掌握すると共に改革派が勢いを取り戻してＤＥＬＴＡは蘇り、ウクライナ戦争開戦後、たぶん未完成状態ながら段階的に実戦配備されていった。正式な配備がようやく最終的に決定されたのは、二〇二三年二月四日である。[*199]

　ＪＡＤＣ２が最終的な目標としているのは、マルチドメイン戦、つまりこれまでは陸戦、防空戦、海洋戦、航空戦、宇宙戦、そしてサイバー戦等の異なる領域《ドメイン》に分かたれていた作戦や戦術行動のC^4ＩＳＲをシームレスに統合し、きわめて流動的で予測困難な非線形環境において主導とテンポを保持し続けることである。ＤＥＬＴＡが実際にどの程度までマルチドメインに対応しているのかは不明だが、最新のヴァージョンではＮＡＴＯ規格のリンク１６プロトコルを通じて西側の兵器システムとの完全な互換性を有しており、[*200]航空機やドローン、携帯電話その他の民生品ベースの機器、スペースX社が提供しているスターリンク衛星通信システム等を水平的に統合することができる。

　簡単に言えば、ＤＥＬＴＡに接続されているレーダや偵察機、偵察隊、あるいは占領地で行動するパルチザンの携帯電話の一つが探知した脅威は、部隊や軍種をまたぐ複雑で硬直的な指揮系統を辿って上げられるのではなく、リアルタイムでネットワーク上のクラウドに共有され、ＡＩアルゴリズムの支援を受けて評価される。もし当該脅威を無力化すべしという評価が得られたならば、指揮官は、やはり地図や天候を参照するＡＩアルゴリズムの助けによって、ＤＥＬＴＡに接続されている全ての即応状態の武器からもっとも適切なものを選び出し、攻撃ないし要撃を命じるのである。アメリカ国防総省は、このような仕組みをＵｂｅｒの配車アプリにたとえている。[*201]

　ＤＥＬＴＡのようなクラウド・ベースのネットワーク中心戦アーキテクチャが通常戦で用いられたのは、歴史上、今回が初めてである。そしてこれまでの戦訓は、少なくとも機動戦及び防空戦の様態の作戦においてＤＥＬＴＡの投入が奏功していることを示している。ウクライナ国防省は、二〇二二年三月のキーウ防衛戦では、ドローンの偵察や、現地住民の携帯電話からのテキストメッセージを含む膨大な情報を収集したDELTAがリアルタイムで標的およそ一五〇〇個を評価し、四八時間以内にうち数百個を無力化したとしている。[*202]

防空戦については、二〇二三年四月に発覚した、アメリカ空軍州兵がリークさせた国防総省機密文書によれば、西側の援助にかかわらず二月二八日時点でのウクライナ軍の中長距離防空戦力の八九パーセントが、未だにソ連時代のS－300（開戦当時の発射機約二五〇基）及び9K37ブーク（同じく七二基）地対空ミサイルであり、共に、敵国ロシア以外では生産されていない弾薬の急速な射耗が深く憂慮されていた。[*203] S－300が担ってきた長距離防空戦力は、それらをごく少数のパトリオットPAC－3に交代させるわけにはゆかないことから、二〇二三年七月現在においても未だウクライナ軍の大きな懸念事項であり続けているはずだが、他方、中距離防空戦力では既に一月中に、西側諸国が大量に供与可能なRIM－7シー・スパローの弾薬を運用できるようブークの発射機を改造することに成功したと伝えられており、弾薬枯渇のリスクはひとまず払拭されている。[*204]

のみならずウクライナの技術陣は二〇二三年五月までに、パトリオットやIRIS－Tといった西側の防空システムばかりか、ついにはS－300やブークといったソ連規格のシステムまでをもDELTAに接続統合し、ロシアのミサイル飽和打撃に対する防空戦力の劇的なまでの倍加を実現するに至った。DELTAの指揮統制を受ける各兵器ごとの防空成功率は、長距離のパトリオットが先述したように一・〇〇、S－300が〇・八〇、中距離のNASAMSが一・〇〇、

MIM－23ホークとブークがそれぞれ〇・八〇、短距離のIRIS－Tが〇・九〇と公表されている。[*205]

　また、これが果たしてDELTAの一部なのか、それともまったく別のアーキテクチャなのかは判然としないが、二〇二二年五月のドネツ河の戦闘で、ウクライナ軍はGIS Artaと称する砲兵用のネットワーク中心型戦闘管理システムを用いて、応急渡河を試みたロシア軍の二個大隊戦術群を、きわめて迅速かつ精確な臨機目標射撃を浴びせて潰滅させた。[*206]

　以上のような成果を鑑みて、アメリカ陸軍宇宙・ミサイル防衛軍司令官ダニエル・カーブラ中将は、ウクライナの努力と創意が、C^4ISRにおける意思決定プロセスをかつてないまでに高速化したと絶賛している。[*207]

　しかしながら、ドネツ河の勝利に続くシヴィエロドネツク＝リシチャンシクの砲兵戦、あるいはバフムートの陣地戦や市街戦の経緯は、ウクライナ軍のC^4ISRの非対称的な優位が限定的、局所的であり、戦域ないし戦争全体には適用できないことを示している。[*208]有り体に言うならば、概して戦略的な消耗戦においてウクライナ軍は優位を示してはいない。

　その理由については第三章で順次論じることとしたいが、はっきりしているのは、DELTAやJADC2の如き、単なる裸のテクノロジーとは異なる、戦争の本質的な複雑さの克服の手助けのために設計されたはずのシステムでさえ、ただそれを持っているだけで「近代システム」を自動的に構築できるような「銀の弾」にはなり得ないということである。ロシア軍砲兵は、戦術的に統合されたデジタルC^4ISRシステムによって、ウクライナ軍と同様にキル・チェーンの

2022年5月11日、東部戦線ドネツ河の渡河を図ったロシア軍第74親衛自動車化狙撃兵旅団の2個大隊戦術群は、ウクライナ砲兵の射撃で舟橋もろとも潰滅した(写真:ウクライナ軍参謀本部)。ウクライナ軍はGIS Artaやクロプンワ、ロシア軍はストレレッツといった砲兵射撃指揮システムに大量のドローンを接続し、砲兵火力のキル・チェーンを著しく高速かつ致死的としている。観測ドローンによる脅威の探知から射撃までの所要時間は5分以内である。電子戦によるドローン及び精密誘導砲弾対策と対砲兵射撃が、2023年秋現在の砲兵戦の鍵となっている。

高速化を成功させているし、ワグネルの囚人兵たちは、定められた経路を辿って間違いなく「使い捨て」られるように、スマートフォン等をディストピアSF映画、あるいは「ブラック企業」で働く配達員や外回りの営業職さながらにデジタル監視装置として身体に装着されている。[*209]既にサイバーパンクという文学ジャンルを持っていたにもかかわらず、西側の人々が今になってようやく思い知らされつつある事実だが、IT（情報テクノロジー）は「第三の波」を促進するだけではなく、「第二の波」に属する線形的なデジタル専制を強化する両刃の剣の性格を有するのである。[*210]

最後に、ウクライナ戦争の戦場に持ち込まれた無数の携帯電話は、部隊の動向や状態を、SNSへの投稿等を通じて丸裸にしてしまうという未知のリスクをもたらしている。[*211]実際に、精確な位置を暴露されたワグネルの指揮所がウクライナ軍砲兵に破壊される等のインシデントが一度ならず起こっているが、これはむしろ、ネット上のロシア式「活発で自由な言論」を封じられないプーチン政権の政治的な事情によると見る方が良い。きわめて狭小な「世論」の支持の上で権威の正統性を成り立たせているプーチン政権は、急進的な主戦論者が大半を占める軍事ブロガーらの取材や投稿を、彼らの反発を危惧し検閲できずにきたのである。[*212]ちなみに、もっとも過激で全体主義的な軍事ブロガーとして知られるFSB将校、イーゴリ・ギルキンことイーゴリ・ストレルコフの二〇二三年七月二一日の逮捕が、果たしてこのような放任政策の終わりを意味するものか、それとも――こちらの方があり得そうだが――ワグネルの叛乱と連動した、彼の属する権力エリート内部の権力闘争の現れに過ぎないのかは、まだ不明である。[*213]

対して、軍事機密の防護に政治的な斟酌を必要としないウクライナ軍は、部隊や施設の位置をロシア軍に通報する内通者がしばしば摘発されているものの、北東部やヘルソン州における反攻を、あるいはザポリージャ州やクリミア半島におけるパルチザン活動や特殊戦を、比較的よく秘匿して行っている。

第2章

「特別軍事作戦」のモデリング

わたしは、世界で二番目に強力な軍隊を指揮しているのだ。

——ワレリ・ゲラシモフ上級大将*1

君らは一〇対一、ないし一五対一の優勢で攻めて来るのだろう。君らを歓迎するのは花束ではなく、砲だ。ようこそ地獄へ！

——ヴァレリ・ザルジニ大将*2

1 なぜ戦闘モデリングなのか？

本章では戦闘モデリングを用いて、ロシア軍の二〇二二年春季攻勢の定性的な数理分析を試みたい。併せて、両軍の戦術、及び戦術寄りの作戦の特徴と長所、欠点を列挙し、ウクライナを一〇日間で征服し、半年間でロシアに併合するという[*3]プーチンの「特別軍事作戦」の戦略目標が潰えた理由を考察する。

戦闘モデリングは、戦争と軍隊の様々な要素や機能を、できる限り安価かつ簡便に模式化する方法論である。記録に残されている戦闘モデリングの最古の例は、前五世紀、中国の戦国時代に墨子と魯般（公輸盤）との間で行われた攻囲戦のウォー・ゲーム（兵棋演習）だが、これは戦争の非線形的な性質はそのままに、人間の常識と経験と直感によって複雑さを減じようとした試みであった。[*4]

対照的に、啓蒙時代に始まる――トルストイが痛烈に非難したような――戦争を科学で理解しようとする思潮の中から新たに生まれたのが、戦争を線形問題として近似しようとする数理モデリングである。最初の数理モデリングは第一次大戦期に、アメリカのブラッドリ・フィスケ、イギリスのフレデリック・ランチェスタ、そしてロシアのM・オシポフの三人がほぼ同時に確立した。彼らは恐らく互いの研究について知らずに仕事をしていたが、その内容は驚くほどよく一致している。しかし、一九一六年に刊行した著作が広く読まれたランチェスタに対し、他の二人の業績は忘れ去られてしまったので、今日ではこの手法はもっぱらランチェスタ・モデルと呼ばれているのである。[*5]

ランチェスタ・モデルは線形手法としても非常に単純で、変数をたったの五つしか持たないので、ランチェスタやオシポプが自ら警告している通り、現実の戦争の精確な予測に使うことなどはできない。しかし、単純であるがゆえにとりわけ戦力の集中と経済の原則を可視化するのにはうってつけの道具であり、定性的な研究では効果を発揮する。第一章第三節で見た、数的に優勢なワルシャワ条約機構軍を撃破する策を求めて、一九七六年にアメリカ国防科学会議（ＤＳＢ）が行った研究で用いられたのも、ランチェスタ・モデルであった。[*6]

しかし他方、ランチェスタ・モデルでは戦力の質をよく理解できないので――正確に言えば、非対称的な質の差を放物線則で分析することは充分できるが、対等に近い《ニア・ピアナ》質については、それをきちんと定義する過程を欠いているので、本書が論じているような形でウクライナ戦争を扱うのには不向きである。

そこでここでは、トレヴァ・デュピュイが言わばランチェスタ・モデルの後継ないし上位互換として作り上げたＱＪＭ[*7]（定量化決定方法論分析）を基本とし、それを単純化したモデリングを用いることにする。

あらかじめ断っておきたいのは、戦争の時期ごと、戦域ごとの詳細な経緯を叙述してゆくのがここでの目的ではないという点である。その第一の理由は、本書が意図しているのは、各国政府の公式及び非公式の発表、メディアの報道やＳＮＳへの投稿、関係機関や個人の言説等の、情報空間にバラバラに存在する資材から、読者が「ウクライナ戦争を読んでゆく」手がかりを提供することであって、加工済の「何が起こったのか」を提示することではないからである。

第二の理由として、ウクライナ戦争はまだ終わっていない。あまりにも多くのデータが未知のままである。交戦する二つの国はもちろん、その他の諸国の政府が本当のことを語る道理は何もなく、現地のジャーナリストや、前線の兵士を含めた目撃者から寄せられる断片的かつ矛盾した情報の山を中立性の篩《ふるい》にかけて、戦闘の日時や経緯、部隊の配備や移動の手がかりをどうにかして集めることしかできない。

両軍のごくおおよその戦力組成、ごくおおよその損害については分かっているが、人員と装備の充足率、練度や士気、兵站の正確な状態を時系列で追跡してゆくのはすこぶる難しい。戦術行動の結果からそれらを逆算するのでは本末転倒である。鹵獲文書や、プーチンから一定の「言論の自由」を与えられている軍事ブロガーらの投稿を通じて、ロシア軍の状態についてはおぼろげながら理解するのが可能であるが、対照的に、ウクライナ軍の状態はきわめてよく秘匿されており、彼らが知られたくない情報へアクセスするには、ほぼオープンソース・インテリジェンス（ＯＳＩＮＴ）活動に頼るしかない。

そもそも両軍の幾つかの単位が、第二次大戦でのアメリカ陸軍の欺騙担任部隊、「幽霊部隊《ゴースト・アーミー》」*8が出現させた幻のような、書類の上にだけ存在する編制ではないという確証もない。現代の衛星や戦略偵察機、大小のドローンが持つ光学センサ、電子光学センサ、合成開口レーダ、側視レーダ等と、それらを処理するコンピューティングの威力は絶大であるが、マクマスタの「吸血鬼の誤謬」が教える通り、湾岸戦争でのイラク軍とは違い、今では誰もが――敵も味方も、正規軍もゲリラも、それらの存在と長所、短所を知っている。もとよりウクライナ戦争においては、もっとも良質な監視偵察情報を得る手段たる戦域での航空優勢の獲得に、彼我共に失敗し続けていることに留意しておかねばならない。

しかしながら、定量的で矛盾しない説明をする努力を諦めて、情況の全景を定性的に俯瞰するという態度にまできっぱりと後退するならば、戦闘モデリングという線形的な、言い換えれば古臭い近似の手法を使う意味が見えてくる。一九七〇年代のアメリカ軍が、新ドクトリンの研究の敲き台として、あえて半世紀前のランチェスタ・モデルを活用したのも同じ理由からであった。

モデリングの準備段階として、まず単位の基本戦闘価値《コンバット・ヴァリュー》を算出する。やり方は、主要なカテゴリに分類された兵器とその乗員・操作員を併せた相対的な戦闘価値を定義し、編制に従いそれを加算してゆく。それぞれの値は、ジェイムズ・ダニガンがやはり簡易なモデリング用に構築したデータベースのものを援用する。[*9] 簡単のために、戦闘部隊の編制にのみ戦闘価値を付与するが、連隊、旅団、師団といった自己完結的な上級単位の戦闘価値は、それらに属する下級単位の戦闘単位を加算した結果に、上級単位のそれぞれの規模に応じた定数を乗じるものとする。この定数は、上級単位の後方支援部隊の効果を表す。

カテゴリごとの戦闘価値を表２－１、両軍の単位ごとの戦闘価値を表２－２に示す。厳密には

表2-2

単位ごとの基本戦闘価値

ロシア軍	
戦車師団	574
自動車化狙撃兵師団	497
空挺師団	296
戦車旅団	181
自動車化狙撃兵旅団	117
空挺旅団／海軍歩兵旅団	70
砲兵旅団	41
海軍歩兵連隊	45
標準的な大隊戦術群	33

ウクライナ軍	
戦車旅団	195
機械化旅団	132
自動車化旅団／空挺旅団／海軍歩兵旅団	86
自動車化連隊（アゾフ連隊）	57
独立戦車大隊	31
砲兵旅団	54
砲兵連隊	36

表2-1

カテゴリごとの戦闘価値

戦車1輌	1.00
APCないしIFV1輌	0.25
対戦車分隊1個	0.3（ウクライナ軍） 0.2（ロシア軍）
榴弾砲1門	0.50
ロケット砲1門	0.50
重迫撃砲1門	0.25

表2-3

戦力倍加手段

種別	
環境	地形天候
態勢	攻撃、奇襲
戦闘効果	航空優勢、練度、士気、兵站、C^4ISR、統率

デフレータとインフレータの定数	
とても悪い	0.60
悪い	0.80
やや悪い	0.90
やや良い	1.10
良い	1.25
とても良い	1.65

もちろん、各カテゴリ内で例えばＴ－７２戦車とＴ－８０ＢＶ戦車、自走砲と牽引砲とでは戦闘価値は違ってしかるべきであるが、そのような差異は、上述した単位の状態の情報の不確実性より影響が大きいとは考えにくいので、カテゴリごとに原則的に同一とする。ただし、対戦車ミサイル分隊についてのみは、ＦＧＭ－１４８ジャヴェリンやＮＬＡＷ（次世代軽対戦車兵器）といった西側の先進装備品が開戦前に大量に供与されていたことを鑑みて、ウクライナ軍の分隊の戦闘価値を大きくした。

　ウクライナ軍のＧＭＬＲＳ（誘導多連装ロケット・システム）は、両軍の標準的な編制とドクトリンの範疇には含まれない兵器なので、少なくともここで対象とする時期においては、航空優勢と同じく、それ自体を戦闘価値とするのではなく戦闘効果《コンバット・エフェクティヴネス》の一変数として扱うものとする。猟兵や特殊部隊といった純然たる軽歩兵、また民兵についても、戦闘部隊＝機械化部隊への支援要素として同様に扱う。

　単位の基本戦闘価値に複数の戦力倍加手段《フォース・マルチプライア》、つまり戦闘空間の環境（天候、地形等）、戦いの態勢（攻撃、防御、奇襲等）、そして単位の戦闘効果に起因する諸変数を全て総乗した結果が、最終的に発揮される戦闘価値となる。戦闘効果は、航空優勢、練度、士気、兵站、C^4ＩＳＲ、統率等のさらに下位の変数を総乗した数値である。

　基本戦闘価値をCV_0、最終的な戦闘価値をＣＶ、ｎ個ある戦力倍加手段をm_kとすると、ＣＶは以下のように求められる。

$$CV = CV_0 \prod_{k=1}^{n} m_k$$

マクサ・テクノロジーズ社の衛星が2022年6月6日に撮影したスラヴャンスク近郊。農地を覆う無数の弾痕は、ロシア軍砲兵が個々の目標に照準を付けず、弾量に依存する弾幕射撃を行っていたことを示す。絨毯爆撃と同様、きわめて線形かつ実効性の低い射法だが、圧倒的な火力の優勢によって、砲弾の乏しいウクライナ軍を防戦一方に追い込んだ。しかしウクライナ軍が投入したGMLRS（誘導多連装ロケット・システム）に兵站を打撃された後は事実上実施が不可能となり、主たる射法は精密射撃となった。（©Getty Images）

簡単のためにここでは戦力倍加手段を連続的な変数とはせず、デフレータ（減少因子）については「やや良い」「良い」「とても良い」、インフレータ（増加因子）については「やや悪い」「悪い」「とても悪い」のそれぞれ三段階に離散化する。戦力倍加手段の一覧については表２－３を参照されたい。

2　二〇二二年春季攻勢

二〇二二年二月二四日、ロシア軍は戦車師団三個、自動車化狙撃兵師団七個、戦車旅団一個、自動車化狙撃兵旅団一五個、空輸及び空中強襲師団四個、空中強襲旅団一個、海軍歩兵旅団二個、海軍歩兵連隊一個をもって全面攻勢を発起した。紙の上での総戦力は一五万六五〇〇〜一七万八〇〇〇、基本戦闘価値の総計は八三五〇である。

ウクライナ軍の総戦力は戦車旅団三個、機械化旅団一二個、自動車化旅団九個、空挺旅団及び空中強襲旅団六個、海軍歩兵旅団二個、砲兵及びロケット砲兵旅団四個、自動車化連隊一個、砲兵連隊一個、独立戦車大隊一個。定員に基づく総戦力は約一〇万四六〇〇、基本戦闘価値の総計は四三一七。ちなみに自動車化部隊は、基本的には機械化部隊から戦車隊を差し引いた編制であるが、例外がある。大統領警護旅団と国家親衛隊の作戦旅団及び即応旅団は、ここでは自動車化旅団に分類した。

ゼレンスキは最後の最後まで交渉によって戦争を回避し、新たなミンスク合意の締結を通じて安全保障を得ようと努力していた。たぶん、プーチンに開戦事由《カスス・ベリ》を与えるリスクを懸念して彼は動員の発令をぎりぎりまで遅らせており、ようやくそれが行われたのは二月一八日であった。た

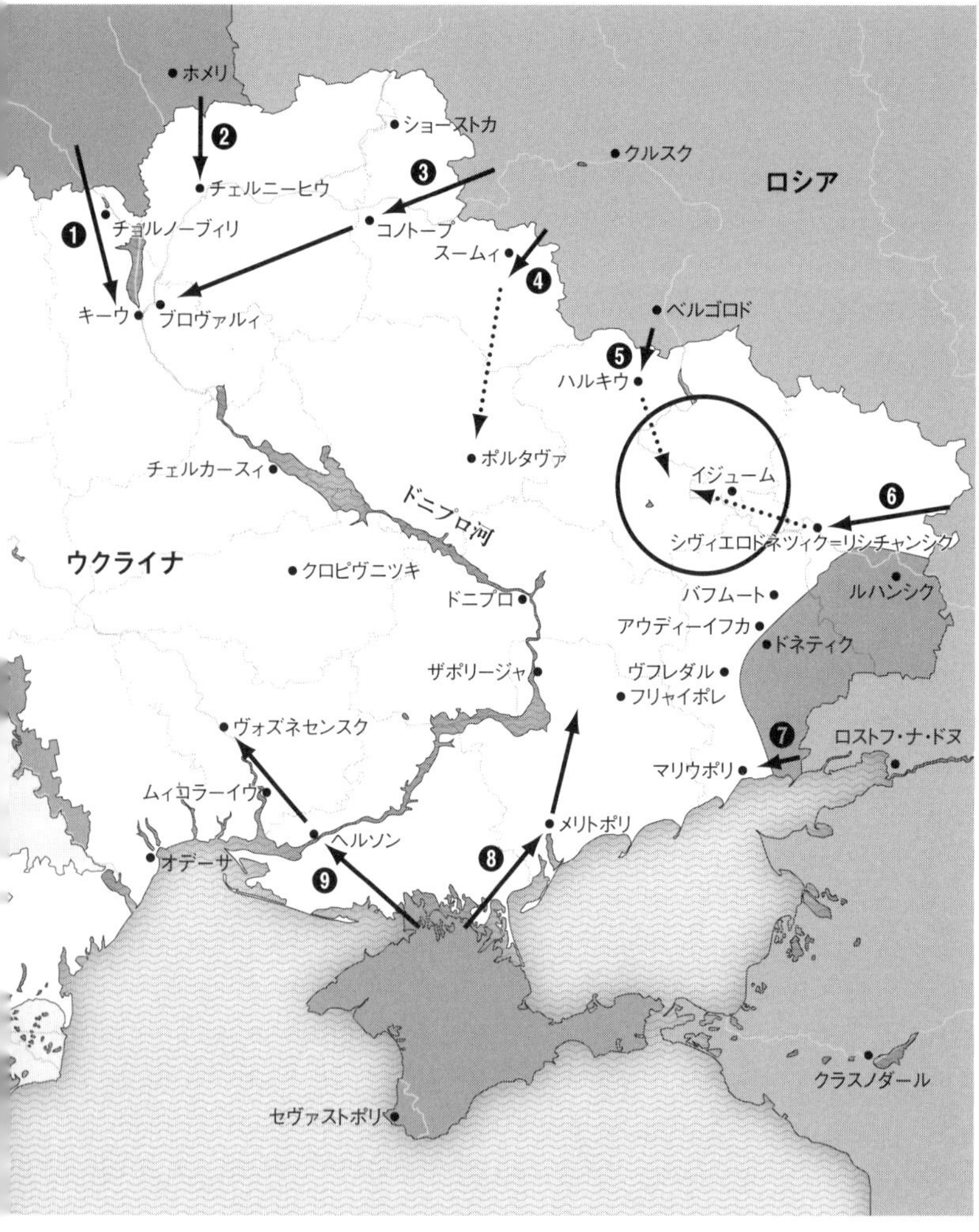

ホメリ
❷
ショーストカ
クルスク
❸
ロシア
チェルニーヒウ
❶
チョルノーブィリ
コノトープ
スームィ
❹
キーウ
ブロヴァルィ
ベルゴロド
❺
ハルキウ
ポルタヴァ
チェルカースィ
イジューム
ドニプロ河
❻
シヴィエロドネツィク=リシチャンシク
ウクライナ
クロピヴニツキ
ルハンシク
ドニプロ
バフムート
アウディーイフカ
ドネティク
ザポリージャ
ヴフレダル
フリャイポレ
ヴォズネセンスク
❼
ロストフ・ナ・ドヌ
マリウポリ
ムィコラーイウ
メリトポリ
ヘルソン
オデーサ
❽
❾
クラスノダール
セヴァストポリ

ロシア軍の
2022年
春季攻勢

めに、開戦時には、予備戦力である作戦予備二カテゴリの部隊はとうていまだ行動可能ではなく、即応戦力である作戦予備一カテゴリの部隊の一部（例えば第一二八山岳強襲旅団）と、そして民兵である郷土防衛隊の幾つかの部隊もまだ動員業務を完結していなかった。[*10]

しかしながら、第三章第五節で見るように、明らかにロシア軍の諸単位の定員充足率も高いとは言えなかったので、彼我の影響を相殺し、戦闘価値の算出には反映させないものとする。

まず、もっとも単純かつ非現実的なシナリオ――すなわち彼我の戦闘価値が等しい、つまり共に一・〇〇と仮定した上で、全戦力が同時にぶつかる情況を考えてみよう。態勢の「攻撃」がロシア軍に「悪い」デフレータ、「奇襲」が「やや良い」インフレータとして、また二番目に大きな戦力が投入された北部及び北東部の沼沢地と森林の地形、貧弱な交通インフラがウクライナ軍に総合的に「良い」インフレータとして作用するものとする。すると、ロシア軍の最終的な戦闘価値は、八三五〇×〇・八×一・一＝七三四八（以下、小数点以下は四捨五入とする）。ウクライナ軍の最終的な戦闘価値は、四三一七×一・二五＝五三九六。戦闘価値の比は一・三七。

攻者三倍則、つまり攻撃の成功を期するには防御側の三倍以上の戦力を投入しなければならない、という理論に最初に辿り着いたのは、アメリカの軍事史上、もっとも大きな技術的な貢献をなした文民指導者たるエイブラハム・リンカンであった。トレヴァ・デュピュイは、攻者三倍則は単なる直感の産物ではなく、よく戦例に合致する優れた経験則であると評価している。すなわち、攻撃側と守備側の戦力比が三・〇以上ならばほぼ確実に攻撃は成功し、二・〇ならば帰趨は分からず、一・五以下ならば失敗する公算が高いのである。[*11]

　ところでこれらの戦力比は、戦力倍加手段を適用されていない数字であるから、改めて攻者側に態勢「攻撃」のデフレータとして「悪い」＝〇・八を乗じて最終的な戦闘価値比へと変換してやれば、二・四以上でほぼ確実に攻撃は成功、一・六ならば帰趨は不確実で、一・二以下ならば攻撃失敗の公算が高い、ということになる。以下ではこれを評価の指標としてゆこう。

　さて、攻者三倍則を我々の最初のシナリオに当てはめてみると、「特別軍事作戦」が成功する公算がかなり小さいことが理解できる。一・三七の戦闘価値比では決定的な突破は不可能ではないが難しい。それでも戦略的に前進することはできるが、攻勢軸が解明されると共にウクライナ軍は防備を適切に強化してゆくので、ロシア軍の戦力倍加手段は漸次減少し、増援が投入されない限り攻勢はほどなく失速し停止するであろう。

　なので、プーチンとゲラシモフの思惑通り、戦争を速やかな勝利で終結せしめるには、少なくとも一つ、できれば複数のデフレータがウクライナ軍の戦力倍加手段に含まれていなければならなかった。そしてそれこそが、ウクライナ国内には現政権に対する新ロシア派の不満で満ちており、脆弱な体制は鋭い一撃を加えればただちに倒壊するであろう、とロシア連邦保安庁（ＦＳＢ）のきわめて楽観的な報告書に記されていたに違いない政治的な要素であった。[*12]

　ＦＳＢの幹部たちがことさらプーチンの「偉大な物語《ナラティヴ》」に沿うような報告を上げて歓心を買おうとしていたのか、それともブダノフのウクライナ国防省情報総局（ＧＵＲ）の防諜戦がずっと上手であったのかは分からないが、この報告に基づいてプーチンは、空挺部隊と特殊部隊の奇襲によってゼレンスキ始め政府と軍の要人を一掃すれば、ウクライナ国家全体がクリミアの如く容易に手に入ると確信したのである。そのような戦略目標そのものが、既にマクマスタの「ゼロ・ダーク・サーティの誤謬」の泥中に頭まで嵌まり込んでいるのだが、さらに作戦計画全体をその目標に適合するように無理に策定したことが、軍事的な大惨事を引き起こす主因となった。続いて戦域ごとの分析において、そのことを見てゆこう。

　ロシア軍は四個の集団に分割され、計九本の攻勢軸を形成した。諸兵科連合軍以上の指揮系統についてはほとんど分かっていないが、総司令官は置かれず、恐らく軍管区司令部が各集団を指揮していたと考えられる。ベラルーシのホメリを策源としてドニプロ西岸からキーウを攻撃する、「V」を識別記号としていた集団は東部軍管区の指揮下。ブリャンスクを策源としてチェルニーヒウ経由でドニプロ東岸からキーウを攻撃する、「O」を識別記号とする集団は中部軍管区の指揮下。東部国境からスームィ州とハルキウ州、及びドンバスへ進撃する、「Z」を識別記号とする集団は西部軍管区の指揮下。そして、クリミア半島から東のザポリージャ州、北のヘルソン州とムィコラーイウ州へそれぞれ進み、さらにオデーサ市の確保を試みる、「正方形《スクエア》の枠内にZ(以下、SZと仮称する)」を識別記号とする集団が南部軍管区の指揮下、に恐らくあった。[*13]戦域ごとの戦闘モデリングの準備として、V集団の攻勢軸を「第一」とし、以下、時計回りに他の構成軸にも「第二」から「第九」までの仮の番号を付与してゆこう。

　V集団とO集団の二本、つまり第一と第二攻勢軸の目標は共に首都キーウであった。

　Z集団の五本の攻勢軸のうち、もっとも南の第七攻勢軸はドネツィク州の分離地域からマリウポリ市を目標とする。その北の第五と第六攻勢軸はドネツ河以東を南北から挟撃し、ウクライナ

各戦域における戦闘価値の比較

（基本戦闘価値 / 最終的な戦闘価値）

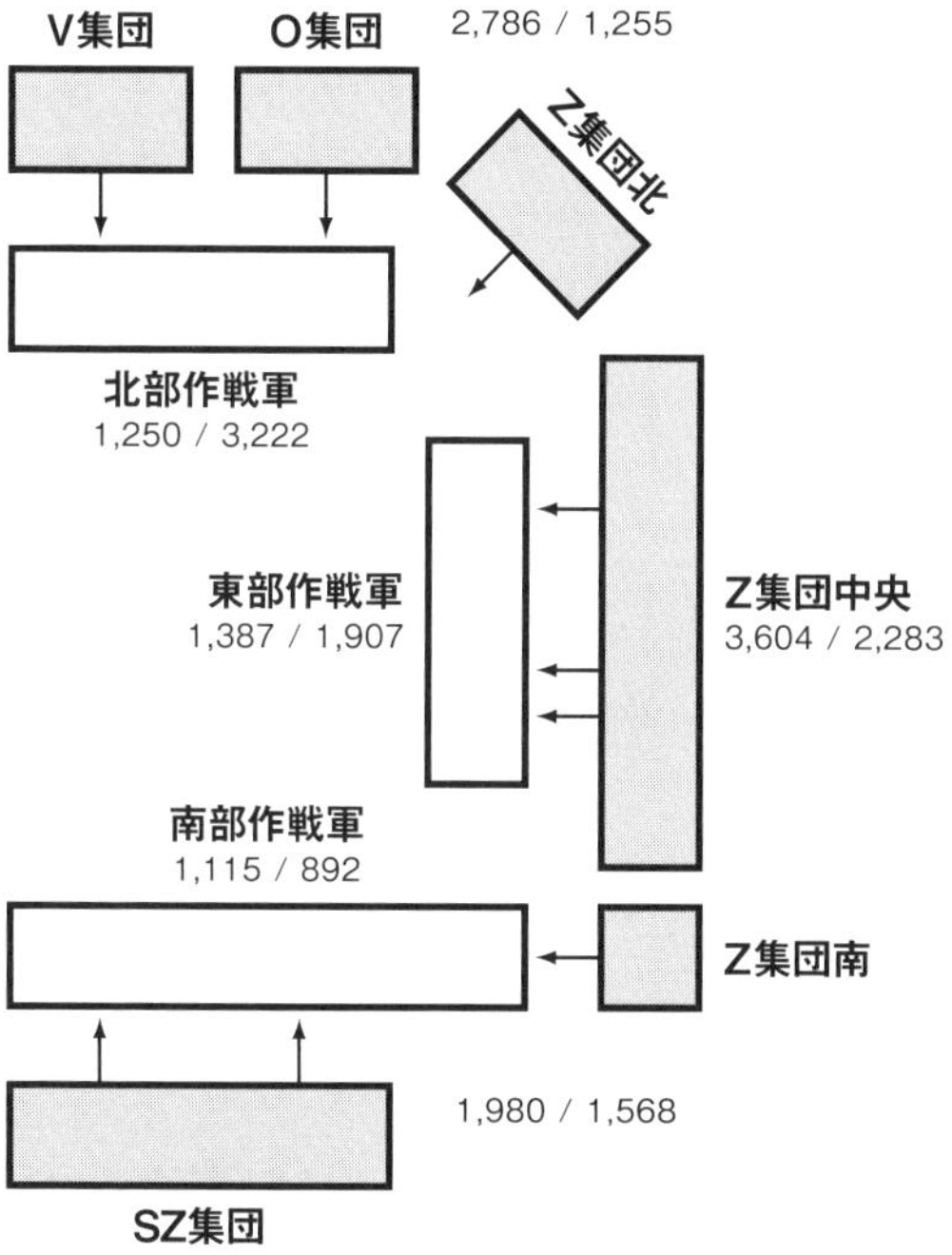

の東部作戦軍の包囲殲滅を企図するものであった。もっとも北の、ショストカとコノトープを結ぶ線に向けられた第三攻勢軸は、北部作戦軍と東部作戦軍との「継ぎ目」を切断する経路で、第1及び第2攻勢軸と共にキーウへ求心的に進撃する。その南隣の、スームィ市とハルキウ市北の中間を経路とする第四攻勢軸の任務は不明であるが、ポルタヴァ市経由でドニプロ河を目指し、ドンバスのさらに大規模な包囲を企図していたのかも知れない。

SZ集団の二本の、第八と第九攻勢軸の任務は明解である。メリトポリ市、ヘルソン市、ムィコラーイウ市そしてオデーサ市等の要地と共に黒海沿海地域を占領し、ウクライナを海から切り離すのである。

一方、キーウ州、ジトームィル州、ポルタヴァ州、チェルカースィ州、チェルニーヒウ州、そしてスームィ州を担任するウクライナ北部作戦軍の基本戦闘価値は九七四。対するロシア軍の第一攻勢軸の基本戦闘価値は一六〇七、第二攻勢軸は九四五、第三攻勢軸は二三四で計二七八六。戦闘価値比は二・八六となる。

ハルキウ州、ドニプロペトロウシク州、ザポリージャ州（ザポリージャ州における南部作戦軍との担任地域の境界は不明）、そして内乱の前線であったドネツィク州とルハンシク州を担任する東部作戦軍の基本戦闘価値は一一二一。対するロシア軍の第四攻勢軸は基本戦闘価値一八七九、第五攻勢軸一二二八、第六攻勢軸四九七、計三六〇四。戦闘価値比は三・二一。

オデーサ州、ムィコラーイウ州、キロヴォフラード州、ヴィーンヌィツャ州、ヘルソン州、そしてザポリージャ州南部（？）を担任するのは南部作戦軍で、基本戦闘価値は八四九。対するロシア軍の第七攻勢軸は基本戦闘価値四九七、第八攻勢軸は七五四、第九攻勢軸は七二九で、合計は一九八〇。戦闘価値比は二・三三。

彼我の全戦力を対峙させる最初のシナリオよりも、戦闘価値比が大きくロシア軍寄りとなっているのは、基本戦闘価値五七六のウクライナ西部作戦軍が、ベラルーシ西部国境からの脅威に備えねばならならず、予備役が動員され交代するまで拘束されていることと、陸軍司令部直轄の二三〇、予備軍団五六七の計七九七が控置されているからである。

実際のところ、戦車旅団一個が北部に、機械化旅団一個が南部に、それぞれ増援されたこと以外、緒戦でのウクライナ軍の予備の運用についてはよく分からない。そこで、戦力の分散のはなはだ悪い見本となることを承知の上で、ここでは予備戦力が北部、東部、南部の各作戦軍に均等に分割して増援されたと仮定する。すると、基本戦闘価値と戦闘価値比はそれぞれ北部作戦軍が一二五〇と二・二一、東部作戦軍が一三八七と二・六〇、南部作戦軍が一一一五と一・七八となる（前々頁図）。以下のシナリオではこの数字を使ってゆこう。

表2-4

ロシア軍戦力組成（2022年2月24日）

V集団（東部軍管区?）

第1攻勢軸

第35諸兵科連合軍（東部軍管区）
- ▶第5親衛戦車旅団（第36諸兵科連合軍より配属）
- ▶第36親衛自動車化狙撃兵旅団（第29諸兵科連合軍より配属）
- ▶第37自動車化狙撃兵旅団（第36諸兵科連合軍より配属）
- ▶第38親衛自動車化狙撃兵旅団
- ▶第64自動車化狙撃兵旅団
- ▶第76親衛空中強襲師団（VDVより配属）
- ▶第98親衛空輸師団（VDVより配属）
- ▶第106親衛空輸師団（VDVより配属）
- ▶第31親衛空中強襲旅団（VDVより配属）

O集団（中部軍管区?）

第2攻勢軸

第41諸兵科連合軍（中部軍管区）
- ▶第90親衛戦車師団
- ▶第35親衛自動車化狙撃兵旅団
- ▶第74親衛自動車化狙撃兵旅団
- ▶第55山岳自動車化狙撃兵旅団

Z集団（西部軍管区）

第3攻勢軸

第2親衛諸兵科連合軍（中央軍管区）
- ▶第15自動車化狙撃兵旅団
- ▶第138親衛自動車化狙撃兵旅団（第6諸兵科連合軍より配属）

第4攻勢軸

第1親衛戦車軍（西部軍管区）
- ▶第4親衛戦車師団（カンテーミル師団）
- ▶第47親衛戦車師団（2021年まで第6親衛戦車旅団）
- ▶第2親衛自動車化狙撃兵師団
- ▶第27親衛自動車化狙撃兵旅団
- ▶第200北極圏自動車化狙撃兵旅団（第XIV軍団より配属）

第5攻勢軸

第6諸兵科連合軍（西部軍管区）
- ▶第2親衛自動車化狙撃兵師団（タマン師団。第1親衛戦車軍より配属）
- ▶第144親衛自動車化狙撃兵師団（第20諸兵科連合軍より配属）
- ▶第25親衛自動車化狙撃兵旅団
- ▶第138親衛自動車化狙撃兵旅団

第6攻勢軸

第20親衛諸兵科連合軍（西部軍管区）
- ▶第3自動車化狙撃兵師団
- ▶LPR第II軍団

第7攻勢軸

第8諸兵科連合軍（南部軍管区）
- ▶第150自動車化狙撃兵師団
- ▶DPR第I軍団

SZ集団（南部軍管区）

第8攻勢軸

第58諸兵科連合軍（南部軍管区）
- ▶第42親衛自動車化狙撃兵師団
- ▶第136親衛自動車化狙撃兵旅団
- ▶第7親衛山岳空中強襲師団（VDVより配属）
- ▶第336親衛海軍歩兵旅団（第XI軍団より配属）

第9攻勢軸

第49諸兵科連合軍（南部軍管区）
- ▶第20親衛自動車化狙撃兵師団（第8諸兵科連合軍より配属。2021年まで第20親衛自動車化狙撃兵旅団）
- ▶第19自動車化狙撃兵旅団（第58諸兵科連合軍より配属）
- ▶第177海軍歩兵連隊
- ▶第810親衛海軍歩兵旅団

表2-5

ウクライナ軍戦力組成（2022年2月24日）

陸軍司令部直轄

- ▶大統領警護旅団
- ▶第43砲兵旅団
- ▶第27ロケット砲兵旅団
- ▶第15ロケット砲兵連隊
- ▶第107ロケット砲兵連隊

北部作戦軍

- ▶第1戦車旅団
- ▶第30機械化旅団
- ▶第72機械化旅団
- ▶第58自動車化旅団
- ▶国家親衛隊第1作戦旅団
- ▶国家親衛隊第4即応旅団
- ▶第46空中強襲旅団（空中強襲軍より配属）
- ▶第95空中強襲旅団（空中強襲軍より配属）
- ▶第61猟兵旅団
- ▶第26砲兵旅団
- ▶第12独立戦車大隊
- ▶郷土防衛隊第112～119旅団（7個）

東部作戦軍

- ▶第17戦車旅団
- ▶第53機械化旅団
- ▶第54機械化旅団
- ▶第92機械化旅団
- ▶第93機械化旅団
- ▶第57自動車化旅団（南部作戦軍より配属?）
- ▶国家親衛隊第3作戦旅団
- ▶第25空挺旅団（空中強襲軍より配属）
- ▶第81空中強襲旅団（空中強襲軍より配属）
- ▶第55砲兵旅団
- ▶郷土防衛隊第108-113旅団（5個）

南部作戦軍

- ▶第28機械化旅団
- ▶第56自動車化旅団
- ▶第59自動車化旅団
- ▶国家親衛隊第18特殊作戦連隊「アゾフ」
- ▶第45空中強襲旅団（空中強襲軍より配属）
- ▶第79空中強襲旅団（空中強襲軍より配属）
- ▶第35海軍歩兵旅団
- ▶第36海軍歩兵旅団
- ▶第128山岳強襲旅団（西部作戦軍より配属?）
- ▶第40砲兵旅団
- ▶第32海軍ロケット砲兵連隊
- ▶郷土防衛隊第120-124旅団（5個）

西部作戦軍

- ▶第14機械化旅団
- ▶第24機械化旅団
- ▶国家親衛隊第2作戦旅団
- ▶第80空中強襲旅団（空中強襲軍より配属）
- ▶第10山岳強襲旅団
- ▶第44砲兵旅団
- ▶郷土防衛隊第100-107旅団（8個）

予備軍団

- ▶第3戦車旅団
- ▶第60機械化旅団
- ▶第62機械化旅団
- ▶第63機械化旅団
- ▶第38砲兵旅団
- ▶第45砲兵旅団

表2-6

両軍の戦力比較

ロシア軍	156,500〜178,000名
戦車師団	3個
自動車化狙撃兵師団	7個
戦車旅団	1個
自動車化狙撃兵旅団	15個
空挺師団	4個
空挺旅団	1個
海軍歩兵旅団	2個
海軍歩兵連隊	1個

ウクライナ軍	約104,600名
戦車旅団	3個
機械化旅団	12個
自動車化旅団	9個
空挺旅団	7個
海軍歩兵旅団	2個
自動車化連隊	1個
猟兵連隊	1個
砲兵旅団	7個
ロケット砲兵旅団	1個
ロケット砲兵連隊	1個
独立戦車大隊	1個

表2-7

両軍の基本戦闘価値比較

ロシア軍	総計8350
第1攻勢軸	1607
第2攻勢軸	925
第3攻勢軸	234
第4攻勢軸	1879
第5攻勢軸	1228
第6攻勢軸	497
第7攻勢軸	497
第8攻勢軸	754
第9攻勢軸	729

ウクライナ軍	総計4317
陸軍司令部直轄	230
北部作戦軍	974
東部作戦軍	1121
南部作戦軍	849
西部作戦軍	576
予備軍団	567

ウクライナ軍 (予備戦力を北部、東部、南部に均等に増援した仮定で)	
北部作戦軍	1250
東部作戦軍	1387
南部作戦軍	1115
西部作戦軍	576

3　総崩れ

首都キーウをめぐる北部戦線の攻防は、ウクライナ人の独立と自由の、そして欧州の民主主義の城壁の命運の懸かる決戦であったが、しかし神の視座から後知恵で言うならば、実は軍事的にはもっとも危なげのない戦いであった。

ロシア軍は、多過ぎるデフレータを抱え込んでいた。第三章第九節で見るように、彼らは貧弱な兵站の能力の限界を超えて、国境からキーウまで大戦力を直接機動させようとしていた。しかも第一攻勢軸については、プルィピヤチの沼沢地と森林の広がるドニプロ西岸の錯雑地を通る、ただ一本の道路R０２号線を連絡線としたのである。

ために、第一攻勢軸の本隊である第三五諸兵科連合軍の進撃は、ウクライナ軍の激しい抵抗によって遅滞し、それらの予期されていなかった戦闘は補給を喫緊の要件としたが、脆弱な兵站部隊は危険な情況下ではとても追随できなかった。

この第一攻勢軸とドニプロ東岸の第二攻勢軸、そしてホストメリ他のキーウ周辺の飛行場に降着したＶＤＶ（空挺軍）第三一親衛空中強襲旅団の行動の同期は、マーケット・ガーデン作戦（一九四四）よりも酷い程度で調整されていなかった。

同様に、地上軍の攻撃と調整して実施されるべき、長距離スタンドオフ兵器、航空戦力、サイバー戦力、そしてキーウに浸透した特殊部隊による「全縦深同時打撃」もほぼ完全に挫折した。ウクライナの政治の中枢、軍のC^4I結節《ノード》、防空戦力、航空戦力を制圧ないし無力化する試みはことごとく失敗に終わった。西側から供与されたＭＡＮＰＡＤＳ（携帯防空ミサイル）は無傷であったし、奇襲によってレーダ・アンテナを損傷した大型の防空システムも時を置かずに息を吹き返し、ロシア航空宇宙軍（ＶＫＳ）の機体を狙い撃ちし始めた。[*14] 一時的に獲得していたキーウ上空の航空優勢がそれによって失われたので、降着したＶＤＶ部隊が空から増援を得られる可能性はなくなり、孤立した彼らは重装備のウクライナ部隊に各個撃破されていった。

サイバー攻撃は、ウクライナ軍のサイバー部隊とマイクロソフト社の連合チームによって撃退された。スペツナズや傭兵、チェチェン民兵から成る特殊部隊は、ウクライナの軍服を着用して、執拗にゼレンスキ暗殺を試みたものの、この日に備えて彼を警護していた保安防諜部（ＳＢＵ）特殊部隊と国家親衛隊第一作戦旅団はそれを許さなかった。[*15]

侵攻の三日前に命令を受けていたＶＤＶを除き、[*16] 大多数の兵士が自分らがどこに行って何をするのかをまったく知らされておらず、[*17] 士気は最初から低かった。第三章第一節で見るように、多くの兵士は普段から軍用通信として携帯電話に依存していたのであるが、当然ながらロシアの電話網の圏外であるウクライナでは、現地で住民から掠奪した携帯電話を使わざるを得なくなり、ウクライナ軍のたやすい探知と傍受の標的となった。[*18]

ロシア軍はまた、諸兵科連合の原則とその他の戦術の基本的な原則を無視していた。地上部隊

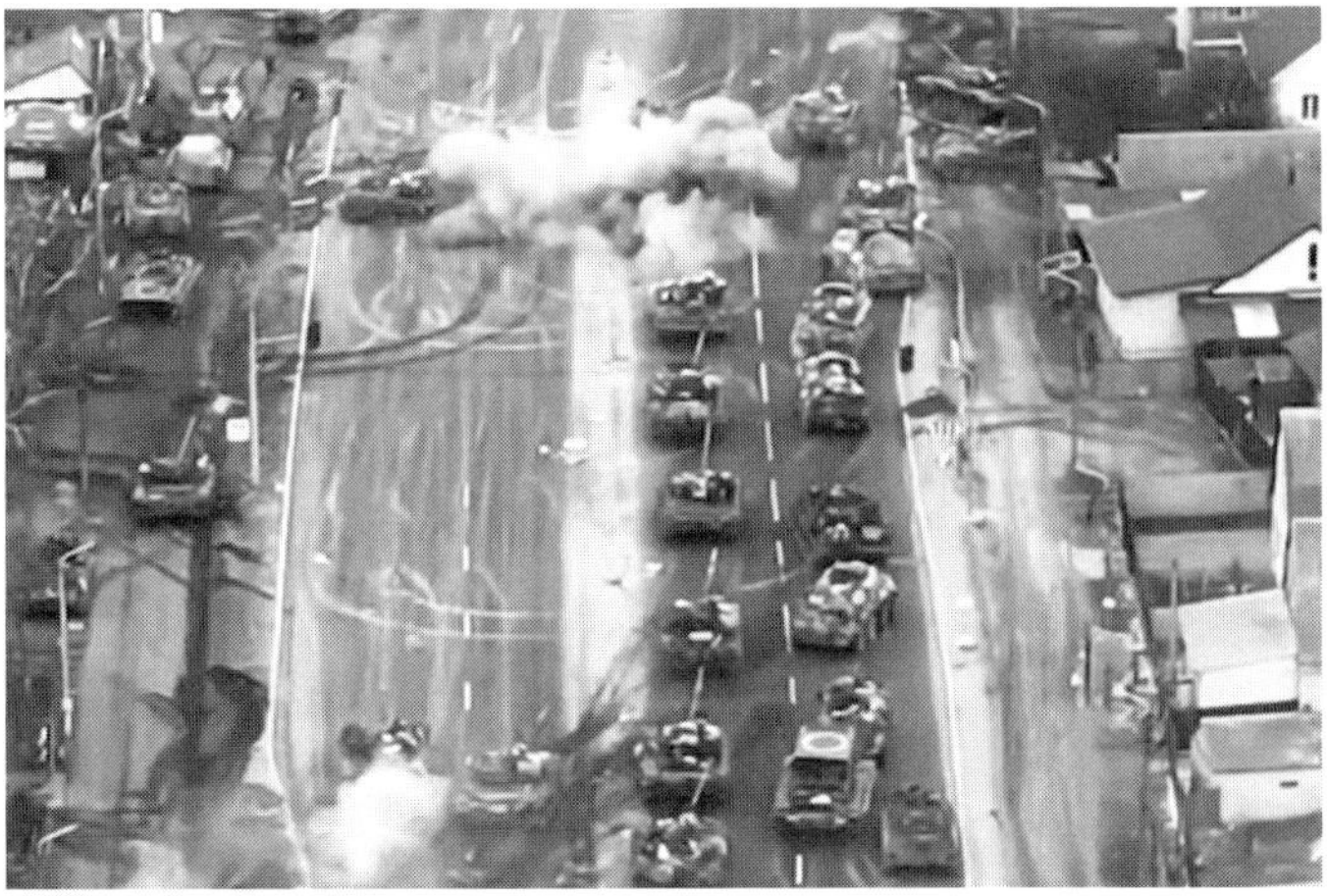

2022年3月初頭、キーウ北東の町ブロヴァルィの路上で、ウクライナ軍第72独立機械化旅団の伏撃を受ける、第2親衛諸兵科連合軍ないし第1親衛戦車軍の大隊戦術群（ウクライナ軍公開の動画より）。偵察も側衛も出さず、下車歩兵の支援もなく、行軍縦隊のまま密集するAFV（ここに映っているのは戦車と、近接支援用のTOS-1サーモバリック自走ロケット砲）はきわめて脆い。ドニプロ両岸の攻勢軸と異なり、兵站の負担が相対的に小さな北東部の攻勢軸の先導部隊はスームィ州を横断してブロヴァルィまで到達するものの、ここが攻勢限界点となった。（写真：アフロ）

の最優先の任務は、可能な限り迅速に目標——キーウに到着することであった。冷戦末期のソ連軍以来のドクトリンでは、非接触戦、つまり不必要な損耗を避けるために機動と火力を活用する戦術が強調されていたが、春季攻勢では政治の都合によってその方針がさらに捻じ曲げられ、極端化されていた。正規軍の戦車や歩兵戦闘車（ＩＦＶ）はウクライナ軍の防御拠点に遭遇しても迂回し、市街や村落の確保も試みず、道路上をひたすら前進しようとした。彼らには、国家親衛隊の治安部隊が同行し、場合によっては先行すらしていた。拷問と処刑の専門家である彼らは、ウクライナの各界の指導的な人々を「物理的に抹殺」「拘束と脅迫」「中立」「協力者」の四カテゴリに分類したＦＳＢ作成のブラックリストを携えており[19]、速やかなウクライナ併合のための準備としてそれを行う予定であったが、もちろん、彼らに戦闘価値などありはしない。

防空部隊、電子戦部隊、それに諸兵科連合軍直轄の砲兵旅団を追随させなかったのも大失策であった。通常戦では本来脆弱なはずのバイラクタルＴＢ２を始めとするウクライナ軍のドローンを跳梁させてしまい、それらの観測に基づく精確な砲兵火力によって一方的に撃たれる結果をもたらしたからである[20]。

当初、ウクライナ軍がこの方面で自由に動かせる戦力は第七二機械化旅団と特殊部隊、そして急造の幾つかの部隊だけだったので、第一攻勢軸の本隊はどうにかブチャを通過してキーウ市に取り付いたものの、そこが攻勢の限界点となった。彼らは急速に戦闘効果を溶解させ、最後にはウクライナ砲兵に痛撃され、敗走した。ウクライナ軍総司令部のある幹部によれば、「対戦車ミサイルがロシア軍を遅滞させ、砲兵がとどめを刺した[21]」。

一方、第二攻勢軸の経路であるドニプロ東岸は、西岸より道路インフラが整備されているにもかかわらず、国境を超えた直後に早くも兵站は崩壊の兆しを見せ、兵士を食わせることすら難しい有様となった。[*22]そして航空優勢を獲得できず、充分なISR情報を得られないでいるところに、国境地帯の唯一のウクライナ正規軍部隊である第一戦車旅団が発起した反撃が完全な奇襲となり、ロシア軍は最初の戦闘で大損害を被って、進撃はチェルニーヒウ市で停止した。しかしだからと言ってチェルニーヒウを攻囲するに足る火力はないので、彼らはそこからはもはや動けなくなってしまった。

コノトープ方面に進む第三攻勢軸も、第二攻勢軸とほとんど同じ状態に陥ったと見られるが、ウクライナ軍の強力な反撃に直面しなかったことから、守備隊の籠もるコノトープを迂回して、先導部隊はブロヴァルィまで到達したものの、そこでドニプロ西岸から移動してきた第七二機械化旅団の伏撃を受け、最終的に敗走した。

これらの戦いでは、ロシア軍が自分たちの戦術ドクトリンに違反していたばかりではなく、彼らの戦術ドクトリン自体が現代の通常戦に適合していなかったことが判明した。きわめつけの構造的な問題が、大隊戦術群である。

大隊戦術群は、近年のロシア軍の基本戦術単位であった。そのドクトリン及び制度上の起源と歴史については第三章で論じたいが、もっとも標準的な大隊戦術群（定員七〇〇～九〇〇）は、自動車化狙撃兵旅団（定員三〇〇〇～四五〇〇名）の戦闘部隊を三分割した編組部隊で、戦車中隊一個、自動車化狙撃兵中隊三個、砲兵中隊二個を基幹としている。大隊戦術群の定員を三倍しても旅団の定員に届かないのは、後方部隊がごっそり抜けているからである。
大隊戦術群は一応の自己完結した諸兵科連合単位として行動できるし、軽量で軽快なのでキーウ攻撃のような長途の作戦には適しているようにも思われるが、実際には歩兵と戦車の戦力が過少で、損耗を吸収する冗長性が乏しい。その一方で、砲兵火力が異様に強力なのは、先述した「機動と火力」重視の非接触戦を主眼としている所以である。だが、火力が大きくとも固有の兵站能力が劣弱なので、親部隊の支援なしには長くは戦えないし、動けない。要するに、右ストレートパンチだけは強力だが、他にやれることはさほど多くはなく、きわめて打たれ弱く、スタミナにも欠けるという単位なのである。実のところ、大隊戦術群のかような欠陥は二〇〇八年のジョージア（グルジア）での小戦争で明らかになっていたのだが、ニュー・ルック改革の頓挫後に有耶無耶にされてしまったのである。[*23]
さらに第三章第一〇節で見るように、大隊戦術群は西側の指揮統制ドクトリンの下ではそれなりに動くかも知れないが、ロシア軍の指揮統制ドクトリンとの相性は全ての面で最悪であった。露呈したそのような大隊戦術群の脆さは、戦争を観察していたアメリカ陸軍にも衝撃を与え、作戦単位を現在の旅団戦闘団から、冷戦時代の師団と軍団へ戻す構想が表立って言われ始めた。[*24]
最後に、ロシア軍は、ウクライナの地域民兵である郷土防衛隊（ＴＤＦ）の存在をまったく考慮していなかった。過去に幾度もゲリラ戦で苦杯を嘗めさせられた戦訓を忘れていたのではなく、正規軍の予備役と郷土防衛隊が動員されるより早く、目標を達成できると彼らは信じていたのである。[*25] ところが地域住民から成る軽武装の郷土防衛隊は、召集がかかって数時間以内にはもう戦

大隊戦術群の編組例

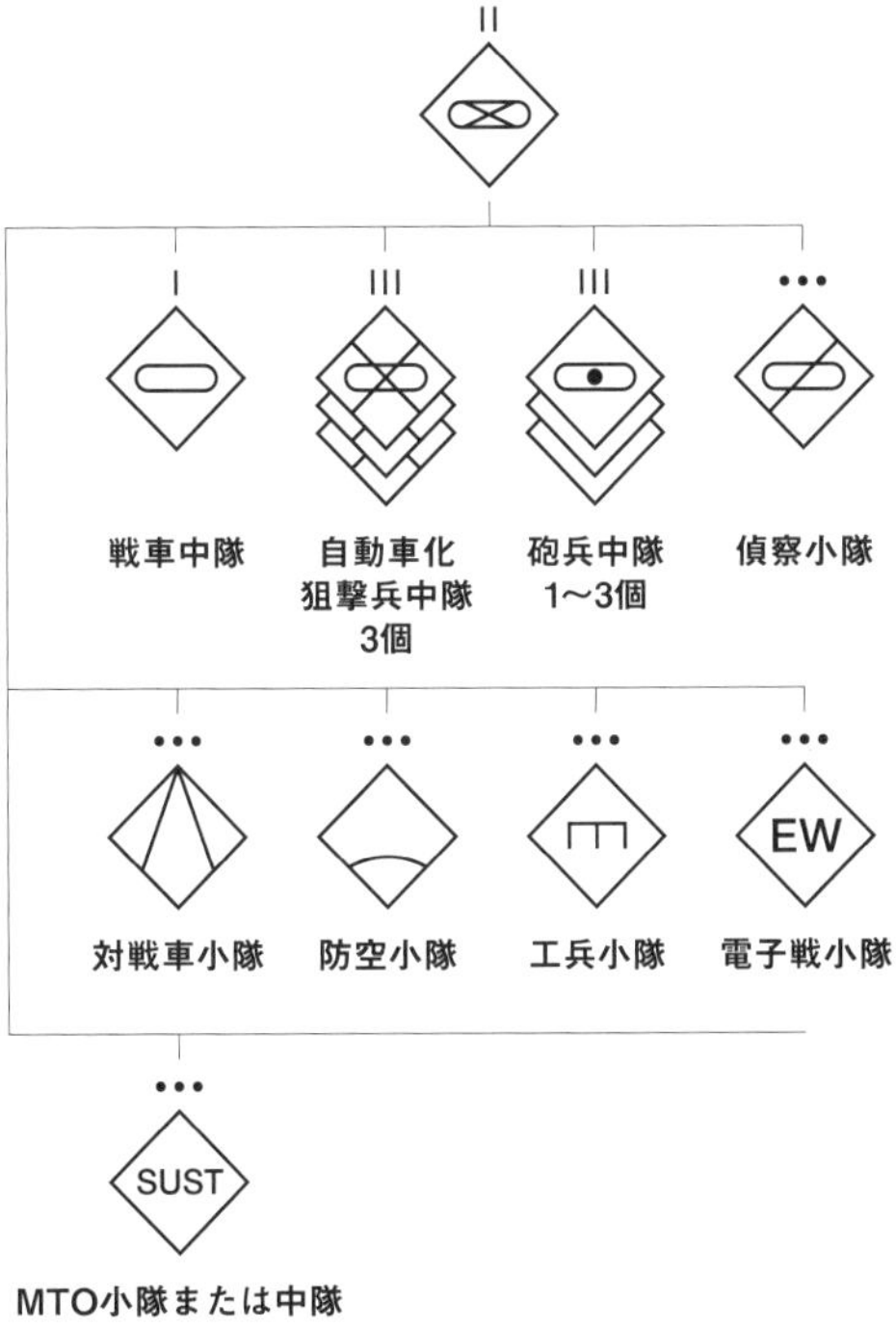
II
I
III
III
•••
戦車中隊
自動車化
狙撃兵中隊
3個
砲兵中隊
1～3個
偵察小隊
•••
•••
•••
•••
EW
対戦車小隊
防空小隊
工兵小隊
電子戦小隊
•••
SUST
MTO小隊または中隊

う準備を整えていた。彼らは地元の環境に精通しており、偵察、破壊工作、後方への襲撃、遺棄された装備品や物資の鹵獲など、まさにゲリラ戦の教科書を実践した。王立国防安全保障研究所（RUSI）のマイコラ・ビエリエスコウは郷土防衛隊を、大規模な国民的抵抗の中核、と称賛している。*26

以上の諸要素を戦力倍加手段として、ウクライナ北部作戦軍の戦いをモデリングしてみよう。ロシア軍に適用される戦力倍加手段は、態勢が攻撃なので「悪い」、奇襲は成功しているので「やや良い」、士気は「悪い」、兵站は「悪い」、C^4ISRは「悪い」。ウクライナ軍への戦力倍加手段は、地形天候が「とても良い」、ドローンの優位によりC^4ISRが「良い」、ゲリラの支援を総合的な性質のものとして「良い」。

するとロシア軍の最終的な戦闘価値は、二七八六×〇・八×一・一×〇・八×〇・八×〇・八＝一二五五。ウクライナ軍の最終的な戦闘価値は、一二五〇×一・六五×一・二五×一・二五＝三二二二。戦闘価値比は〇・三九。攻勢は確実に失敗し、攻撃側は恐らく甚大な損害を被る。

ここで設定しているような大雑把なシナリオは、本章の初めで断ったように将来を予測する用途に耐えるだけの品質を持たないのであるが、それでもこの結果から一つだけ明らかだと思われるのは、ドニプロ河沿い、特に西岸沿いにベラルーシからキーウへ南下する大規模な攻勢は再び試みられないだろうということである。

4 戦術としての戦争犯罪

ところで、ロシア軍が入った最初のウクライナの町、キーウ郊外北西のブチャで、少なくとも四五八人の非戦闘員が虐殺されたのは、腹をすかせたはぐれ兵士の一団による犯罪などではなく、上述した国家親衛隊とFSBの治安部隊の「専門家」たち、そして彼らを手助けするVDVが、あらかじめ計画されていた通りに実行したのである。[*27] 現地に到着するとこの男たちは手際よく準備を整え、住民を連行し、拷問し、歯を引き抜き、手足をバラバラにし、射殺した。彼らしか知らないマニュアルに従い、老人や子供も見逃されることはなかった。[*28] とは言え、彼らは中世の刑吏のようにプロフェッショナルとして終始冷静に仕事をこなしていたわけではなく、ロシア軍の華であるVDVの将兵が、趣向を凝らした手段で、非戦闘員を楽しみながらなぶり殺す記録が見つかっている。[*29]

かつての武装SSと同様、戦争犯罪はロシア軍の戦争文化の一部なのであり、れっきとした戦術行動、あるいは占領行政の手段として彼らは当たり前にそれを行っているに過ぎない。第三章第七節で論じるように、ロシア軍にとって戦争犯罪は戦闘と同列の戦術行動の一つなので、戦闘で苦戦に陥っているからこそ、せめて戦争犯罪の方は成功させなければならないのである。

二〇二二年二月の時点で、ウクライナ検察はロシア軍による戦争犯罪六万六〇〇〇件以上が報告されたとしており、プーチン自身も二〇二三年三月に国際刑事裁判所（ＩＣＣ）より戦争犯罪容疑者として逮捕状を発行されているが、[*30] 拷問や虐殺は、法、人道、あるいは軍人としての職業倫理に反するといった思考を、ロシア人は最初から持ち合わせていない。それは彼らが邪悪だからなのではなく、善悪を定義付けている世界観が異質なのである。その意味においては、ウクライナ戦争ははじまりから単なる地政学的な権力の衝突ではなく、ヒトラーの戦争と同類の世界観戦争、イデオロギー戦争、あるいは人種戦争の性格を帯びている。

ロシアにとって、プーチンや支配エリートたちは核兵器によってＩＣＣや国際法から護られていて安泰であるし、また、たとえ一般の兵士や国民に対して敵が同様の手段で報復を行おうとも、プロパガンダの素材が増える以外に特に気にかける理由は何もない。なので、ウクライナが戦争のルールを西側と共有して戦う限り、つまりジュネーヴ諸条約の遵守に努めようとする限り、ロシアは戦争犯罪の武器化によって非対称的な優位に立つことができる。アメリカ陸軍近代戦研究所所長のパトリック・サリヴァン大佐は、ロシアが捕虜や占領地住民を人質に取り、ジェノサイドか屈服するかを迫るリスクを警告している。[*31]

しかしながら、開戦直後に日本の一部のメディア等で盛んに主張されたように、「何より生命を守る」ために武器を捨てることを選んでも、おぞましい結果は避けられない。軍事的な戦術行動としてのあわただしくあからさまな暴力が影を潜めても、ロシア当局による治安の確保と統治の確立に必要な「手続き」は停止されない。ブラックリストに則った住民の選別と拷問、処刑の遂行は優先的な任務なので当然である。

ロシア軍の戦争犯罪は、二〇二二年二月に突然始まったわけではない。彼らがチェチェン、シリア、ドンバスでやっていたことを知りながら、安い天然ガスと石油に目が眩んで、あるいは、係争中の領土を取り戻せるかも知れないという空想的な希望に釣られて、見ない振りをしてきた西側諸国の政府、そしてメディアの社会的な責任は重大である。

結局、ロシア軍による無制限の戦争犯罪を終わらせるもっとも合理的で、もっとも痛みの小さな方法は、ゼレンスキの言う通り、彼らを国境の外に追い払い、二度と来られぬよう備えを固めることなのだ。

5 内線作戦

スームィにおける第四攻勢軸、つまり名だたるカンテーミル親衛戦車師団を含む第一親衛戦車軍の敗退は、一見したところすこぶる奇妙である。何しろ、ウクライナ軍はスームィの防御を早々に断念していたので、ここには正規の戦闘部隊は一個も配備されていなかったのだから。

第四攻勢軸も第二や第三と同じく士気と兵站の深刻な問題を抱え、泥濘に車輪と履帯を取られていたが、拠点や都市を攻撃確保せずに迂回する方針が、ここではどうやら命取りとなった。いったんスームィに入城したロシア軍がこの町を占領せずにそのまま通過していった直後、郷土防衛隊を核とした強力な抵抗が組織された。丸腰の住民のうち軍隊経験のある人々は、放棄されていた軍事施設から回収した、恐らくは旧式の小銃や対戦車ロケットで武装し、携帯電話で即席だが効率的なC^4ISRを構築すると、第一親衛戦車軍へのゲリラ戦を始めた。[*32] この動きに呼応した正規軍部隊がバイラクタルTB2を送り込み、対抗策を持って来ていなかったロシア軍を散々に打撃した。

かつてRMA支持者たちが熱心に唱えていた、精密打撃兵器とデジタル民兵との未来の諸兵科連合がここにとうとう実現したことで——もちろん、ロシア軍が通常戦の重大なルール違反を幾つも犯していたというごく特殊な情況ゆえに、実現できたのだが——第四攻勢軸も第二、第三と運命を同じくしたのである。

一方、東部ドンバスをめぐる戦いは、北部と北東部のように楽には運ばなかった。戦域は開豁地で道路インフラは発達しており、住民に親ロシア派が占める率は高い。これまでの内戦でずっとそうしてきたように、ロシア軍は自称ドネツィク人民共和国（ＤＰＲ）と自称ルハンシク人民共和国（ＬＰＲ）の民兵の手厚い支援を受けることができた。アメリカ陸軍のニコラス・フィオレ大尉（当時）は、大隊戦術群はそもそも現地民兵の恒久的な支援の存在を前提に設計された単位ではないかと推測している。[*33]

要するにドンバスはロシア軍の準ホームグラウンドであったが、しかし大隊戦術群を用いた「機動と火力」ドクトリンはここですらうまく動作しなかった。南からの包囲を企てる第六攻勢軸と戦って拘束されることを避け、ウクライナ軍はドネツ河まで後退して戦線を整理すると、内線を用い、第五攻勢軸のロシア軍に攻囲されかけているハルキウに増援を送ったのである。

ハルキウの情況は危機的であった。ロシア軍もさすがにウクライナ第二の都市を手つかずで迂回しようとはせず、攻略するつもりでいた。

ここに配備されていたウクライナ部隊が第九二機械化旅団だけだったとは言え、人口一四四万の都市を素早く確保し、ウクライナ軍を撃破した上で、すかさず第六攻勢軸と呼応してドンバスを北から包囲するといった離れ業が可能だとロシア軍が信じていたのは、またしてもＦＳＢの楽観的な報告に基づき、ハルキウは親ロシア派の牙城であり、少数の特殊部隊が浸透して市の中枢施設を押さえさえすれば、守備隊は恐慌を来して逃げ出し、全市は無血で「解放」されると確信していたからである[*34]。

しかし期待されていた親ロシア派の決起や帰順は何も起こらず、第九二機械化旅団は激しく抗戦した。第四攻勢軸の第一親衛戦車軍は、「精鋭の中の精鋭」である第二〇〇北極圏自動車化狙撃兵旅団をハルキウの後方連絡線の遮断のために分派する計画であったが、彼らはやっては来なかった。

二月二七日、ロシア軍はハルキウの包囲を諦め、郊外の三方面に戦力を集中して強襲を試みたが、もう手遅れであった。ドンバスから内線を機動してきたウクライナ軍の増援部隊が第九二機械化旅団と共に反撃し、ロシア軍を叩きのめしたのである。ウクライナ軍はドンバスを代償として、ハルキウを守った。

では、この戦域の戦闘価値を計算してみよう。

ロシア軍に適用される戦力倍加手段は、態勢が攻撃で「悪い」、態勢が奇襲で「やや良い」、士気は「悪い」、兵站は「やや悪い」、C^4ISRは「悪い」、ゲリラの支援が「良い」。ウクライナ軍に適用される戦力倍加手段は、ドローンによってC^4ISRが「良い」、戦力の相対的に大きな第四攻勢軸への影響のみを加味して、ゲリラの支援が「やや良い」。

ロシア軍の最終的な戦闘価値は、三六〇四×〇・八×一・一×〇・八×〇・九×〇・八×一・二五＝二二八三。ウクライナ軍の戦闘価値は、一三八七×一・二五×一・一＝一九〇七。戦闘価値比は一・一九。突破も包囲もまず不可能であるが、もし第二〇〇北極圏自動車化狙撃兵旅団がハルキウを孤立化させられていれば、ウクライナ軍は戦力を集中できず、同市が陥落していた可能性は残る。

さらに、このようなデリケートな情況の下で東部作戦軍が指揮を誤ったシナリオをも見ておく必要がある。東部作戦軍の戦力倍加手段に、統率が「悪い」のデフレータを与えて再計算すると、戦闘価値は一五二六、戦闘価値比は一・五〇。第二〇〇北極圏自動車化狙撃兵旅団の支援がなくとも、ロシア軍はもたつきながらもハルキウを奪い、ドンバスで突破あるいは包囲を成功させていた可能性が小さくない。その場合、ウクライナ軍はポルタヴァをも失い、ドニプロ河を防御線とせざるを得なかったであろう。

現実にそうはならなかったのはどんな幸運のおかげでもなく、Ｚ集団すなわち西部軍管区が作戦術に失敗し、東部作戦軍が成功したからである。換言すれば、ウクライナ軍の内線作戦が、ロシア軍の外線作戦を打ち破ったのである。

ロシア軍参謀本部が、ドンバスのみならず、全線において多数の攻勢軸を求心的に設定する外線作戦計画を採用したのは、決して悪くはなかった。ビトリア（一八一三）やポーランド侵攻戦（一九三九）のように、防御側が哨線《コルドン》配備、すなわち戦力を分散させ縦深を欠いていたり、あるいは戦力を見当違いの地域に偏って配備したりしている場合、外線作戦は水平的に同期した打撃を加えて敵軍を麻痺させ、主導を奪い、いっさいの反撃の戦機を奪うことが可能なのである。

しかし対して、複数の敵戦力の内側に位置する内線作戦は、包囲や各個撃破を被るリスクを伴うが、機動する空間が相対的に小であるがゆえに、もし、前方の敵を適切に離隔させ、拘束し、あるいは遅滞させるという難しい戦術行動を各部隊にこなさせつつ、戦力を集中し、テンポと主導を保ち続けていられるならば、優勢な敵を各個撃破してゆくことができる。内線作戦は、後方への機動《マヌーヴル・シュル・レザリエーレ》と並ぶナポレオンの作戦理論の真骨頂であり、[*35] 彼はイタリア戦役（一七九七）やフランス国内戦役（一八一四）で繰り返しこれを成功させたが、ワーテルロー戦役（一八一五）では自らの原則を破り戦力を分散させたがために敗北を喫したのであった。

6 悪い土地《ザ・バッドプレイス》

クリミア喪失の呪いは、今なおウクライナ軍につき纏っている。その呪いのために、南部戦線の戦いは、ウクライナ軍の敗北でいったん終わった。

クリミアに接する南部諸州は、ドンバスと同じく新ロシア派人口の比率が高く、自治体や州の議員や行政幹部にも公然、非公然の多数の内通者が存在し、郷土防衛隊は不活発であった。

のみならず、ウクライナ南部作戦軍の作戦術が良くなかった。東西の要地であるマリウポリとオデーサの防衛を優先するのは理解できるが、クリミア半島から本土への出口であるヘルソン州南部をほぼ無防備のまま放置していたのは不可解である。この方面に置かれていた正規の戦力は、動員業務が完結していない第一二八山岳強襲旅団のみであった。また防空システムが、ＭＡＮＰＡＤＳを含めてきちんと組織化されておらず、キーウ上空以外ではこの戦域でのみ、一時的ではあるがＶＫＳの航空優勢獲得を許すこととなった。沿海の防御も不十分で、マリウポリとメリトポリの中間に位置する港湾、ベルジャンシク方面へのロシア海軍歩兵の小規模な両用作戦に対処できなかった。

メリトポリ市とヘルソン市では何らの防戦準備もなされていなかった。ドニプロ河を超えてへルソン市内に通じる二基の橋梁、アントニウスキ鉄道橋と道路橋の爆破は命令もされず、準備もされず、無傷のままでロシア軍を迎えた。南部作戦軍司令部に内通者がいたのではないかと、根拠なく疑ってもやむを得ないほどの失策である（ただし、メリトポリとマリウポリを含むザポリージャ州南部での作戦指揮権がどのようになっていたのかは不明）。

クリミアからヘルソン市とメリトポリ市に向けられたロシア軍の第八と第九攻勢軸は、主導と作戦のテンポを保持し続けた。ウクライナ軍の散発的な反撃は、攻撃ヘリと戦術機の近接航空支援によって破砕された。唯一、第一二八山岳強襲旅団だけが組織的に抗戦を続けていたが、圧倒され、ザポリージャ州中部のフリャイポレ市まで離隔して、そこでようやく防御線を布くことができた。

ヘルソン市は、二〇一四年のセヴァストポリ市のように無血開城こそしなかったが、ここを守る第五九自動車化旅団は増援を得られぬまま離脱し、市は三月二日に降伏した。ヘルソンの戦闘が続いている間にも、第九攻勢軸は進撃を続け、ムィコラーイウ市を迂回してオデーサ市を北方から衝こうと企図したが、南ブーフ河の渡河点であるヴォズネセンスク市において、ようやく態勢を立て直した南部作戦軍及びウクライナ空軍との戦闘で大損害を被り、敗走した。

アゾフ連隊と海軍歩兵一個大隊が堅守するマリウポリ市は、ドンバスからのロシア軍第七攻勢軸を撃退したが、その後二週間以内に後背地は第八攻勢軸に奪われ、彼らは敵中に孤立した。[*36] 救援がないまま同市が陥落するのは五月一七日である。

以上の経緯から、ロシア軍に適用される戦力倍加手段は、態勢が攻撃で「悪い」、態勢が奇襲で「やや良い」、航空優勢が「良い」、士気は「悪い」、兵站は「やや悪い」、C^4ISRは「悪い」、ゲリラの支援が「良い」。ウクライナ軍への戦力倍加手段は、統率が「悪い」。
最終的な戦闘価値は、ロシア軍が一九八〇×〇・八×一・一×一・二五×〇・八×〇・九×〇・八×一・二五＝一五六八。ウクライナ軍が一一一五×〇・八＝八九二。戦闘価値比は一・七六。ロシア軍は突破と戦略目標の達成が可能である。

明らかに南部作戦軍の失敗の主因は、戦力を分散させ、ロシア軍の外線作戦に対処できなかったことにある。もし南部作戦軍が指揮を誤らなかったと仮定すると、防空戦力の組織化によって他の戦域と同様にロシア軍へのインフレータ、航空優勢「良い」が失われ、またウクライナ軍へのデフレータである統率「悪い」が外れるから、新しいロシア軍の戦闘価値は一二五四、ウクライナ軍の戦闘価値は一一一五、戦闘価値比は一・一二となる。このシナリオではロシア軍は突破できず、ウクライナ軍はヘルソンに加えて、メリトポリとマリウポリの双方をも守りきれる可能性がある。ただし、現実には決して無視できない黒海艦隊の存在、特にそのスタンドオフ火力と両用作戦能力が戦闘効果にもたらす影響はこのシナリオでは考慮されていない。

現実のフリャイポレとヴォズネセンスクのそれぞれ前面で攻勢が停止した原因を、ロシア軍の戦力倍加手段から航空優勢「良い」とゲリラの支援「良い」が失われ、ウクライナ軍に航空優勢「良い」とゲリラの支援「良い」が付加されたことだと仮定して、その条件で最終的な戦闘価値を再計算すると、ロシア軍は一〇〇三、ウクライナ軍は一二八六、戦闘価値比は〇・七七となる。ロシア軍は確実に撃破されるが、残念ながら反攻を発起してただちにマリウポリを救い出すことはできない。その可否はまた別のシナリオで検討されねばならない。

7 HIMARS! HIMARS!

本章第一節で述べたように、部隊の損耗の蓄積とローテーションは、充足率の追跡を困難にするので、二〇二二年春季攻勢の後は、戦域での戦闘価値の推算の信頼性が著しく低下してしまう。とは言え、戦闘空間の環境や彼我の直面する諸問題についてはかなりのことが分かるので、戦力倍加手段を算出することは可能だし、また大いに意味がある。

できるだけ多くの事例を取り上げたいのだが、紙幅と時間の都合上、ここでは戦勢の最大の転機となった二〇二二年夏のドンバスの戦いを対象としたい。

イギリス国防省は二〇二二年一一月二九日に、ロシア軍は大隊戦術群の運用を過去三カ月のうちに停止したとの分析を示した。[*37] 北部と北東部からの敗走の後、五月のドネツ渡河戦の大敗が、大隊戦術群が組織的な攻勢に投入された最後の戦例となった。

このことは、ロシア軍の戦術の様態が機動戦から陣地戦へと変換されたことを意味するが、まず最初に試みられた陣地戦の新しいドクトリンは、戦域の砲兵火力支援をごく狭い正面に集中するという、ナポレオン戦争後期や第一次大戦前期を彷彿とさせる線形の戦術であった。[*38]

大隊戦術群の放棄と陣地戦への退行は、皮肉にもロシア軍の戦力倍加手段にもっぱらポジティヴな影響のみを及ぼした。大隊戦術群固有のC^4ＩＳＲの不具合に悩まされる必要はなくなり、ロシア領内から前線の後方まで鉄道線が接続されたことで、兵站の問題はほぼ解決した。依然として彼我のいずれも航空優勢の獲得には成功していないが、防空部隊と電子戦部隊が配備されたことで、ウクライナ軍のドローンの非対称的な優位はなくなった。そしてドンバスでは、引き続き分離主義者民兵の支援を受けることができる。

一方、ウクライナ軍について見ると、先に春季攻勢を破砕する上でもっとも貢献したのはドローンと砲兵火力の組み合わせであったが、第一章第六節で見たように、砲弾の急速な射耗は兵站に重大な問題を引き起こしつつあった。

以上を考慮して戦力倍加手段を計算すると、ロシア軍については態勢が攻撃で「悪い」、士気が「悪い」、C^4ＩＳＲは多くの部隊で依然として携帯電話を用いているところから「やや悪い」、ゲリラの支援が「良い」として、総乗すると〇・七二。ウクライナ軍については、兵站が「悪い」、C^4ＩＳＲが西側からのスターリンク通信ネットワークとＩＳＲ情報の提供によって「やや良い」として、総乗した結果は〇・八八。戦力倍加手段の比は〇・八二。

この値から逆算すると、ロシア軍は基本戦闘価値比二・九三以上で決定的な勝利、基本戦闘価値比一・四六以上で突破が可能となる。最終的な戦闘価値の比ではなく、基本戦闘価値の比であることが重要である。ウクライナ軍が作戦予備二カテゴリの部隊を逐次配備して戦力の増強を進めていたのに対して、ロシア軍は一四個ある砲兵旅団を短期間でドンバスに集中することができる。ただちに突破はできずとも、ウクライナ軍の空間を着実に奪い、かつ砲兵戦によって兵站の情況をいっそう悪化させられるのである。

シヴィエロドネツク戦の開始が五月六日、その陥落とリシチャンシク戦の開始が六月二五日、リシチャンシクの陥落が七月三日と、ロシア軍の進撃のテンポが比較的ゆっくりしていたのは、戦闘価値比がそれほど大きくはなかったことを示唆しているが、しかしながら砲弾の調達量あるいは生産量を一夜にして一〇倍にでもできない限り、ウクライナ軍に有効な対策はなく、彼らは確実に劣勢に追い込まれていた。

全ての情況を覆したのが、アメリカからのM142HIMARS（高機動ロケット砲システム）、すなわちGMLRS（誘導多連装ロケット・システム）の到着であった。第三章第一〇節で述べる指揮統制システムの構造的な欠陥から、ロシア軍は潜在的な脅威の先読みがきわめて不得手であり、この時もGMLRSへの対策をあらかじめ何一つ施していなかった。

結果、絶好の標的である鉄道駅を始め、師団や旅団の集積所がスタンドオフ精密打撃によって次々に破壊された。携帯電話や、その他秘匿されていない通信によって位置を知られていた指揮所も吹き飛ばされた。将兵や、取材に訪れていた軍事ブロガーが不用意にネット上に投稿した写真から照準された指揮所も少なくなかったが、これはロシア人が愚かなのではなく、やはり指揮統制システムの欠陥の産物である。

やがてロシア軍は鉄道駅を後方に退かせ、集積所を分散させることでGMLRSに適応した。同様に、上級単位の指揮所は地下もしくは堅固な掩体内に設置され、指揮所からの通信は極力無線ではなく光ケーブルに依存するようになった。[*39] 予備役を部分動員し、傭兵部隊ワグネルに囚人を募兵させて——次の節で見てゆくように、そのような質の低い戦力には悪い戦闘効果が付いてくるが、背に腹は代えられない——基本戦闘価値の回復をも図った。

しかしそれらが適切に行われるまでの間は、ＧＭＬＲＳはロシア軍の戦力倍加手段に兵站の「とても悪い」を付与し、C^4ＩＳＲの「やや悪い」を「悪い」に変えたのである。そこで改めてロシア軍の戦力倍加手段を総乗すると、〇・三八となる。ウクライナ軍は〇・八八のままで、新しい比は〇・四三となる。この数字は、今や、数的に対等な戦力をもってウクライナ軍が攻勢を発起すれば、決定的な突破が可能となったことを示している。

そして、事態はまさにそのように運んだ。ロシア軍のドンバスでの攻勢を頓挫させたのみならず、一時的にせよ彼らを麻痺させ、ウクライナ軍に主導を獲得させその秋季攻勢を成功に導いたのはＧＭＬＲＳである。ＧＭＬＲＳは紀律化した戦力として運用されたからもちろん「銀の弾」とは呼べないが、もっともそれに近い役割を果たした兵器であった。

ＧＭＬＲＳの起源となった一九七六年の戦闘モデリングの結論は、正しかったのである。

8 肉挽き器の数理

ウクライナ軍のGMLRSによって最初の陣地戦ドクトリンを無効化されたロシア軍は、第二のドクトリンとして、砲兵火力に歩兵と装甲戦闘車輛（AFV）を連合させたより非線形的な戦術を開発した。はなはだ興味深いことに、この線形陣地戦から非線形陣地戦への進化は、第一次大戦の中期から後期にかけて起こった過程と瓜二つである。[*40] ロシア軍は、車輪を再発明しているのだ。

新戦術は、二〇二二年冬季攻勢のバフムート戦において、プリゴジンのワグネルによって初めて用いられ、以後、次第に洗練されつつ当初の応急の手段からロシア軍の公式ドクトリンへと格上げされるに至っている。このいわゆる「使い捨て」歩兵戦術あるいは「肉挽き器」戦術については、フィールドワークに基づくワトリングとレイノルズの分析がもっとも詳細であり、以下では主にそれに依拠して概要を説明する。[*41]

第三章第八節で見るように、ロシア軍砲兵の射法は二〇二二年の弾幕射撃から、大量の観測ドローンを組み込んでキル・チェーンを分権化、高速化した精密射撃に変換されたが、その主目的はウクライナ軍に戦力を集中させないことにある。戦車他のAFVは、二〇二三年三月のヴフレダル、及び一〇月からのアウディーイフカの攻勢を例外にもはや機動的な機甲戦力としては扱われておらず、それらの主任務は直接及び間接射撃による歩兵の支援、そしてウクライナ軍の陣地への襲撃である。第一次大戦の突撃戦車のようなこの用途ならば、西側のネット上で盛んに揶揄されているT－62のような旧式戦車でも、一定の役割は果たせるのである。

　歩兵戦力は、任務ごとに戦列歩兵、強襲歩兵、特技歩兵、そして「使い捨て」歩兵の四カテゴリに区分されている。戦列歩兵は、大隊戦術群の生き残りの自動車化狙撃兵から成り、攻守において陣地の確保が任務である。強襲歩兵は、VDVや海軍歩兵の人員から成る軽歩兵で、既に大きな損耗を蓄積してはいるが、なおロシア軍の最精鋭であり続けている。プリゴジン時代のワグネルの正規戦闘員もこのカテゴリに属する。

　特技歩兵は観測員、狙撃手、迫撃砲チーム、戦闘工兵等の総称で、強襲歩兵と並んで練度が高い専門家たちである。最後の「使い捨て」歩兵は、訓練らしい訓練を受けておらず、装備もきわめて貧弱で、ドローンや装着させられたデジタル機器の監視、アンフェタミンの投与や督戦隊の威嚇によって自殺的な前進を強制されている。動員された予備役兵や徴兵、ワグネルと正規軍の囚人兵及び懲罰部隊[*42]、ドンバスの分離主義者民兵、そして、人身売買組織に騙されて連れて来られたキューバ人[*43]、等がこのカテゴリを構成する。

　攻撃に際しては、まず二～五名の小さな単位に編組された「使い捨て」歩兵多数が送り出され、持続的な浸透攻撃によってウクライナ軍陣地の弱点と火点の位置を暴露させる。大地を人間が埋め尽くすいわゆる「人海戦術」のイメージとは全く異なる。彼らはまた、後続の特技歩兵のため

2023年6月7日、ザポリージャ州マラ・トクモチカで撃破された、ウクライナ軍第47機械化旅団のレオパルト2A6戦車とM2ブレッドリ歩兵戦闘車（ロシア国防省公開の動画より）。防御線前方の地雷原の啓開を図って、火力と自爆ドローンに撃破されたと見られる。「革命的」テクノロジーを好む戦車無用論者がまず言わないことであるが、昔も今も、戦車にとって最大の脅威は地雷、軍艦にとって最大の脅威は機雷である。西側供与のAFVは間違いなく人員の防護、そして戦闘価値の増加に寄与しているが、ロシア軍が南部戦線に布いたこの「スロヴィキン線」のような周到防御と組み合わされた場合、地雷原は防御側の戦闘効果を大きく増加させる。11月1日付けの『エコノミスト』誌のインタビューで、ザルジニ将軍が先進的な地雷除去手段の供与を切望しているのは、自軍の戦闘価値の底上げを図るよりも、敵軍の地雷原の戦力倍加手段を打ち消す方が費用対効果が優れるからである。

の蛸壺を掘らなければならない。

ウクライナ軍陣地の態勢が解明され、準備が整ったと判断されると、砲兵と戦車、歩兵戦闘車（ＩＦＶ）の火力支援の下で強襲歩兵が攻撃を発起する。砲兵火力は恐らく砲弾の著しい射耗を受けて、最近では一五榴よりも一二迫（一二〇㎜迫撃砲）が多用されている。ウクライナ軍陣地への近迫に伴い、「使い捨て」歩兵の掘った蛸壺陣地に既に推進していた特技歩兵が支援に加わる。強襲の最終段階では、手榴弾による近接戦が行われる。

もし強襲歩兵の攻撃が成功すれば、控置されていた戦列歩兵が前進してただちに築城を行い、陣地を確保してウクライナ軍の反撃に備えるのである。

この戦術は、第一次大戦後期に各国が採用した歩兵浸透戦術、いわゆる突撃歩兵《ストームトルーパー》戦術にきわめてよく類似しているが[*44]、テクノロジーを別とすれば、ロシア人が加えた最大の改正点は「使い捨て」歩兵の概念である。その目的は疑いなく、第三章第二節と第五節で見る、人的資源における優位にもかかわらず、質の高い戦力を造成することができないでいる行政と軍政の構造的な欠陥を補うことにある。

生命を文字通り「使い捨てる」このような戦い方が戦争の地獄、戦争の恐怖の体現であることはもとより論を俟たないが、軍事合理性からは現実にどの程度の実効性を発揮しているのだろうか？　ロシア軍は貴重な精鋭部隊を生き残らせつつ、ウクライナ軍に非対称的な消耗を強いることに成功しているのだろうか？　それとも、死体の山を無意味に増やし続けているだけなのか？

上に述べたように「使い捨て」問題の根幹は戦術そのものではなく、ロシア軍の作戦術、ひいては国家体制の欠陥にあるのだから、この戦争の推移を長期的に考えるために、そのことを知っておくのは重要である。

ゆえに、「使い捨て」歩兵戦術のモデリングを試みてみよう。簡単のためにロシア軍の攻撃戦力を「精鋭」と「使い捨て」の二カテゴリのみに分け、それぞれの戦力倍加手段を求める。「精鋭」戦力については、攻撃の「悪い」デフレータのみが付くので、〇・八。「使い捨て」戦力については、デフレータが攻撃の「悪い」、練度の「とても悪い」、士気の「とても悪い」が付いて、総乗は〇・二九。C^4ISRのデフレータが付かないのは、「使い捨て」歩兵の任務の、いかなる誤解が生じる余地もない単純明解な性格ゆえである。

対するウクライナ軍戦力の戦力倍加手段は、彼らの戦術の優位を鑑みてC^4ISRの「良い」が付いて一・二五。

基本戦闘価値は、ウクライナ軍についてはおおよそ一個旅団の実員に相当する一〇〇で固定する。最終的な戦闘価値は一二五である。

ロシア軍については、四つのシナリオを設定しよう。シナリオ一：基本戦闘力が「精鋭」二五、「使い捨て」二七五。シナリオ二：「精鋭」五〇、「使い捨て」二五〇。シナリオ三：「精鋭」七五、「使い捨て」二二五。シナリオ四：「精鋭」一〇〇、「使い捨て」二〇〇。ちなみに「使い捨て」部隊は重装備を持たないので、基本戦闘力あたりの人員の数は「精鋭」より遥かに大きい。

シナリオ一では、ロシア軍の最終的な戦闘価値は一〇〇。戦闘価値比は〇・八〇。攻撃は失敗し、「使い捨て」戦力は恐らく全滅に近い損耗を被る。

シナリオ二では、ロシア軍の最終的な戦闘価値は一一三。戦闘価値比は〇・九〇。攻撃は失敗する。

シナリオ三では、ロシア軍の最終的な戦闘価値は一二六。戦闘価値比は一・〇〇。攻撃は失敗するが、ウクライナ軍は小さくない損耗を被る可能性がある。

シナリオ四では、ロシア軍の最終的な戦闘価値は一三八。戦闘価値比は一・一〇。攻撃は失敗し、「使い捨て」歩兵は恐らく潰滅するが、わずかな戦果を得られる可能性はある。

シナリオ一の結果は、いわゆる「人海戦術」が無価値であることを改めて教えている。兵士にとって最大の武器は常に、実戦的な訓練と紀律以外にはないのである。

シナリオ二の結果は、「使い捨て」戦術の概念が一般的な諸兵科連合とは大きく異なることを示唆している。「精鋭」戦力と「使い捨て」戦力の機能はいかなる水平的な関係性も持たず、前者が後者を、後者が前者を支援することはない。「使い捨て」の呼び名の通り、むしろ後者は前者の装備品か物資として扱われるのが戦術的には妥当なのである。だからモデリングにおいても、「使い捨て」戦力は戦闘価値ではなく、戦闘効果のインフレータとして扱うのが妥当であるが、戦力からインフレータを算出する根拠の見当も付かないのでここでは行わない。

シナリオ三と四の結果は、「使い捨て」戦術が確かにウクライナ軍に危険な消耗を強制できる可能性を示すが、しかしそれは決してフリーランチではない。一定の戦果を獲得するためには、ロシア軍は少なくとも敵戦力に匹敵する規模の「精鋭」戦力を投入しなければならないのだ。それは言うまでもなく、「精鋭」戦力もまた不愉快な損耗を避けられないということである。

結論。「使い捨て」歩兵戦術はある意味で独創的であり、バフムートを陥落させていることから現実の脅威でもあるが、メディアや情報空間で煽り立てられているほど危険なものではない。また、この戦術はロシア軍の苦境を解決する「銀の弾」ではなく、本質的にはその場しのぎの策でしかない。本来の目的であるはずの、ＶＤＶや海軍歩兵の戦力を温存する役にはさほど立ってはいないであろうし、「使い捨て」部隊を核として拡散してゆく絶望的なまでの士気の阻喪の影響を――第一次大戦末期のロシア帝国軍の崩壊を想起せざるを得ないが――軍当局がどこまで抑制し、隔離できるのかも疑問である。ホワイトハウスが、抗命した兵士の処刑、及び大量処刑の威嚇を公式に非難するなど、一〇月の時点で、悪しき影響はプーチンの権力の外側にいる人々には次第に隠しきれなくなりつつある。[*45]

9 航空優勢

開戦以来、ごく限られた時間と空間だけを例外として、彼我のどちらも航空優勢の獲得に成功していない。直接の理由はごく単純である。高度と縦深とに立体的に統合された防空システムの威力が戦前の予想を超えており、航空戦力はその覆域内に侵入するリスクを冒せないでいるのだ。二〇二三年夏季攻勢の進展に伴い、ウクライナ軍の強襲部隊や機械化部隊の前進に防空部隊が追随できず、防空システムの覆域のところどころに穴が空いたと見るや、ロシア軍のKa－52攻撃ヘリコプターが息を吹き返したが如くやおら活発に行動を始めた事実[*46]はこの推測の裏付けとなるし、また、アメリカからATACMS（陸軍戦術ミサイル・システム）を受領したウクライナ軍が、それを用いた一〇月一七日の最初のスタンドオフ打撃の標的として、Ka－52を出撃させているドンバスの二つの基地を選んだことは、航空優勢の緊要性を如実に示している。[*47]

しかしながら、開戦時に戦術機一一五機以上、攻撃ヘリ約三五機を有するだけであったウクライナ軍の航空戦力が、MANPADSとSHORAD（短距離防空システム）を除いて約一四〇〇基のミサイル発射機を持つロシア軍の防空システムに苦戦するのは理解できるとしても、戦術機約一〇〇六機以上、攻撃ヘリ三九九機以上のVKSが、同じくMANPADSとSHOR

ODを除外したミサイル発射機をせいぜい三五〇基程度しか持っていなかったウクライナ軍の防空システムを制圧することも、無力化することもできないのはどうにも謎めいてる。[*48]

さしあたり、制度とドクトリンに構造的な問題はないように見える。

通常戦におけるロシア軍航空戦力の最優先の任務は、航空優勢の獲得、敵の縦深の打撃である。しかしNATO軍ほど研究も訓練も行われていないが、彼らのドクトリンでも地上軍への直接の援護を目的とする近接航空支援や航空阻止、SEAD（防空制圧）／DEAD（防空撃滅）等の諸任務はそれなりに重視されている。そのような「空飛ぶ砲兵」としての前線航空戦力の指揮統制は諸兵科連合軍または軍管区の司令部が握っているが、各旅団及び大隊戦術群にはパイロット出身のFAC（前線航空統制官）が派遣され、陸空共通の通信システム及び無線周波数を通じて、戦術レヴェルにおいてキル・チェーンを高速で回せるようC^4ISRが設計されている。[*49]

装備品についても、NATO軍のものよりは性能も信頼性もずっと劣っており、しかもまず間違いなくどれも多くのコンポーネントに西側製半導体を使っているので、[*50]経済制裁下での調達が困難となってはいるであろうが、先進的な長距離空対空ミサイル、対放射源ミサイル、空対地ミサイル、滑空誘導爆弾等は一通り揃っている。

してみれば、RUSIのジャスティン・ブロンクが言うように、答えを戦力の質、つまり基本戦闘価値ではなく戦闘効果に求めるのが、もっとも適切であるように考えられる。[*51]

西側諸国の戦術機のパイロットの年間飛行時間は、一八〇から二五〇時間ほどである。パイロットに対する手厚いAI支援システム等の実用化はまだ先の話であるから、彼らは機体の操縦や戦技だけではなく、日々新たに導入され、また仕様が更新されてゆく多くの複雑な兵器や装備品の操作の技量についても、実戦で必要な練度を保ち続けねばならず、特に冷戦後は、予算不足による平均飛行時間の顕著な低下がしばしば問題視されてきた。[*52]

しかし、ロシアの戦術機パイロットの年間平均飛行時間は、八〇から一二〇時間に過ぎない。近年の西側諸国が軍民パイロットの訓練に多用し、ウクライナ人パイロットの訓練にも使われるであろうデジタル・フライトシミュレータもロシアには――プロパガンダ用途の展示品を除けば――ほとんど存在しない。[*53]

ＶＫＳが抱えている戦闘効果の諸問題――パイロットの総じて低劣な練度、機体の整備不良、そして人的資源の慢性的な欠乏と訓練インフラの機能不全は、二〇二二年四月八日にレニングラードで墜落したＭｉＧ－３１要撃戦闘機を端緒に、二〇二三年八月二四日までに少なくとも一九機の戦術固定翼機が戦闘外で失われていること、[*54]二〇二三年四月二〇日にＳｕ－３４戦闘攻撃機がベルゴロドの市街地に兵器（恐らく滑空誘導爆弾）を誤射したこと、[*55]そして極めつけとして早くも二〇二二年五月二二日に、六三歳の退役少将が突然現役に復帰しＳｕ－２５攻撃機で出撃したものの、あえなく撃墜されたことなどから、[*56]明白であるようだ。いったい、現役の若いパイロットたちよりも、引退生活から引っ張り出してきた六三歳の男に攻撃機を任せる方がましだというのなら、一〇〇〇機の機体は何の役に立つのだろうか？

また、地上部隊に漏れなく同行するはずのＦＡＣも、実際には欠員がはなはだ多く、キル・チェーンは満足に機能していないと観測されている。これもまた、ジョージア侵攻の戦訓から既に明らかになっていたにもかかわらず、しかし何らの手当もされなかった構造的欠陥の一つである。[*57]

ＶＫＳはたぶん、第三章第五節で見てゆくような軍政の欠陥を地上軍と共有しているが、パイロットの訓練は地上部隊の人員のそれよりずっと長い時間を要するので、問題はいっそう深刻なはずで、短期間での改善は不可能であろう。唯一即効性のありそうな解決策は、中国空軍から少なくとも数十名、可能ならば百名以上のパイロットを「輸入」することだが、大きく異なる戦域と戦闘空間の環境、中ロのドクトリンやC^4ＩＳＲシステムの不整合といった短所を、ロシアのパイロットと同じく、西側パイロットの練度には及ばないであろう中国人パイロットの「質」の長所が埋められるかは疑問である。

第3章

何が戦いを支配するのか

どこで死ぬことになるかなんてだけの違いが、君にとって何だと言うんだ?

——自分はＨＩＶ陽性者だと申し出た三八歳の男性への、ロシア地方政府の募兵官の応え[*1]

戦略とは、時間と空間を活用する術である。わたしは前者には注意を払うが、後者のことはあまり気にしない。空間は取り戻せるが、時間はそうではない。

——ナポレオン

1 プーチン・ロシアの黙示録の四騎士

第二章で見たように、ウクライナ戦争でのロシアの苦戦の最大の原因をただ一言で表せば、ウクライナを遥かに凌駕するその国家資源を効率的に動員し、そしてそれを最終的に戦域《シアター》及び戦闘《バトル》空間《スペース》における戦闘価値《コンバット・ヴァリュー》及び戦闘効果《コンバット・エフェクティヴネス》として変換する過程に失敗し続けていることである。

二〇二一年における両国の名目国民総生産（GDP）の比は九・一対一（一兆六五〇〇万ドル対一八一〇万ドル）、人口は三・二対一（一億四三二〇万対四三七五万）、軍事費に至っては実に一四・六対一（六二二億ドル対四二億七〇〇〇万ドル）であるのに、準軍事組織と予備役、保管状態の装備品などを除いた、同年の正規軍第一線の地上戦力の比は、人員が二・三対一（三六万対一五万二〇〇〇）、戦車が三・五対一（三四一七輌対九八七輌）、砲迫とロケット砲が二・五対一（四八四三門以上対一九六〇門以上）でしかなく[*2]、スウェーデン国防研究所（FOI）の分析[*3]が以前に指摘していた通り、通常戦で対等か対等に近い敵《ニア・ピア・エネミー》を打倒する能力などそもそも備わってはいなかった。

かろうじて国力の差に見合った数的優勢を有していたのは航空戦力で、戦闘機・攻撃機・爆撃機が八・七対一（一〇〇六機以上対一一五機以上）、攻撃ヘリが一一・四対一（三九九機以上対約三五機）であった。しかしながらこちらも第二章第九節でみたように、ロシア軍は地上戦力よりもなおいっそう悪い程度で、航空戦力の適切な運用ができておらず、結果、数的に劣勢なウクライナ軍に戦力倍加手段《フォース・マルチプライア》の優越を許したばかりか、部分的には戦域における戦闘価値比を逆転させてしまってさえいる。

このような惨状を招いたのは決して単一の要素ではなく、ロシアの政治と社会、そして軍隊の構造内部に階層的に存在する要素の相互作用である。なればこそ、問題は根深くかつ非線形的であり、責任者の交代、作戦の変更、あるいは新兵器の投入などといった銀の弾《シルヴァ・ブレット》による即効的な解決は不可能である。以下では、それらを一つ一つ簡単に取り上げてゆこう。

最大の、そしてもっとも根底にある要素は、プーチンの統治体制自体の機能不全である。第一章第二節で触れたように、プーチンの現体制は全体主義ではない。ユーラシア主義ないし大ロシア主義などと呼ばれる、多民族社会と主権国民国家を否定する強制的同質化のイデオロギーを声高に呼号し、またモッブの同志的結合から生まれた極右準軍事組織ワグネルを戦争の文字通り最前線に押し立てていながら、ハンナ・アレントとホアン・リンスの歴史的な視座からの定義に従うならば、強制的同質化をテロルの形態で（少なくとも自国の）国民に対して現実に実行しようとしておらず、逆にまったく有名無実の存在とは言え、地方自治や連邦制、複数政党による議会制を残しているがゆえに、ロシアの体制の全体主義的傾向は、それがもっとも強烈であるイスラム国（ＩＳ）はもとより、キューバ、北朝鮮、そして中国よりもずっと弱い。

もちろんプーチンにとってイデオロギーは重要な役割を持っているのだが、その目的は、自己を含めた全てを喰らい尽くそうとする全体主義の無限の世界革命ではなく、軍国主義と帝国主義の旗印として、権威主義的体制の正統性を保証することにある。その意味でプーチンの支配は内政外交共に、スターリンのソ連ではなく、ツァーリ時代のロシア帝国に近いのである。

そしてクリミア戦争と第一次大戦に直面したロシア帝国でそうであったように、軍国主義《ミリタリズム》こそがプーチン・ロシアの黙示録における第一の騎士である。ウクライナ戦争開戦後、初等教育へのイデオロギー教育の導入や徹底化の方針がたびたび報道されるようになっているが、[*4]ロシアの軍国主義の構造の本質はそのような付け焼き刃的な策などではなく、ソ連から引き継いだ諸制度にこそある。その筆頭が、ＤＯＳＡＡＦ（地上軍、航空、艦隊支援の社会奉仕協会）である。

ＤＯＳＡＡＦは戦間期のソ連で原型が設立された準軍事スポーツ組織で、加入が国民の義務でないことを除けば、ほぼ同時期に設立されたナチ・ドイツのヒトラー・ユーゲントとよく似ている。要するに、各種野外活動や自動車の運転、スカイダイヴィング、航空機操縦といったスポーツ活動を通して青少年に紀律と軍事的な技能を習得させ、彼らを将来の有望な兵士として訓練すると共に、社会全体の軍事化を促進、維持するのである。召集された新兵のＤＯＳＳＡＦ加入率は、一九八〇年頃には約五〇パーセント、二〇一五年には約四〇パーセントとされる。[*5]

精鋭部隊と見なされている空挺軍（ＶＤＶ）の新兵は、ＤＯＳＳＡＦその他のプログラムでスカイダイヴィングを始めとする豊富な入隊前訓練を受けてきた者ばかりだと言われている。その点では、ヒトラー・ユーゲントを選抜して編成したドイツの第一二ＳＳ装甲師団の血みどろの戦歴と並んで、この種の青少年訓練制度の実効性を表しているかのようにも見えるだろうが、しかしながら二〇二二年冬季攻勢で露呈したロシア軍の予備役兵――そしてそれに先立ちまず間違いなく、同年春季攻勢の失敗を受けて違法に投入されていた徴兵――の劣悪な戦闘効果は、軍国主義の長所よりも短所の方が遥かに強く働いたことが、動員システム全体の中でＤＯＳＳＡＦをほとんど役立たずとしていたことを証明していると言わざるを得ない。

アルフレート・ファークツの一九五九年の著書は、軍事史研究としてはいささか古くなってしまったが、戦争文化の変遷の概観、わけても近代における軍国主義と軍事的合理性とを対立概念とした彼の明瞭な定義は、今日もなお大きな価値を保ち続けている。ファークツによれば、軍事的合理性が戦争の勝利を目的とするのに対して、軍国主義は軍隊そのものの組織防衛を目的としており、国家と国民の資源を戦争にではなく、武力による威圧の下、軍隊の特権的地位の増大に奉仕させようとする。その結果、軍隊は寄生的な特権エリート集団へと堕落し、合理的で科学的な思考はかえって強く敵視されるようになり、近代軍隊の構造的基礎であるところの等質的な紀律は階級や派閥に基づくカーストに取って代わられ、技術の改良やドクトリンの更新はおざなりにされ、伝統的、権威的なドグマへの信仰がはびこるようになるのである。[*6]

共に、周囲を漏れなく敵に囲まれた危機的な例外状態、ないし合囲状態をユニークな体制の維持を強いられる大義名分としていながら、ロシアは軍国主義国家であって、古代のスパルタや共和政中期までのローマ、スターリンのソ連、現在のイスラエル、そして今まさにウクライナとポーランドが変貌しつつあるような軍事国家とは大きく異なっているのである。

もちろん二〇二三年一〇月七日のハマスの奇襲から始まった新たなガザ戦争でイスラエル軍が

露呈させた慢心、思い込み、その他の多くの誤りや不手際が示しているように、軍事国家の体制にも軍国主義的要素は多分に潜んでいるが、戦争に敗北して国家が消滅するというリスクが現実的であればあるほど、後者の相対的な影響力は自ずと抑制されることになる。ソ連＝ロシアが軍事国家から軍国主義国家へと変わった要因の一つは恐らく、第二次大戦後、巨大な戦略核戦力の整備によって、通常戦での敗北のみならず、そもそも通常戦を戦わねばならないリスクが極端な減少を遂げたことに求められるであろう。

民主主義政府によるシヴィリアン・コントロールは、軍隊の軍国主義感染の予防に大きく奏功するものの、しかし軍産複合体として一体化した文民政府と軍隊とが併せて軍国主義に冒されてしまうリスクは避け難く、先述したイスラエル軍も、「世界第一位の軍事強国」アメリカもその例外とはなっていない。[*7] にもかかわらず、アメリカ軍がその害をどうにか抑え込んでいるのは、彼らが他のどの国の軍隊よりもずっと多くの、多様な環境における多様な性格と規模の戦いを行っており、それらの経験が、現実的な軍事合理性の追求を常に必要としているからである。

実際のところ、「世界第二位の軍事強国」というロシアの幻想に一定の説得力を付与し、国連安全保障理事会にかつてソ連が占めていた席を――ソ連の後継国はロシアだけではなかったのだから、今さらながら奇妙な話であるが――何らの反対もなくロシアに自動的に継がせしめたのは、陸海空の通常戦力ではなく、戦略核戦力が放つ恐怖の威光に他ならない。ウクライナの一四・六倍の軍事費を支出しているにもかかわらず、地上戦力の数的優勢が三倍に届かないのは、予算と資源の大部分を優先的に核戦力に回してやらねばならないからである。

現在、北朝鮮は通常戦力の近代化と質の維持を事実上断念し、国家資源の大半を核戦力に投じているが、結果、戦略的に身動きが取れない状態に陥ってしまっている。二〇二一年の北朝鮮のGDPは一六三億三一〇〇万ドルと推定[*8]されているが、これに対して、彼らが近年盛んに打ち上げているミサイルの一発あたりの発射経費は、戦術弾道ミサイルが二〇〇〜三〇〇万ドル、中距離弾道ミサイル（IRBM）が一〇〇〇〜一五〇〇万ドル、大陸間弾道ミサイル（ICBM）が二〇〇〇〜三〇〇〇万ドルと見積もられている。[*9]それに基づくと、例えば、二〇二二年一月の集中的な発射だけで約五〇〇〇万ドル（対GDP〇・四パーセント）、一一月の発射では約一億七〇〇〇万ドル（同一・二パーセント）が海に消えた計算だが、[*10]これほどの犠牲を払っても、韓国やアメリカは軍事的、政治的に譲歩する意思をまったく見せていない。譲歩の理由がないので当然である。認知戦の資材としても、威嚇を単調に反復しているだけなので、世論はじきに馴れてしまう。

これ以上は、体制の確実な自滅をもたらす先制核攻撃を行うか、それとも、アメリカの縦深弾道ミサイル防御（BMD）を統計的に飽和させられるだけの核戦力を整備して戦略的に対等な立場を得るか、いずれかの手段しか北朝鮮には残されていないが、どちらも現実には不可能である。ウクライナ戦争への支援と引き換えに、たとえプーチンが核兵器のテクノロジーあるいは少数の核兵器そのものを北朝鮮に与えるとしても、それは「銀の弾」に過ぎない。抑止力の所要量を超えた核戦力は、戦略的にも戦術的にも柔軟性と軍事合理性を欠いており、経済的には無駄で、しかも言うまでもなく彼ら自身を含めた全世界の誰にとっても危険でしかない。

同様の核戦力と通常戦力とのディレンマは、アメリカとソ連も冷戦後に直面した問題である。

そして本章第四節で見るように、結局は両国共に、ディレンマの解決策として通常戦力の質の改良を図り、ソ連赤軍ではオガルコフ元帥の、アメリカ陸軍ではTRADOCのドクトリン改革が実施されたのであった。現在の西側諸国の大部分が採用しているタイプの軍隊――コンパクトで質が高く、機動力と柔軟性に優れ、そしてそこそこに安価な職業軍は、当時の改革の直系の後裔である。

対してソ連では、オガルコフ改革は――それが、ソ連＝ロシアでは絶対のタブーである、政治と社会の変革に必然的に結びついてしまうがゆえに――軍制の構造的な一新にまで及ぶことはなく、冷戦の終結と共にいったん立ち消えとなった。しかしその後、ソ連の軍事力の後継者となったロシアは、世界金融危機の到来と、そしてジョージア（グルジア）侵攻作戦で軍隊の多くの問題を自覚したことから、再びこのジレンマの解決に取り組まざるを得なくなり、二〇〇八年にいわゆる「ニュー・ルック」軍制改革に着手した。

改革を指導したアナトーリ・セルジュコフ国防相は実業家出身の税務官僚で、軍にとってはまったくのよそ者であったが、彼は中途半端に終わったオガルコフ改革の方針を徹底し、これまでの大規模で鈍重な徴兵軍を、厚い下士官（NCO）団を擁する西側式の職業軍へとダウンサイジングすることを計画の骨子としていた。[*11]

ところが改革計画は、将校団、つまりソ連時代から何一つ変わっていない軍国主義特権カーストの膨大な余剰人員の整理――三五万五〇〇〇から一五万へ削減――を断行しようとした正念場の段階で、軍からの猛烈な抵抗に直面した。最後にはプーチンは将校団の肩を持つことを選び、二〇一二年にセルジュコフが部下（兼愛人）の汚職の容疑を名目に失脚して改革はあっけなく潰えた。[12]

　プーチンはセルジュコフの後任に自身の忠実な「身内」であり、当然ながら体制の擁護者であるセルゲイ・ショイグを据えたが、ショイグにしても軍近代化の必要性は無視できず、セルジュコフ改革の一部をそのまま継承した。しかし、軍国主義と軍事合理性を妥協的に両立させようとした結果、現在のロシア軍はソ連時代の徴兵軍と西側式の職業軍とのハイブリッドないしキメラとして、双方の悪い部分を併せ持つ代物となってしまった。すなわち、物量《マス》にものを言わせるには小さ過ぎ、作戦術と戦術で勝つためには質が低過ぎるのである。

　徴兵の兵役年限は、ソ連時代には一九六七年の一般兵役義務法によってそれまでの三年間から二年間へ短縮されたのが唯一の大きな改定であったが、世界金融危機とニュー・ルック改革を受けて二〇〇七年には一八カ月へ、翌二〇〇八年にはさらに一年間へと切り詰められ、現代の軍隊で任務を適切に遂行するために必須の、複雑な技術や技能を兵士に教育する時間の余裕は急速に減少した。[13]近い将来に徴兵制を廃止するつもりでいたセルジュコフにはこれは問題ではなかったはずだが、彼の突然の失脚は、数はそのままに予算と資源を減らされいっそう質の低下した徴兵軍を、あたかも毒素を絶えず放出している悪性腫瘍の如き負の遺産として、プーチンの体制に残したのであった。

　カーストとセクショナリズム、ドグマ信仰といった、合理性と効率性を排除する軍国主義の病弊が、国防省のあらゆる関係組織に蔓延していることを否定する理由も証拠もない。広大な国土での軍政を管理し、毎年三〇万名以上が召集される新兵に教育訓練を施すために、ロシア軍は地上戦力の五〇パーセントに相当する一五万名もの人員を指揮・後方部隊に割り当てているが、[14]第一章第一節で引用した、荒廃した基地施設の衛星画像を見たマリニオニス大佐の慨嘆が示すように、紙の上の計画通りのまともな訓練が実施されているとはとうてい思えない。

また総動員態勢下のウクライナとは反対に、ロシアが戦闘任務、非戦闘任務のいずれについても女性人口の動員にいっさい関心を向けていないことも、男性至上主義《マチスモ》信仰と結合した軍国主義が、軍事合理性を塗り潰している現れと呼べる。

つまるところ、新兵は必ず訓練されねばならないが、ソ連の盛期とは異なり、もはやロシアが訓練に充てられる予算と資源には厳しい上限が課せられている。ならば、訓練計画をわざわざＤＯＳＳＡＦと軍の複数の部門に分割して担任させねばならない理由が、将校たちにたくさんの結構なポストとつまみ食いできる利権を用意してやるという以外にあるだろうか？　並立する各部門は、財政と管理の責任をそれぞれお互いに押し付け合おうとするばかりで、困難はいつまで経とうが何ひとつ解決されない。これは非線形問題ではなく、ソ連＝ロシアの社会と戦争文化が本来得意としているはずの、線形問題の克服の失敗である。

他方、二〇一八年二月七日に、アメリカのシリア派遣部隊の基地に正面攻撃をかけ数時間内に破砕されたハシャムの戦闘[15]の経緯から分かるように、エフゲニ・プリゴジンのワグネルは現代の通常戦に最適化されているとは言い難いものの、少なくともウクライナ戦争における彼らの戦術行動は、国防省の官僚機構から独立していた彼らが、軍国主義の病に冒されていなかったことを示唆している。だからこそ、ワグネルの正規の将兵は無論、「使い捨て」の速成の囚人兵をも、ちょうどスターリングラード（一九四二）でのソ連軍の如き適切な指揮と戦術、そして不服従と怯懦は例外なく即決で死刑という、ロシアの名目的な法さえも無視するテロルに依拠した厳酷な紀律[16]の下で、第二章第八節で見たように、手元のアセットの運用をともかくも最適化できる新しい戦術に組み込むことができたのであった。

ヒトラー・ユーゲントやＤＯＳＳＡＦに内在する全体主義イデオロギーに共感するのであれば——映画「サウンド・オブ・ミュージック」（一九六五）のクライマックスで、恋人一家の脱出を大声で密告・報告したユーゲント青年は、この種の教育の理想的な産物と呼べる——いざ知らず、純粋に軍事合理性からそれらに魅力を感じている西側の人々は、よくよく考え直すべきだ。どうにかして予算をひねり出し、余り者の将校や下士官をかき集めて中学校や高校で軍事教練を始めるよりも、科学技術と、自国語を含む語学の授業の質を高める方が、軍事力の増強のためには間違いなく全然ましである。

ファークツが指摘したように、軍国主義下の軍隊は、それが自分たちを「台無し」にしてしまったことを本能的に知っているがゆえに、戦争を——ことに通常戦を忌避しようとする。勝利から新たに得られる利益は少ないのに、敗北は確実に自分たちが今享受している特権を損なうからである。[17]軍国主義者とは、逆説的には平和主義者なのだ。だが、三年間だけ空軍将校として数理モデリングに従事していたマクナマラ以上に軍事の知見も経験も持たないプーチンがそんな事実に思いも及ばぬまま、軍国主義ドグマの信仰告白を鵜呑みにして通常戦を始めたのが、ロシア軍の最初の不運であった。

プーチン・ロシアの黙示録の第二の騎士は、権威主義である。

ホアン・リンスは権威主義を、民主主義と全体主義の中間の政体であると定義したが[*18]、その区分の指標となるのは多元性の強弱である。民主主義社会の理念型は個人の人種、文化、言説の無制限の多元性を許容し、逆に、全体主義社会の理念型は強制的同質化によって多元性を根絶し、私的生活の領域までをも破壊し尽くそうと欲する。全体主義体制の下では、個人はまず社会との関係性を、次いで法的人格と道徳的人格を、最後に自己同一性を奪われるのである[*19]。

この両者の間に横たわる権威主義社会は、自ずと幅広い多元性の度合いのスペクトル上で表されることになるが、多元性の強弱とは、政府による公共圏――個人が趣味や家族といった私的領域を超えて、制度的な政治や社会との関係を持つ領域[*20]――への統制と抑圧の強弱と言い換えることができる。政治選挙への出馬や投票を始め、著述や芸術活動、メディア報道やブログ、SNSといったいわゆる世論＝情報空間、そして街頭デモ、ストライキ、NPOへの参加等の社会運動が、公共圏での顕著な活動に挙げられる。

私的な人格の関係に依存していた中世的な政治[*21]が終焉を迎えて以後、どのような歴史上の政体も、それこそもっとも全体主義の理念型に近づいたヒトラーのドイツとスターリンのソ連でさえも、公共圏をまったく無視した支配は不可能となっている。フランス革命の勃発は、「絶対主義」という強面のレッテルに反してあまりにも脆弱であったルイ一六世の政府が、公共圏への理解と一連の対応を酷く誤った――ボーマルシェの「フィガロの結婚」の上演を皮切りに、真珠の首飾り事件への対処、とどめとして全国三部会の浅慮な開催と運営——結果であった。[*22]

公共圏への統制を強めるほどに、政府権力は一元的に強化されてゆく理屈だが、そのためには相応のコストを支払わなければならないディレンマがある。普通紙へのコピーが可能な近代的な複写機が初めて商品化されたのは一九五九年で、それらは西側のありとあらゆるオフィスであっという間に普及し、事務作業の大幅な省力化と高速化をもたらした。しかしソ連においては、反体制文書を最小の痕跡で大量に作成することができ、あるいは機密文書を痕跡なく写し取って国外に持ち出すことのできる機械は安全保障への脅威を見なされ、導入を許されたごく少数の複写機は、さらに内務省の監視下に置かれることとなった。このような措置に費やされたコストと失われた利益は間違いなく、ソ連の社会経済や科学技術をいっそう停滞させ、冷戦の敗北の原因の一つとなったであろう。[*23]

これについてプーチンが選んだ方策は、イデオロギーには必ずしもこだわらず、自らと支配エリート層の権力と利権の拡大を現実的に重視するところの、双務的ないわゆる「社会契約」であった。[*24]つまり、政府は国民に対して、ソ連崩壊直後よりは相対的に良い、一定水準の生活と安全を保証する代わりに、公共圏における国民のあらゆる活動は無力化、無毒化——例えば、名目的な投票や、官製スローガンの連呼といった政治動員へと——され、批判者や逸脱者は見せしめとして——見せしめは、統制のコスト削減の有効な手段である——公的だが恣意的な司法を通じて排除されるのである。[*25]

現在のロシアの公共圏に残っているのは、主としてSNSテレグラム上で活動する、主戦派の極右軍事ブロガーたちのごく小規模の「世論」だけである。バフムート戦以後、その世論における主役を務めていたのはプリゴジンであり、彼は敵対する国防省の軍国主義に対抗する国民的闘士《チャンピオン》を演じていたが、やがて恐らくは国防省との闘争に破れ、プーチンの身内《インナー・サークル》において政治的に追い詰められた彼は、公共圏における半官製の批判者の立場から一足飛びに正真正銘の叛逆者に転じた。政権に対するワグネルの叛乱失敗の後の、二〇二三年八月二三日、クルスクの会戦（一九四三）記念日[*26]のプリゴジンの死が、もし国防省の政敵の仕業ではなく、プーチンの直接の命令による暗殺であるならば、公的な司法を使って排除するには彼はなお危険過ぎた、つまり私的な武力を持ち過ぎていたということになろう。

プーチンの社会契約は、一見したところとても上手く機能しているように思える。エリートたちの「厄介事」から切り離されたロシアの大衆は、公共圏での活動力を全喪失した代わりに、政権への批判者を見かければ気に食わない「裏切者」としてネット上で糾弾し、あるいは密告することから権力と一体化する快感を得ている[*27]。ある分析は、開戦後、ロシアを早々に脱出したグローバリズム指向の人々を除くロシア国民の大半は、もっとも保守的でない若い世代を含め、プーチンの「特別軍事作戦」とウクライナ国家・文化の暴力的な絶滅をこぞって歓迎しているとすら報告している[*28]。

もしも、この異論の少なくない分析が正しいのならば、政治動員や強制的同質化にヒトラーやスターリン、ないしクメール・ルージュや毛沢東ほどのコストをかけてこなかった（こられなかった）プーチンにとっては、望外の喜ばしい成果と呼べるであろう。

戦争を、愛国と奉仕の精神に衝き動かされる真の男の行動だとする政府のプロパガンダとの矛盾にいっさい気づかないまま、「裏切り者は最前線に送って砲弾の餌《キャノン・フォダ》にしろ！」とプリゴジンや軍事ブロガーたちの決まり文句を勇ましく口真似するだけの若者たちが増えることは、プーチンのウクライナ戦略の基盤である政権の安定には寄与するだろうが、しかしながら軍事の、そして統治の合理性にはきわめて有害である。なんとなれば、公共圏の無力化は、前近代的な政治システムへの退行を意味しているからである。公共圏から何らのチェックも受けない支配エリート層は、国家に属する公共財を自分たちの固有の利権と見なし、ほしいままに分捕るようになる。もはや彼らの行動を掣肘するのは、支配者にして裁定者として振る舞うプーチンと、お互いの権力と武力のみとなる。それは近代の黎明期にアダム・スミスが、野蛮、強奪、無秩序といった言葉で批判した中世盛期の貴族や騎士たちの社会経済、ないし『エコノミスト』誌のもっと現代風の喩えを借りるならば、ギャング組織による支配そのものである。*29 はなはだ乱暴な言い方であるが、ワグネルの叛乱も、何かにつけては私戦と謀反を起こしていた封建貴族の政治文化と政治力学を考えれば、さほど意外ではなくなる。

第一章第五節で少し触れたように、ロシアの社会にはあまねく腐敗と汚職が充満しており、もちろん軍隊も例外ではあり得ない。兵舎では軽犯罪が横行し、二〇一四年から二二年にかけて、毎年およそ一〇〇〇名の将兵が窃盗で、およそ一五〇〇名が詐欺で摘発されている。もちろん彼らは、たまたま捕らえられたというだけの不運な、あるいは間抜けな一部の連中なのであって、実際の件数は我々の想像の外にある。戦闘部隊では歩兵用のボディ・アーマーやヘルメットが姿を消し、戦車は燃料と潤滑油を抜かれ、あるいは高価で持ち出しの簡単な電子装置を取り外されている。そして後方では、兵站将校たちが偽造請求書によって送られてきた装備品を着服し、もっと大胆な者は倉庫の装備品や物資をトラックに積み込んで堂々と運び出している。[*30] 南部軍管区で戦車の整備を担任していたある大佐は、二〇二二年一一月から開戦後の四月までに、T－90戦車の交換用エンジン七基を盗み、闇市場で売った容疑で逮捕された。[*31] ウクライナにいるロシア軍の中隊以下の部隊が、アナログ通信で平文を使ったり、住民から掠奪した携帯電話を使ったりしているのは、秘匿性の高い最新のデジタル通信機R－181P1アザートの調達と配分が、製造業者と担任の高級将校が結託した汚職によって大幅に遅延したがためである。[*32]

もっともロシア軍の戦争文化には、他人の私物を盗むのは紛れもない犯罪であるが、国家の公共財を盗む行為はまあ大目に見ようというユニークな慣習法が存在する。[*33] さらに言うまでもなく、憲兵隊や司直の対応が、容疑者の権力や地位に影響されないはずはない。セルジュコフ国防相が自身のではない横領容疑で失脚したのは、彼が政争に負けて権力を失ったからであって、対照的に、二〇一三年まで地上軍司令官だったウラディーミル・チルキン上級大将は、贈収賄の罪でいったんは流刑地送りの有罪判決を公式に下されていながら、友人であるゲラシモフ参謀総長の介入で恙《つつが》無く無罪放免となっている。

シロヴィキとオルガリヒから成る支配エリート層の間でも、とりわけ、プーチンの身内の人々はこの点でも別格である。ペテルブルクの刑務所を出所した強盗犯であったプリゴジンが、一介のレストラン経営者から軍閥の長へと急速に上昇できたのは、プーチンの庇護の下、軍の給食や基地施設の保守や建設に関連する、数十億ドル規模もの莫大な利権をほぼ独占することを許されたからである。だが、そのように軍の縄張りを無作法に荒らし回った結果、かつてのセルジュコフと同じく、プリゴジンはショイグとゲラシモフを筆頭に、多くの軍の高官を必然的に敵に回すことになった。[*34]

やがて、軍情報部――参謀本部情報総局（ＧＲＵ）のバックアップを受けて傭兵部隊ワグネルを立ち上げ、退役特殊部隊将校であるドミトリ・ウトキンを作戦指揮官兼腹心として迎え入れた――これは正しい人事であった――プリゴジンは、今度はアフリカとシリアでプーチンの世界戦略の非公然の尖兵として働きつつ、現地の主に鉱山資源を抑えてさらなる利権を手に入れ、支配エリート層の一員としての勢威を積み上げていった。

プリゴジンが叛乱に決起した後、彼がワグネルの言わば共同オーナー、ビジネス・パートナーであるＧＲＵの第一副総局長、ウラディーミル・アレクセーエフ中将と動画で和やかに話を交えていたのは当然として、二〇二二年一〇月から翌年一月まで「特別軍事作戦」の総司令官を務めた航空宇宙軍司令官、「アルマゲドン将軍」ことセルゲイ・スロヴィキン上級大将と例外的に深い友誼を結んでいたのは、両者がシリアの利権を分け合う仲であったからと言われている。[*35]

また、作戦上の価値をほとんど持たないバフムートの攻略に、プリゴジンがあれほどまで執拗にこだわったのも、この都市を中心とするドンバスの岩塩と石灰岩鉱山の獲得を目的としていた可能性もある。[*36]今のところ何の証拠もないが、もしかすれば、戦勝の後にそれらの利権を彼への恩賞に充てるというプーチンからの口約束があったのかも知れない。しかし、ワグネルが甚大な犠牲を払ってバフムートを事実上陥落させても、期待された戦勝は訪れず、プリゴジンの手元にはただ疲弊した戦力と、軍事ブロガーとその追随者たちの称賛だけが残された。

プーチン体制の政治力学と不正規戦のやり方に精通していたプリゴジンも、冷戦後の世界に生きる他の多くの人々と同様、通常戦については何も知らず、それが彼の命取りになった。通常戦の戦場を舞台に選んで、国防省に政争を挑んだのが最初からの誤りだったのである。ワグネルの作戦と指揮統制は国防省から独立していたが、明らかに兵站はそうではない。道路インフラの貧弱なロシアの兵站の要である鉄道ネットワークは、そのことごとくが国防省の鉄道軍の管掌下に置かれているのだ。これは、ワグネルの全戦力よりも大きな——二〇二一年の人員二万九〇〇〇名、一〇個鉄道旅団——官僚機構である。[*37]

だからプリゴジンがSNS上で長々と不平を漏らし、非難し、ついには罵倒していたように、ショイグとゲラシモフは、ワグネルが通常戦を戦うために絶対に欠かせない弾薬と物資の補給を少しだけ滞らせてやり、加えてその人的資源の供給をも遮断するべく、囚人兵の募兵を合法化させようとするプリゴジンの努力を阻止することで、彼らは座したままこの手強い政敵を自縄自縛の窮地へと追い込み得たのであった。[*38]ワグネルは、恐らくは独自のルートを通じて北朝鮮から弾薬を調達していたようだが、[*39]第一章第六節で論じたように、そんな規模の量ではもちろん焼け石に水にもならない。

誰でもすぐ気づくであろうが、エフゲニ・プリゴジンの生涯と最期は、ナチ・ドイツの突撃隊（SA）幕僚長エルンスト・レームのそれと重なって見える。彼らは、共に自らがモップとして、塹壕で生まれたモッブの準軍事組織を率いて首領の権力固めに多大の貢献をしながら、正規軍と政治的に激しく対立した末に、敗北して死んでいった。[*40]

だが、「第二革命」の実現というイデオロギー運動に邁進したレームとは異なり、プリゴジンは地に足のついた、実利と人的関係の男であった。政争に勝つために、あれほど盛んにSNSと情報空間を活用していたプリゴジンだが、ユーラシア主義であれ大ロシア主義であれ、あるいは――右腕であるウトキンが傾倒していたとされる――ナチズムであれ、何だろうとはっきりとイデオロギーの色彩を帯びた言葉を発したことはない。そのことは先述したように、全体主義体制としてのナチズムと、プーチンの権威主義体制の性格の相違を反映しているのであろう。

だから、彼の華々しい死に様は、不意打ちでヒトラー個人の私兵である親衛隊（ＳＳ）に逮捕され、新体制の異物として機械的に消去されたレームよりも、中世と近代のはざまの時代にいた、あるイングランド貴族の死を想起させざるを得ない。エリザベス一世の晩年の寵臣、そして戦争の英雄であった第二代エセックス伯ロバートは、プリゴジンと同様、古参の「エスタブリッシュメント」との政争で進退を極められ、一六〇一年、「女王のために！」と叫びながら女王の政府への破れかぶれの叛乱を起こし、首都に進軍して国民に決起を呼びかけるが、あえなく鎮圧されたのである。[*41]

さて、蔓延という語を超えて、もはや日常の一部とすらなっているロシア軍隊内の腐敗と汚職は、言うまでもなく、軍の戦闘効果の発揮、わけても兵站に著しい悪影響を及ぼしている。ただし、正規の軍政部門とＤＯＳＳＡＦとの並列のような軍国主義的セクショナリズムによる不要なコストの発生とはまた別に、元来一般に軍隊という組織は、損耗を受けることを前提として、民間の組織に比べて格段に大きな冗長性を持つように設計されている。これは第一章第三節で述べたように、戦場の「霧」「摩擦」を統計的に克服するための方法論でもある。

そのような冗長性がもたらす組織の回復力ゆえに、ロシア軍の腐敗の影響も、平時は無論、不正規戦の環境にあっても、現場レヴェルでどうにか辻褄や帳尻を合わせ――ロシア軍と同じく、軍国主義のドグマを抱えていた旧日本軍のスラングで言うところの「員数合わせ」[42]――たり、あるいは単純に糊塗してしまうことも可能である。しかしながら、後方から最前線まで輸送された膨大な量の物資、弾薬、兵器が、間断なく呑み込まれてゆく正規戦では、決してそうはゆかない。

書類では遺漏なく揃っているはずの弾薬や糧食、燃料や防寒装備、あるいは交換部品が、現実には部隊にまったく届いていないといった情況は、ただちに戦闘空間における戦闘効果を劇的に減殺させ、ひいては、戦域における作戦術の計画と実施にまで破滅的な影響をもたらす。しかも、本章第一〇節で見るように、トップダウン式で特に下級単位での柔軟性を欠くロシア軍の指揮統制ドクトリンは、そのような「科学的に起こるはずのない」、言い換えればレシピに存在しない問題の解決にはまったく適していない。小銃や飲料水すらない兵士たちはしばしば前進や戦闘の命令を拒否しているが[43]、将校は、さながら中世末期や近世初期の欧州を荒廃させた傭兵の群れの如く、現地のウクライナ民間資産を掠奪させる以外には、ほとんど何もできないだろう。そんな規模での員数合わせなどもちろん不可能だし、抗命の咎で兵士らを処罰したところで戦闘効果が改善されるわけではないのである。

2 強さの弱さ

国家の直面する例外状態の克服を大義名分とする独裁、なかんずく経済発展のダイナミックな牽引役を自称するところの、いわゆる「開発独裁」体制を好意的に評価する人々は西側にも少なくないが、[*44]そのような「善意のストロングマン」の神話は、複数の定量的な実証研究によって既に否定されている。例えば、一八五八年から二〇二〇年を対象としたステファニ・リツィオとアーメド・スカリの調査によれば、頻繁にもてはやされるリー・クアンユーのシンガポールや朴正熙の韓国の「奇跡」を含めて、経済の発展に有意に貢献した独裁体制はひとつとして見出されず、対照的に、独裁が経済発展を有意に阻害した事例は多く認められた。[*45]そもそも、中国やカンボジアのような、歴史上一度たりとも民主主義体制を経験したことのない国家の、古い独裁と新しい独裁とを比較することが、いったいどうして民主主義の欠陥を示す証拠となるのだろうか？そんなものは、権威主義国家の認知戦のプロパガンダの資材の一つに過ぎない。

実際のところ、権威主義体制における独裁権力の強さは、逆説的に、体制及び国家の弱さをもたらすものであり、それは戦争という例外状態においてもあからさまに現れる。ここで、プーチン・ロシアの黙示録の第三の騎士として登場するのが、独裁権力の責任回避である。

公共圏からの信任ではなく、神意なり血統なりイデオロギーなり、何かしらの空想上の権威を自らの正統性に据えている権威主義政体の独裁者は、統治や戦争における失敗の責任をかわす術を知っておらねばならない。それに失敗すれば、第一次大戦に敗れたロマノフ朝や、フォークランド戦争（一九八二）に敗れたアルゼンチン軍事政権のように、権威の毀損が政体そのものの崩壊を招きかねないからである。

もっとも簡単な方法は、政体の外部及び内部への責任の転嫁である。外部に対しては、プーチンはウクライナの主権と文化の存在を認めないユーラシア主義ないし大ロシア主義を掲げ、ウクライナ国家を抹殺する戦略にイデオロギー的な正当性を与えておきながら、同時に、ロシアが自衛のために「特別軍事作戦」を起こさざるを得なかったのは、NATOの東方拡大は行わないという保証を西側諸国が破ったからだ、という、どこにも記録が存在しない、架空の約束を開戦《カスス・》事由《ベリ》として主張し続けている。[*46] そして侵攻作戦がうまくゆかず、戦況が苦戦の様を呈してくるようになると、クレムリンとそのプロパガンダ・マシンの論調はいっせいに、「我々はウクライナだけではなく、事実上、NATOの全軍と戦っているのだ」との言い訳を流すようになった。[*47]

一方、プロパガンダの連呼だけでは隠しきれない、より具体的で切迫した問題に対しては、プーチンは無言のまましばらく姿を消して、実際に問題への対処に当たる部下たちに全責任を丸投げするというやり方を好む。ウクライナ軍の二〇二二年秋季攻勢によって、もはやヘルソン市の失陥を避けられなくなった際は、プーチンは戦況について一言も語らず、市とドニプロ西岸からの撤収という、困難かつ不名誉な仕事をスロヴィキンに任せ、そして撤収が成功すると間もなく彼を総司令官職から解任したのである。

プリゴジンとワグネルの叛乱の際には、プーチンはさすがに感情を爆発させた様子で彼らを「叛逆者」と激しく指弾する公式の演説を行ったものの、[48]すぐさま方針を改めて自身は姿を消し、ワグネルへの訴追は全て撤回され、側近と、属国ベラルーシの忠実なアレクサンドル・ルカシェンコ大統領が、プリゴジンとの交渉という形での収束を任されることとなった。まったくの想像だが、ワグネルの戦力がモスクワの守備隊――タマン親衛師団とカンテーミル親衛師団、そして航空戦力――を撃破できる公算がゼロであるのがはっきりした時点で、プーチンは逆に、混乱を無用に増加させる武力鎮圧の必要はないと判断したのかも知れない。

このような責任の丸投げは、プーチンばかりではなく、政体の中でおおよそ権威と権力らしきものを持つ全ての組織と個人にとっても便利なやり方である。先述した軍とＤＯＳＳＡＦとの関係もその一例であるが、「特別軍事作戦」をもっとも損ねているのは兵士の動員業務である。

二〇二二年のロシアの軍事費が六二二億ドルであったのに対して、『フォーブス』誌の二〇二二年一一月の分析によれば、開戦からの九カ月間の戦費はのべ約八二〇億ドル、月平均約九一億ドルに達していたが、九月二一日に予備役三〇万が動員されたことで、彼らの給与と装備のために月ごとの支出は約二七億ドル増加した。[49]

しかしながら、この支出を額面通りに満たすための国防省の資金は明らかに不足しており、予備役兵たちに約束された月約二〇万ルーブル（約二五〇〇ドル）の給与は遅配するか、酷い場合にはまったく支払われていない。[50]ロシアの独立系メディアやＳＮＳへの投稿によれば、基地では酒を飲む以外に訓練らしいことはいっさい行われず、酔っていたのか、暴発させたのか、基地のそばを通りがかった子供が小銃で射殺された事件まで報告されている。部隊では、兵士たちは給与をもらうどころか戦車の修理費や、中隊のトラックの購入費を強制的に負担させられ、そして戦場では、円匙（スコップ）を支給されなかったのでスプーンで塹壕を掘ったなどとも伝えられる。[*51]円匙とスプーンとの土掘りの効率の比は、精密誘導兵器や秘匿化された通信機の有無などと共に、最終的には戦闘効果のデフレータの一つとして累積されてゆくのである。

二〇二三年九月に『フォーブス』誌は分析を更新したが、こちらによると、開戦から一八カ月間の戦費は約一六七三億ドルで、月あたりの平均支出はほとんど変わっていないが、これは軍事費を目減りさせないために実施されたルーブル切り下げのおかげであり、その皺寄せは兵士の給与や戦死者遺族への補償へ行っている。兵士の日あたり平均給与はドル換算で、二〇二二年の約二〇〇ドルから、約一二〇ドルに減った。[*52]

かような情況であるから、国防省は動員業務とその経費に関わる責任を、可能な限り地方政府の官僚機構に押し付けているようだが、戦争研究所（ＩＳＷ）の分析によれば、恐らく地方政府の動員システムは、二〇〇八年に兵役年限が一年間に短縮された時点で既に機能不全に陥っており、以降は年二回の通常の動員のルーチンをこなすのが精一杯で、さらに三〇万名規模の臨時の動員を実施する資源の余裕などはない。結局、官僚たちは警察の力を借りて、兵役を免除されているはずの大学生や公務員、軍務には不適なＨＩＶや肝炎の陽性者までを含む手当たり次第の者を募兵事務所に呼び出しては、訴追と刑務所送りの脅しの文句と共に兵役を言い渡し、何の準備もなしに軍に引き渡すことしか行って――行えていないのである。[*53] ロシアの各地で募兵事務所が放火されたり、召集された人々が逃亡するなどの混乱は、今のところは国民の反戦感情やパルチザンの活動より何より、動員業務そのものの混乱の直接的な帰結であろう。

ウクライナ戦争のずっと前から、国防省は兵役を終えた徴兵に特殊戦闘予備役（ＢＡＲＳ）、つまり定期的な再訓練を受ける即応予備役への志願を推奨し、経費をできるだけかけずに予備戦力を蓄積しようとしてきたが、成功していない。ＢＡＲＳへの志願者は徴兵の一〇パーセントに過ぎない。[*54]

これもまたしごく当然な話で、貧しく、刺激を欠いた生活を送る地方のロシア人青年にとってさえ、軍隊は魅力的な生活の場になるはずがないゆえである。プーチンとＦＳＢを批判して暗殺されたジャーナリスト、アンナ・ポリトコフスカヤの糾弾で有名になった兵営でのいじめ《デドフシチナ》は、旧日本軍や現在の韓国軍での私的制裁の比ではなく、儀式的かつ犯罪的な拷問そのものである。多くの兵士が耐えられずに自殺しているが、それとは別に、ポリトコフスカヤによれば二〇〇五年だけで五〇〇名以上が殺害されている。脚と歯をへし折られ、眼球をえぐられ、ナイフを胸に突き立てられた新兵の死体を送られた故郷の家族が非難の声を上げても、ほとんどの場合は自殺で処理される。[*55] しかし国防省は、デドフシチナによる殺人やレイプの件数を少なく見せかけようとはしているが、そのような事件が日常的に起こっていること自体を否定するつもりはあまりなさそうである。[*56] ロシア軍にとって、デドフシチナは伝統と戦争文化の一部なのだ。

ロシア軍には、兵の二四時間に直接眼を光らせる職業下士官は存在しない。特権カーストに属する将校たちは、部下の兵とは文字通り異なる世界に生きている。多くの将校は兵を愛護するどころか、帝政時代の貴族将校と農奴兵士との関係そのままに、無償の官給奴隷として兵をほしいままに使役している。二〇〇六年に検事総長はこの悪習が事実であると認めた上で、デドフシチナ同様、根絶はとうてい我々の手には余ると無邪気かつ冷酷な声明を出している。[*57]

しかしだからと言って、新兵の皆が皆、憐れむべき善良な民衆というわけでは決してない。プリゴジンが刑務所に出向いて自ら囚人を徴募したことがセンセーショナルに報道されるよりもずっと前から、国防省は犯罪歴――殺人、強盗、麻薬密売その他――のある者の募兵を認めてきた。この方針は数年前にいったん撤回されたが、二〇二二年一一月、プーチンが大統領令で復活させた。[*58]ロシア軍の兵営が、囚人たち自身に管理される環境劣悪な刑務所同然と化しているのはいっこうに不思議ではない。

二〇二三年四月にロシア議会は電子召集令状の導入を承認しているが、恐らく誤って国防省の公式サイト上にリークされた、「動員組織及び機関は、業務上のあらゆる取組を改善せねばならない」と題する五月二五日付けの参謀本部の報告書によれば、六月初頭の時点で三一六〇万名（うち兵役適齢者二九〇万名）を登録した徴兵データベースができあがっている。[*59]だがもちろん、リークを報じた独立系メディア「インサイダー」の記事が言うように、電子召集令状は銀の弾にはならない。それは動員業務をある程度合理化して、徴兵逃れや違法な召集の件数を減らせるであろうが、資金の枯渇、組織の腐敗といった問題はまたしても何も変わりはしない。

遡ること二〇二二年一一月二四日には、ウクライナ軍参謀本部作戦総局のオレクシ・グロモフ准将が、「ウクライナにおける対ＮＡＴＯ戦争の結末」と題するロシア政府及び軍の別の報告書の存在を明らかにしていたが、その中で、ロシア軍はウクライナ軍の質の優位、特に各指揮階梯におけるC⁴Ｉのそれを重大な障碍として認識しており、そのような敵に対して勝利を収めるには五〇〇万名の戦力が必要だと分析している。*60

この文書を、ウクライナ軍の認知戦部門の創作物として片付けてしまうわけにはゆかない。なぜなら第一に、後述するようにその概要はソ連＝ロシア軍の伝統的なドクトリンによく合致しているし、第二に、挙げられる具体的な数こそ異なるが、この報告書に沿った形で、ショイグ国防相自身が大規模な動員と戦力造成の必要性を繰り返し公言しているからである。

まず一二月二一日、プーチンが臨席する国防省内の会議で、ショイグはきわめて注目に値する軍制改革計画を発表した。彼は、占領下に置くウクライナのザポリージャ州及びヘルソン州を含めた全土で、二個軍団、二〇個戦車及び自動車化狙撃兵師団、二個空中強襲師団を新編し、それと共に既存の一二個海軍歩兵旅団を同数の師団に格上げすることを勧告した。この新たな大戦力に人員を充当するべく、ロシア軍の定員は現在の九〇万から一五〇万へ引き上げられねばならず、契約兵（志願兵）の実員は逐次二〇二一年の三八万から六九万五〇〇〇へと増加させられ、並行して、徴兵と予備役兵の兵役年齢も漸進的に拡大される。*61

興味深いことに、この勧告では、一年間に短縮されたままの兵役年限については何も触れられていない。すなわち、質を顧みずひたすら量を増やすことを目標とする計画である。ＩＳＷが指摘する通り、これは旅団を作戦単位とするコンパクトな職業軍を目指したセルジュコフ改革との決別、そして師団を作戦単位とした冷戦時代、ないしスターリン時代の軍制への先祖帰りを示している。この方針は、こちらも後述するように、二〇二二年五月にドネツ河の応急渡河戦が潰滅的な失敗に帰した後、秋までに大隊戦術群の配備が最終的に停止され、開戦時における機動的なドクトリンが事実上の反古と化してしまったことと無関係ではあり得ない。

ショイグはまた私的な会話の中で、ロシアは最大で二五〇〇万名を動員できると誇ったと伝えられるが、[*62]予備役三〇〇万の召集すらスムースに実施できなかった動員システムが、それが一五〇〇万にせよ、五〇〇〇万、あるいは二五〇〇万にせよ、ロシア人がたびたび口にする「大祖国戦争（第二次大戦）以来の規模の動員」に耐えられるかははなはだ疑問である。そしてまた予備役三〇〇万の運命を見れば、たとえ大規模な動員が成功したとしても、新兵を引き受ける軍政と兵站のシステム、及びその他の作戦術が、最低減必要とされる水準の戦闘価値を発揮させるために彼らを適切に養い、管理できないのならばまったく無意味である。ガウガメラ（前三三一）でアレクサンドロス大王の四万七〇〇〇を迎え撃ったアカイメネス朝のダレイオス三世の軍隊は、古代史家によって二〇〇万とも一〇〇万とも記録されているが、実際の数がどうであったにせよ、その大部分は戦意も紀律もない民兵の烏合の衆で、会戦の帰趨には何ひとつ影響を及ぼさなかった。[*63]戦闘価値が事実上ゼロだったということである。

よしんば、しばしば西側で取り沙汰されているように、何らかの援助と引き換えに北朝鮮から、士気も練度も給養も、ロシアの予備役兵よりもさらに酷い状態にあるであろう兵士数万名ないし数十万名を「輸入」したとしても、情況が劇的に改善する見込みはない。

プリゴジンのワグネルが、同様に質の低いはずの囚人兵をバフムート戦に投入して——非常に残忍なやり方であるが——一定以上の成功を収められたのは、彼らがロシア正規軍の戦争文化の軍国主義や、陳腐化し硬直化したドクトリンの呪いから逃れていたからである。今や、正規軍の事実上の公式のドクトリンへと格上げされている「使い捨て」歩兵戦術が、もしワグネルの独創の産物だとすれば、彼らはアウトサイダーとして、軍国主義と戦争科学のドグマと利権にがんじがらめになっていたロシアの戦争文化に風穴を開けたということになり、その功績はバフムートでの戦術的な勝利などよりずっと大きい。

ワグネルは結局アイトサイダーのまま体制に排除されたが、彼らの遺産を手中に収めた正規軍の将校団が、それと共に、長期的なさらなる変革への動機となる何らかの文化的な刺激をも得ているのか否かは、まだ分からない。

もっとも、既に破綻したはずの機動戦ドクトリンが、何らの改正も施されぬままヴフレダルやアウディーイフカでの旅団規模の攻撃でなおも繰り返し用いられ、いたずらに無益な損耗を積み重ねている様は、変革を憎む守旧派の力が将校団内で大きいことを示唆しているように見える。

ゆえに、二〇二二年秋に部分動員された三〇万名の損耗を補充するために、一〇万ないし二〇万規模の予備役のさらなる動員が少なくとも一回実施されるかも知れないし、あるいはまた、政治的リスクを伴うが動員システムに負荷をかけずに済む方法として、徴兵を合法的にウクライナの作戦行動に従事させられるように立法措置が行われるかも知れないが、二〇二三年あるいは二〇二四年内に、ロシア軍が攻勢に使用し得る大戦力を造成させられる見込みはきわめて薄いであろう。

プーチンの責任回避が戦略に及ぼしている悪影響の最たるものは、そもそも戦争の目的が定まっていないことである。プーチンの政治的レトリックは「特別軍事作戦」の目標を明らかに意図的に曖昧にしており、なおかつその曖昧でぼやけた目標でさえ、戦争の推移に従って何の説明もないまま二転三転させられている。

二〇二二年二月二四日の開戦を告げる演説では、プーチンは「ドンバスのロシア系住民の虐殺と弾圧を阻止する」ために、「ウクライナの武装解除と非ナチ化」のために作戦を実施する、と宣言した。[*64] 虐殺やナチズムといったプロパガンダ用語を省いて翻訳すれば、これはウクライナの現政権の打倒と主権（武装権）の剥奪、つまり征服と属国化を意味している。けれども、そもそも開戦の瞬間まで、プーチンのごくわずかな「身内」を除いたモスクワの文民高官と、ウクライナ領内へ行軍していた前線指揮官のほとんどは、「特別軍事作戦」の目標はもちろん、自分たちが隣国との戦争を始めることとすらまったく知らされていなかったのである。

ところが、ウクライナ軍の抗戦でキーウやハルキウへの奇襲が頓挫し、戦いの様態が不正規戦から消耗的な通常戦に変換された後の、四月一二日には、プーチンは「ドンバスの人々を助ける」ことが作戦の「崇高な」使命であると言い、隣国の征服については語らなくなる。[*65] ドンバスへの介入は、マイダン革命以後、二〇一四年からプーチン政権が一貫して実施している軍事行動であり、このレトリックに従えば「特別軍事作戦」は単なるその延長ないし一部に過ぎないことになる。つまりどうやら、この時点では東部ドンバス地方の征服と併合が戦争の目標ということだったらしい。

そして、ウクライナ軍のドローンやパルチザン、特殊部隊の攻撃によって、ロシア本来の国土が脅威に晒されていることが明白となりつつあった二〇二三年五月九日の戦勝記念日の演説では、プーチンはついに「特別軍事作戦」を「戦争」と呼び、ロシアの「平和、自由、安定の未来」を西側世界から守らねばならぬと国民に訴えかけた。[*66] にもかかわらず彼のレトリックには、避け難いウクライナとNATOからの将来の侵略に対して先制をかけるという予防戦争の論理すら存在せず、代わりに、ロシア固有の文明なる想像上の概念の防衛のために、現実世界における隣国への侵略がどうしても必要だったのだという説明がなされた。

ジャーナリストのトマス・フリードマンは『ニューヨーク・タイムズ』紙のコラムで、戦争の「プランA」の失敗を、どうにかして無かったことにしようとする試みこそがプーチンの「プランB」なのだと書いているが、[*67] その種の「プランB」は権力政治においてはむしろプーチンの強みなのである。

第一次大戦の初期、一九一四年一〇月から一一月の第一次イーペル（イープル）の会戦において、ドイツ軍の歩兵は、連合軍がベルギーのランゲマルクに布いた周到防御線に対して正面攻撃を反復したが、甚大な損害を被って撃退された。今日のランゲマルクの戦没者墓地には、この戦闘で倒れた約二万五〇〇〇名のドイツ兵が眠っている。[*68]

誤った作戦術と戦術が多数の兵士を死なせた、大戦初期の典型的な戦例のひとつに過ぎないランゲマルクの戦闘は、しかし、敗北の責任を公共圏で追求されたくないドイツ軍部のみならず、エルンスト・ユンガーやアドルフ・ヒトラーを始めとする、二万五〇〇〇人の戦友の統計的な死が無意味であったことを受け容れられない復員兵ら――後にアゾフ大隊やワグネルを生み出すのと同じ「塹壕の共同体」――の文筆によって、祖国に対する若者たちの献身の究極の姿として美化され、まず軍国主義の、次いで戦間期には全体主義のイデオロギーに組み込まれていった。[*69]オランダ人とベルギー人から募兵されたナチの第二七SS義勇擲弾兵師団の部隊名は、この戦場から取られたものである。[*70]

プーチンの「特別軍事作戦」に関わるレトリックは、このランゲマルク神話そのものである。彼は「特別軍事作戦」遂行の全権力を独占しておきながら、決して責任は負わない。目標を明言せず、無能に導かれた失敗を崇高な自己犠牲にすり替え、今の苦戦を遠い過去の栄光で上書きすることによって、プーチンは勝敗を魔術の如く自在に操作し、その終結をいつまでも無限に引き伸ばすことを可能としているのだ。

けれども、軍の最高司令官としてのそのような態度は、国家の資源を戦争――ことさら通常戦に、合理的に動員する上ではきわめて有害である。戦争は政治の延長である。戦争は、目標を明示する戦略に従って計画され、遂行されねばならない。戦域及び戦闘空間における全ての戦術行動は、戦略目標の達成のために作戦術によって調整されねばならない。戦略目標の欠如ないし曖昧化はこの機能上及び責任上の関係性、すなわちシヴィリアン・コントロールを破壊し、政治から遮断された戦争を、その本質であるところの非線形性と暴力性の無秩序、ひいては思い上がった軍隊の自己目的性が作り出す泥沼へと作り変えてしまうリスクがある。

ローレンス・フリードマンは二〇二二年の刮目すべき新著『指揮』において、朝鮮戦争（一九五〇〜五三）からウクライナ戦争までの多くの現代の事例を取り上げ、シヴィリアン・コントロールの破壊は独裁体制ばかりではなく、民主主義体制下でも容易に起こり得ることを論じている。ただし、民主主義体制における政治と軍事との危機的な乖離ないし不整合は、一九五〇年のマッカーサーや一九五八年のフランスのアルジェリア派遣軍のように、軍隊が政府の戦略を拒絶し、のみならず時には政府の戦略策定への干渉を試みるか、逆に一九七二年のニクソンのように、政府が戦略の完遂のために作戦術や戦術の細部までをも統制しようとする、といった形で現れる。[*71]

ちなみにフリードマンは、指揮官が政府に解任される理由を、一：無能力、二：作戦術ないし戦術にかかわる抗命と不服従、三：戦略の拒絶、の三類型に分けているが、孫子が「九変篇」「地形篇」で「君命に受けざる所有り」と書いているのはうち二に該当する事例であり、三による下からのシヴィリアン・コントロールの破壊を推奨しているわけではない。[*72]

対して権威主義体制の独裁の下では、政治と軍事との境界はもとより存在しておらず、独裁者は現実世界における軍事合理性ではなく、自身の作り出した偉大な物語《ナラティヴ》の一部として戦争を行う。だからこそ彼は決して「敗北」しないのであるが、だがいずれ物語が現実に打倒される時がやって来る。

「かくの如くサダムは湾岸戦争の予想外の休戦を、彼の戦略的強靭さとイラク軍の敢闘精神の現れの証拠へと書き換えたのであった。物語があたかも正しいかのように振る舞うことで、しかしながら彼は幻想を永続化し、まともな判断力を奪い、有能さを処罰して、おのれの最終的な没落を準備していたのである」[*73]

「真実の操作が常態化したことで、プーチンは、自らがその創造に関わった物語に取り込まれてしまった。ウクライナでの苦戦が、自分の地位と権威を揺るがしつつあることを察知した彼は、まず連邦保安庁（ＦＳＢ）へ、自身の権力への足がかりとなった組織へと怒りを向け、広範な粛清を行った」[*74]

一九四二年、スターリングラード攻略作戦についてヒトラーへ諫言することを諦めたドイツ国防軍作戦部長のアルフレート・ヨードル上級大将は、次長のヴァルター・ヴァーリモント中将に、「独裁者の権力の源は彼の自信なのであって、不忠は無用なのだよ」と漏らしたと伝えられるが、[*75]ヨードルは、自分がそのインサイダーとして巧みに生き残ってきたところの独裁体制のメカニズムを、よく理解していたのである。

プーチンがサダム・フセインよりもずっと手強く、ずっと長く持ちこたえられそうに見えるのは、彼が最高司令官あるいは戦略家として有能だからではなく、スターリン時代からロシアに積み上げられてきた想像を絶する膨大な量の兵器と物資、一五榴弾、地雷やその他を、彼がたまたま受け継いでいたというだけのことである。が、その備蓄は膨大ではあるが、無限ではない。

プーチンの曖昧な戦略に対し、「ロシア軍を追い出し、二〇一四年以来奪われてきた領土を回復する。和平交渉はそれからだ」という目標を一貫して掲げているゼレンスキの戦略は明快であり、その実行可能性、また国民の支持を長期的に得られるかの是非は別として、政治と戦争の関係性において誤解や乖離が生じる余地はない。ウクライナ軍の全ての作戦と戦術行動は、その戦略目標達成のために計画、調整されているのである。

　プーチン・ロシアの黙示録の最後の、第四の騎士は、第三の騎士と同じく独裁のメカニズムから生まれた病理――分割統治である。およそ独裁者がもっとも恐れているのは、大衆の蜂起や外国の制裁などではなく、過分な権力を持つに至った部下の誰かが、自分に取って代わろうという野心を抱くことに他ならない。これを予防するための知恵は、権力を分割して複数の部下あるいは組織にそれぞれ与えて、彼らが互いに憎み合い、出し抜き合うのに日々忙しくさせておくことである。

　ロシアがソ連の制度をおおむねそのまま受け継いで、国防省が指揮する正規軍の他に、大統領直属の国家親衛隊（以前の内務省軍。約三四万）、ＦＳＢの国境警備軍（約一六万）、連邦警護庁（ＦＳＯ）の警護軍（四万ないし五万）といった複数の準軍事組織を並立させているのは、まずもってクーデタ予防の策である。[*76]

　そしてこの極端な縦割り軍制は、正規軍だけの手には負えなくなったウクライナ戦争にも持ち込まれており、戦場には参謀本部が動かす地上軍、海軍歩兵、ＶＤＶ以外に、二〇一四年以来の内乱の当事者である自称ドネツィク人民共和国（ＤＰＲ）と自称ルハンシク人民共和国（ＬＰＲ）の二つの分離主義勢力の民兵は無論のこと、国家親衛隊、プリゴジンのワグネル、ラムザン・カディロフのチェチェン人民兵、コサックやその他の地方政府が動員した義勇兵部隊といった、多種多様な組織や軍閥の戦力が投入されている。[*77] 正規軍の公的な長であるショイグまでもが、ワグネルに対抗する自身の傭兵部隊「パトリオート」をドンバスに送り込んでいる有様である。[*78]かつてヴァレンシュタインはフェルディナント皇帝に対して、「よしんば神ご自身であろうと、誰かと指揮権を分有するなぞ御免蒙ります」と言い放ったそうだが、文字通り敵前で繰り広げられていたプリゴジンと国防省との激しい確執が示すように、ロシア軍のこのような状態は当然ながら、指揮の統一という戦争の緊要な原則を、後方から最前線までのいたるところではなはだしく損ねている。[*79]

チェチェン民兵の督戦隊と正規軍の兵士が市街地で撃ち合ったなどと、噂レヴェルの情報がしばしば入ってくるが、それらの真偽以前に、指揮の不統一はあらゆる作戦と戦術行動における調整、組織化、同期、相互支援を至難ないし不可能としている。極端な場合、今すぐ味方にこちらへの誤射を止めさせることすら、容易にできなくなってしまうのである。

ヒトラーはレームらSA幹部を粛清した「長いナイフの夜」（一九三四）により、スターリンは将校団をほぼ根絶やしにした赤軍大粛清（大テロル。一九三七〜三八）[*80]によって、それぞれ軍事力に対する自分たちの支配を盤石たらしめたのみならず、期せずして、指揮権の一元化をも達成することができた。ナチの武装SSは陸軍に強い対抗心を抱いていたが、あからさまな抗命や不服従はむしろ例外であり、第二次大戦を通じてドイツ軍は指揮統制の一元性を維持していた。[*81]

一方、ウクライナでの通常戦に臨んだプーチンの軍隊は、冬戦争（一九三九〜四〇）と独ソ戦緒戦におけるスターリンの軍隊と同様の酷い無能、非力さをさらけ出したが、粛清を行っていなかったプーチンは正規軍に対して困難な改革を要求する代わりに、手っ取り早く軍閥の戦力に頼ることにした。そして、予備役の部分動員で正規軍を増強する試みが失敗したことで、軍閥への依存を不可逆的な段階にまで強めてしまったのである。

軍制が、今となってはかつてのセルジュコフの目標を超えて徹底的に改革されない限り、正規軍の再建はならないが、ここまで見てきたように、実現にはまず軍国主義と独裁という体制の構造そのものにメスが入れられねばならず、それらの上に構築されているプーチンの権力が維持される限り、あり得そうもない。ゆえに、軍閥の割拠状態は当面このままであろう。プリゴジン本人は倒れたが、プーチンの戦争は依然としてワグネル、ないしその代わりを必要とするのだ。フリードマンが言うように、プーチンは、自分で設計した牢獄の囚人なのである。

プーチンの元用心棒で、ショイグと共に彼のもっとも親しい「身内」の一人である国家親衛隊長官ヴィクトル・ゾロトフが二〇二三年六月に明らかにした、国家親衛隊に正規軍並みの野戦重装備を与える計画、あるいはロシア独立系メディアが九月に報じた、国家親衛隊が進めているワグネルの旧囚人兵からの募兵等は、結局改革は行われず、軍事合理性に反する軍国主義と軍閥による戦争がこれからも続いてゆくことをありありと告知している。[*82]

3 概念の戦い

第二章で論じたように、ランチェスタ・モデルやＱＪＭ（定量化決定方法論分析）といった戦闘モデリングは、非線形問題としての戦争を線形問題に近似して、定性的な評価に役立てるための手法である。だから、モデリングがもっともよく現実に近づくのは、比較的小規模で単純な構成の軍隊が、正面から戦力を削り合う陣地戦ないし消耗戦の様態の戦術行動を対象とした場合である。

対して、大規模あるいは複雑な軍事行動を扱う場合に、モデリングが現実からの顕著な乖離を頻繁に見せるようになるのは、それらをもはや線形に近似できなくなってしまうからである。無論、だからと言って、戦闘モデリングは無益な知的遊戯に過ぎないわけではない。モデリングの結果は合理的な解の一つであり続けているので、勝敗を予言する役には立たないが、例えば、戦力の所要量や配備のフレームワークを検討する敲き台にはうってつけなのである。

そこで以下ではまず、ウクライナ戦争の情況を概観するためのそのような手がかりとして、第二章で行ったのとは異なる視座から、改めて彼我の戦力を線形に比較してみよう。

ところで「戦力」とは何か？

ナポレオンは「戦力は、量と速度すなわち士気との乗算から得られる」[83]と書き、クラウゼヴィッツの見解もほぼ同じであるが、[84]クリストファ・ベラミは彼らの定義を当世風にアップデートして、軍事力を構成する三要素のうちの二要素として「物理」と「士気」を挙げている。[85]ナポレオンの時代には、物理的戦力は量つまり人員や馬や砲の数と等しかったが、現代の軍隊では量に加えて、武器システムの火力、交戦距離、防護力、機動力、指揮通信能力、電子戦能力、そしてそれら装備品の機械的信頼性といった多岐にわたる要素の総合となっている。

そこで戦力を、物理と士気という二変数の関数として単純化し、改めて戦略と戦術のそれぞれのレヴェルにおいて比較するならば、戦略レヴェルではロシア軍が優り、戦術レヴェルではウクライナ軍が優っている。

この章の第一節と第二節で見てきたように、戦略レヴェルにおけるロシア軍の動員と戦力造成は、体制の構造的な腐敗と非合理性によって著しく蝕まれているが、しかし彼らが戦域に展開している人員と兵器の量――とりわけ戦術機、戦車、歩兵戦闘車（ＩＦＶ）、防空システム、電子戦、そして長射程スタンドオフ兵器の戦力はなおウクライナ軍を凌駕している。人口およそ三倍、軍事費およそ一五倍という国力の差そのものは覆しようがない。

しかしながら戦術レヴェルでは、少なくともバフムートやヴフレダルといった重要な会戦においては、ロシア軍はウクライナ軍に大きく遅れを取っている。確かにロシア軍は高度に専門化されており、失敗から学ぶことができ、決して侮って良い敵ではないが、後述するように、その戦術的な能力は第二次大戦時と変わらないか、むしろより悪くなっていると考えられる。

戦力のもう一つの変数である士気の低さも、ロシア軍の最大の弱点であり続けている。彼らは戦闘空間でそれを部分的に克服する「使い捨て」歩兵戦術を応急的に開発し、ウクライナ軍を彼らが望まない消耗戦に引きずり込んでいるが、戦果の戦略的な拡大には失敗し続けている。

つまるところ、ロシア軍は戦略的な優位を、戦力の集中と経済の原則を通じて、戦術的な勝利に繋げることができておらず、また逆に、戦術的な戦果を戦略的な目標の達成に寄与させることもできていない。二〇二二年春季攻勢で、キーウとハルキウを狙った北での攻勢がことごとく破砕されたのは、戦略と戦術を仲介するメカニズムが働いていなかったからである。

他方、ウクライナ軍も、戦略と戦術の仲介を必ずしも上手くこなしてはいない。彼らは二〇二二年七月に、GMLRSの投入でドンバスでのロシア軍の攻勢を停止させて以来、作戦の主導をおおむね保持し続けており、二〇二二年秋季攻勢ではめざましい戦略的な戦果を上げることができた。けれども、ロシア軍の縦深を連続的かつ効果的に打撃し、地上戦の様態を陣地戦から機動戦に変換する試みにはまったく成功しておらず、二〇二三年夏季攻勢のテンポは好ましくない減速を強いられている。[*86]

冒頭で述べたように、線形的な戦力の大小は、非線形問題においては変数の一つに過ぎない。戦争、わけても近現代戦においては、動員・造成された戦力を適切に紀律化して運用する技術、及び、戦術的な戦果を戦略的な戦果の獲得のために寄与させる技術が、非線形問題克服の鍵となる。

この技術こそが、フリードリヒ大王が「将軍の知《コネサンス・デュ・ジェネラル》」、ナポレオンとクラウゼヴィッツが「戦略」、ギベールとジョミニが「大戦術《グランド・タクティクス》」と呼び、ベラミが物理、士気と並んで戦力を構成する三番目の要素として挙げている「概念」なのであり、今日では一般に「作戦術《オペレーショナル・アート》」と呼称されているものである。

作戦術をただ一言で説明するならば、戦略目標の達成のために戦術を準備し、調整する術である。

ナポレオンはそれを彼らしく簡潔に「時間と空間を活用する術」だとし、クラウゼヴィッツは「戦争の目標のために戦闘を利用する術」、ジョミニは「戦闘に先立ち、及び戦闘間において戦力を部署する術」だと説明している。さらに孫子が「作戦篇」で論じている「用兵の法」、つまり動員した戦力と物資を遠征において運用する術も、文字通り現代の我々の「作戦」術へそのまま通じている。[*87]

孫子こと孫武は前六世紀の人と伝えられるから、[*88] 戦略と戦術とを結びつける作戦術の概念とその重要性に対する認識が、歴史上の「強い軍隊」にとって決して新奇な代物でないことは明らかである。ビドルの「近代システム」と同様、その起源は孫子やラムセス二世、アレクサンドロス大王の時代、あるいはさらにずっと昔、記録に残らぬ新石器時代の戦争に求められねばならないであろう。

前二〇六年のローマ元老院議場で、カルタゴの本拠地である北アフリカへの侵攻に国家の資源を集中するリスクを危惧していたファビウス・マクシムスら保守派貴族たちに対して、大スキピオが「ハンニバルがわたしと戦いたがっているこの地（イタリア）ではなく、彼の祖国（カルタゴ）での戦いを彼に強いるべきである。カルタゴは、その戦いの勝利の報償として得られるだろう」[89]と応えたのは、カルタゴの戦争の重心《センタ・オヴ・グラヴィティ》がカルタゴ本市ではなくハンニバルの野戦軍そのものであること、そして、ハンニバルに主導を奪われ、彼が入念にしつらえた環境に誘致され不利な会戦を強制されてきたのが、従来のローマ軍の失敗の主因であったこと、をスキピオが深く理解していた現れである。

ゆえにスキピオはハンニバルの野戦軍の無力化を戦略目標とし、シキリア（シチリア）である一年間をかけて有力な戦力を造成し戦備を整えると、ハンニバルを誘致するべく北アフリカに進んだ。残る最大の懸案は、カンナエ（前二一六）での致命傷となった騎兵戦力の劣勢であったが、当時の西地中海世界におけるもっとも優れた騎兵の供給源であったヌミディアの内乱への介入に成功し、彼らと同盟を結ぶことでそれは解消された。かように盤石の準備を整えた上で、スキピオは、カルタゴ本市の救援に駆けつけて来ざるを得なかったハンニバルとザマ（前二〇二）で戦い、破ったのである。[90]

一一八七年のレヴァントの十字軍諸国家《ウトルメール》にとっても、その重心は彼らの野戦軍にあった。砂漠と異文化社会という敵対的な環境下に点在する都市として存立していたこれら諸国家は、有力な陸軍と海軍なくしては速やかな孤立化と各個撃破を免れ得なかったからである。

休戦協定に違反した十字軍諸国家との開戦を決心したサラーフッディーン（サラディン）は、十字軍の大規模な基地であり集結地であるセフォリスから二五キロほど西の、湖畔の都市ティベリアスとその城塞を攻囲した。ティベリアス救援のために、安全なセフォリスの基地を離れて十字軍のほぼ全力が進撃して来ると、時間と空間をあらかじめ計算していたサラーフッディーンは軽部隊による襲撃を反復してその行軍を遅滞させると戦域に散在するわずかな水源への経路を完全に遮断した。

　真夏の乾燥しきったレヴァントで渇きに苦しみ、急速に士気を喪失した十字軍はもはや突破も後退もできず、ヒッティーンの角と呼ばれる双子の死火山に追い詰められ、包囲殲滅された。この勝利の後、サラーフッディーンはわずか数カ月のうちに、イェルサレム始め十字軍諸国家の都市の大部分をたやすく陥れたのである。[*91]

　クリフォード・ロジャーズは、主に百年戦争におけるエドワード三世の戦役の研究を通じて、中世後期における合理的な軍事戦略の存在と実効性とを実証的に再評価しているが、彼によれば一三四六年のクレシー戦役は、エドワードの戦略が劇的な成功を収めた例である。[*92]自らのフランス王位への権利を開戦事由に掲げたエドワードの本当の戦略目標は、ギュイエンヌ公領、すなわちプランタジネット家の大陸領土に対するヴァロワ家の干渉を永久的に排除することにあったから、フランスの重心は国王にしてヴァロワ家の長たるフィリップ六世自身にあった。

　その目標を達成するべく、ノルマンディ北部のラ・ウーグに上陸したエドワードは大規模かつ組織的な掠奪行――いわゆる騎行《シュヴォーシェ》を行い、ノルマンディを横断した後、セーヌ河沿いにパリの近くにまで進んだ。この騎行の直接の目標は、地域の社会経済を焦土化しフィリップの税収と資源を奪うこと、及びフィリップの王としての権威を損ない、統治能力への信頼を失わせることにあった。そうなれば、フィリップはエドワードを撃破するか、少なくとも追い払うために親征を行わざるを得ないであろう。

エドワードは既に一三三九年のカンブレ戦役でこの作戦を試みていたが、フィリップが会戦を拒否したために失敗に終わった。が、イングランド軍の後方連絡線をより脆弱に見せるために、フランスの縦深の深くまで侵入した今回は、うまくいった。フィリップが大軍を召集すると、エドワードはただちにセーヌ河畔の陣地を引き払い、北上した。艦隊から充分な兵站支援を受けることのできる、フランドルの沿岸を目指したのである。そして、祖父エドワード一世以来、対スコットランド戦争で鍛え上げられてきた精強な諸兵科連合軍をもって、鈍重で柔軟性に欠けるフランスの騎士軍をクレシーで迎え、殲滅したのであった。

ただし、国力でイングランドに優るフランスを政治的に屈服させるには、クレシーの勝利だけではまだ足りず、さらに、エドワードの息子である黒太子によるポワティエ（一三五六）の勝利と、フランス王――フィリップの息子のジャン二世――の身体の捕獲とを要したが、ともあれ、エドワード三世の戦略は一貫してよく機能したのである。

ただ一個の戦術行動、すなわち会戦や戦闘や攻囲は、直接にはただ一個の戦場における勝敗を決定するに過ぎない。それら戦術行動によって得られた戦果が、戦略目標の達成に効果的に寄与するように計画し、調整する技術こそが、作戦術である。ザマやヒッティーン、クレシーの如く、ただ一回の会戦が戦争全体の帰趨を左右した戦例では、その一回の会戦をありきたりの会戦ではない、特別な決戦たらしめたのが大スキピオやサラーフッディーン、エドワード三世の作戦術であった。

しかしながらその重要性に相反して、作戦術の概念が前近代の人々にほとんど意識されていなかったのは、そうする実用上の必要がなかったからである。前近代の戦役では、ただ一人の指揮官ないし君主に率いられるただ一個の野戦軍のみが作戦を実施するのが原則であり、そしてほとんどの場合、ただ一回の会戦、つまり決戦によって戦役全体の勝敗が定まっていた。勝者は、決戦の後に軍をどうするべきかをすぐに決めずとも済んだ。そして戦争の規模がさほど大きくないのであれば、戦役での勝利はただちに戦争の終結に結びついたのである。

言い換えれば、作戦の様態が単純だったがゆえに、それを戦術行動と同様の線形問題として近似することが可能であった。作戦の実施には複雑な知的作業やチームワークよりも、むしろ指揮官の経験や洞察力、迅速かつ明晰な判断力、そして勇気といった個人の資質が求められていたのだ。

作戦をめぐる環境が大きく変わってくるのは、十八世紀である。

七年戦争（一七五六～六三）でのフリードリヒ大王は、依然として一つの戦役ごとに一つの野戦軍を配備していたのであるが、彼は、反プロイセン連合を構成する諸国がそれぞれ展開する、複数の野戦軍を同時に相手にせねばならなかった。また、欧州の都市や要地が堅固に要塞化され、国家の戦略縦深が中世とは比較にならぬほど分厚くなったことから、一会戦の決定力が相対的に低下し、また戦争の長期化に伴う野戦軍の損耗の蓄積がこの傾向をさらに加速させていった。

加えて、プロイセンの正規軍の質的優位に対抗する手段として、オーストリア軍は長年にわたるオスマン朝との国境地域での不正規戦《プティ・ゲール》の経験を有する、残忍かつ優秀な軽部隊多数を後方連絡線や兵站基地の襲撃に投入し、会戦とは無関係にプロイセンの戦略縦深と社会経済インフラを持続的に脅かしていた。[93]

これらはあまねく、フリードリヒにとって今や作戦が複雑な非線形問題となったことを意味していた。[94] 彼の才能が偉大である所以は、何らの歴史上の先例も導きの教えも、もちろん参謀本部の助けも持たないまま、彼が従来の線形問題処理の手法を即興的に拡張して、非線形問題の克服にかなりの程度まで成功した事実である。フリードリヒのやり方が最大の成功を収めたのは一七五七年の戦役で、彼は自軍の機動力とC^3Iキル・チェーンの速度の優位を活用した内線作戦によって、まずロスバッハでフランス軍を、ちょうど一カ月後にロイテンでオーストリア軍を、各個撃破したのである。[95]

七年戦争を終わらせ、かろうじてプロイセンを列強として生き残らせたフリードリヒ大王は、生涯で再び大きな戦争をせず、また彼の軍事理論をさらに先に進めることもしなかった。戦争の非線形性という新しい問題に初めて体系的に取り組んだのは、フランスの啓蒙軍事思想家たちであった。

これらの人々は、ロスバッハの惨敗の戦訓を反省し、フランスの軍制を抜本的に改革する方策を見出すと共に、理性の働きによってこれまでの野蛮な戦争の方法を合理化し、ひいては人道化するという——歴史上、幾度となく試みられ、例外なく戦争を逆により破壊的にしてしまったところの——高貴な大目標を掲げていた。[96]

現代の我々から見れば、十八世紀の野戦軍の弱点は明らかである。銃剣付き燧石小銃で武装した歩兵の火力を最大限に発揮させ、同時に敵騎兵の襲撃に対する脆弱性を減殺するために、彼らはできる限り密集した横隊として配備される。結果、軍全体があたかも均質な一つの塊として組織されるようになる。このようなドクトリンは戦力の機動力と柔軟性を著しく損ない、戦力の適宜の集中をきわめて困難としてしまうし、会戦に勝利してもただちに徹底的な追撃を実施できない。これは、会戦の決定力が失われた戦術的な原因でもある。

また、騎兵部隊を長大な歩兵戦列の両翼ないし後方に置かざるを得ないので、諸兵科連合は容易に実施できない。会戦に先立って、すぐ目の前の敵軍に隙を見せることなく、軍を行軍縦隊から戦列へと布陣するのはとんでもなく面倒な作業で、操典に基づく機械的な精確さと膨大な時間とを要する。

初期の軍事啓蒙思想家で、マールバラ及びフリードリヒと並ぶ十八世紀最高の指揮官であったモーリス・ド・サクス元帥が、実用的な戦力の上限は四万六〇〇〇だと――五万でも四万五〇〇〇でもなく、わざわざ端数を出しているのは、工学に敬意を払っていた彼らしい――言っているのは、当時の野戦軍のすこぶるつきの扱いにくさの証左である。[*97]

サクスと、彼に続くフランス軍の啓蒙派将校たち――ピエール・ド・ブールセ、ヴィクトル・フランソワ・ド・ブロイ元帥、[*98]シャルル・ド・ギベールらは、多くの戦訓からこれらの弱点を一つ一つ特定し、実験と議論を繰り返し、時には反動と退歩に見舞われながら、改良を加えていった。

先んじて結論を言えば、彼らによるもっとも重要な改革は三つ、すなわち戦力の分割、機動力の増加、そして指揮統制の分権化、である。これらを最終的に整理し、理論化したのがシャルル・ド・ギベールの息子ジャックであった。[*99] ジャック・ド・ギベールは、まず戦術においては、基本単位である大隊のための戦闘機動隊形として「攻撃縦隊《コロンヌ・ダタック》」[*100]を発明し、大隊の機動や火力の発揮、突撃といった行動が大隊指揮官の判断によって迅速に行えるようにし、またそれによって複数の大隊の行動の調整——火力支援や拘束、迂回、包囲を可能とした。つまり、従来は巨大な一塊として運用されていた歩兵戦列を、自律的な大隊を構成要素として組織化したのである。

作戦においては、ギベールは野戦軍の編制を兵科ごとに常設の旅団に分割し、複数の旅団をアド・ホックに組み合わせることで自律的な諸兵科連合単位である師団を編組するものとした。大隊と同じく、調整された複数の師団の行動は、いわゆる分進合撃の形により、一塊のままの野戦軍よりも兵站の負担をはるかに軽くし、交通の輻輳を廃することで機動力を増加させ、またもちろん、集中と経済の原則に従った合理的な戦力の運用を可能とするのである。

さらにギベールは、将校の号令の下で歩兵隊が機械的に射撃を反復していた従来の統制射法を全廃し、各員が自身の判断で射撃を行う——つまり現代の軍隊と同じ——各個射法に代わらせた。また動的な攻撃縦隊の採用が、戦場の凹凸や水溜りを通って歩兵が行進してゆく要領を、プロイセン式にマイクロマネジメントされた操典ではなく、もっとずっとルーズなやり方で足りるようにしていたので、歩兵の訓練過程は総じて飛躍的に合理化された。言い換えれば、従来より遥かに多くの歩兵を、遥かに短時間で訓練できるようになったのである。

ギベールが参与した旧体制《アンシャン・レジーム》最後の軍制改革計画は、政争とフランス革命勃発の混乱によって中断し、彼自身もほどなくして亡くなった。けれども彼の改革は、国民軍の創設によって急速に膨張した戦力の運用に苦慮していた革命政府により、新しい操典、一七九一年野外令《レグルマン》としてほぼそのまま採用されたのである。

革命戦争（一七九一～一八〇二）におけるフランス軍の勝因を、一般兵役制《リュエヴェ・アン・マス》によって達成された単純な物量の優勢や、あるいは愛国心に衝き動かされる革命兵士の戦闘モティヴェーションに求める説は誤りである。七年戦争のフリードリヒ大王と同じく、フランス革命政府は列強の連合――及びヴァンデの叛乱軍――と複数の戦域で同時に戦っていたので、その野戦軍はジュマップ（一七九二）を例外として、革命戦争のほとんどの会戦で圧倒的な数的優勢を有してなどいなかった。[*101] 徴兵忌避と脱走は一貫して問題であり続けていた。召集された徴兵だけでなく、愛国心ゆえに開戦直後に志願した革命兵士たちさえもが、自由な市民である自分たちの当然の権利として、離隊と称する脱走を頻繁に実行していたのである。[*102]

フランス革命軍を勝利させたのは、つまるところ、ベラミの定義する軍事力の構成要素のうちの「物理」と「士気」ではなく、「概念」の優越のおかげであった。ギベールの軍制改革が野戦軍に与えた、非線形問題を迅速かつ適切に処理する能力が、戦術及び作戦における「近代システム」の実施を容易としたのであり、なおかつ改革は戦略において国家が、一般兵役制下の巨大な人的資源から戦力を合理的に動員、造成することをも可能としたのであった。もし、近代軍隊を誕生させたエポックとして、「軍事革命」という語をあえて推して使おうとするのであれば、ギベールの改革と思想こそがそれである。

ところで、ギベールが一つ予想できなかったのはまさにそのこと、つまり、彼の没後すぐさま革命戦争とナポレオン戦争（一八〇三〜一五）であらわになった、戦争の規模の急拡大であった。ギベールは、モンテスキュー以来の啓蒙思想の基本的な思潮であった国民軍の創設[*103]に賛意を示す一方で、野戦軍の実用上の戦力の上限は五万であると、サクスとほぼ同じ数字を考えていた。

第一執政、次いで皇帝として権力を掌握したナポレオンがまず解決せねばならなかったのが、この戦争の規模の問題であった。革命の終結と欧州の伝統的な外交への復帰はフランスに、広がりきっていた戦線の整理を可能としたが、しかしそれは爾後一つないし二つの戦域へ戦力が集中され、野戦軍の規模が膨張してゆくだろうことを意味していた。彼はギベールの軍制をほぼそのまま受け継いだが、兵科の最大単位であった旅団を師団に、そして臨時の諸兵科連合単位であった師団を常設の軍団へと置き換えるというスケールアップ策を施した。

原則、元帥に指揮され、二万から三万程度の歩兵と騎兵、数十門の砲、独立した後方支援部隊を持つ軍団は、そのそれぞれが小型の野戦軍に他ならなかった。複数の軍団を並行させて、あるいは縦深を持たせて進撃させることで、予測し難い敵の動向やその他の不期の事態――戦場の「霧」「摩擦」――に、時間と空間の余裕をもって対処できた。もしある軍団が敵の全軍と戦わねばならなくなっても、せいぜい数千規模でしかなかった革命戦争の師団とは異なり、軍団は、他の軍団が来援するまで持ち堪え、敵軍を拘束することを期待されていた。[*104]

実際、デーヴィド・チャンドラとオーウェン・コネリの著作は、ナポレオンが誇示した完全無欠の作戦計画なるものは、彼が自ら創作したナポレオン伝説の一部に過ぎず、伝説の下に糊塗された現実世界の皇帝は、まさしくトルストイが見抜いた通り、もっとも成功した戦役においてすら、あまたの誤謬を犯し、驚愕に見舞われていたことを丁寧に例示している。[*105] コネリの著書の表題が示すように、ナポレオンの栄光は非線形の闇の中を手探りで——しかし、どのように動きべきかを心得ている手探りによって、得られたのである。

ところでこの新しい機動戦のドクトリンは、階梯ごとの任務に応じた強弱の差こそあれ、部隊の自律的な行動を前提としていたから、当然ながら、それらの指揮官への権限の分与がなされねばならなかった。十八世紀のほぼ全期間を通じて、明示的かつ上から下への一方通行の垂直的コミュニケーション構造であることを絶対的に求められてきたC^3Ｉに、新たに水平的かつ双方向的なコミュニケーションの要素を組み込むことが必要となったのである。これが、現在の用語で呼ばれるところの訓令戦術《アウフトラクスタクティーク》ないしミッション・コマンド型のC^3Ｉシステムの始まりである。

そのようなC^3Ｉは、部分的には、連隊長や大隊長の権限と独立性が大変に強かったルネサンスや十七世紀のやり方への回帰として捉えることができようが、その当時の権限分与は戦場での戦術行動に限って行われていた。戦域では、野戦軍はやはり一塊となって行動していたのである。ナポレオン戦争時代の権限分与が以前のやり方と決定的に違っていたのは、線形問題に近似できる戦術行動よりも、桁外れに複雑な非線形問題である作戦の実施に当たっても、今や大規模化しかつ戦力を分割されるに至った野戦軍を、それが比較的小規模な一塊であった時代と少なくとも同じ程度で、スムースに組織化し調整せねばならなかったということである。

この困難はもちろん、戦力の戦域への展開や機動といった作戦行動そのもののみならず、編成や兵站、訓練、地図の作成と更新、その他の諸々の戦備についても当てはまる。近代の開幕と同時に出現したこの怪物――規模と複雑さゆえに線形問題に近似できなくなった非線形問題の克服は、もはや、サラーフッディーンやフリードリヒの如く指揮官個人の天才――銀の弾――でどうにかできるものではなく、根本的に新しい方法、すなわち、多岐の分野にわたる膨大な計画力と作業量の組織的かつ持続的な投入が欠かせないのは明白であった。

ナポレオンが幸運だったのは、将軍としての軍歴の最初期に、ルイ・アレクサンドル・ベルティエという稀代の組織者を得たことである。ベルティエ元帥は、自らの半私的、半家産的な組織として参謀本部《グラン・デタ・マジョル・ジェネラル》を作り上げ、大陸軍《グラン・ダルメ》の作戦術の実施を一元的に引受けて、皇帝が次から次へと早口で口述してゆく戦略と作戦計画の理念を整理し、そして戦域で現実のものとしていった[*106]。ワーテルロー戦役（一八一五）でのナポレオンの多くの失敗の原因の半ば以上は、皇帝の気力や才能の衰えではなく、その時彼がベルティエを失っていたことに帰されるのである。

もっとも、他の欧州列強の軍隊に対する大陸軍の質的な優位性は、既にワーテルロー以前、一八〇八年を境として、急速に失われていた。理由の第一は、イベリア半島の「ハイブリッド戦」への逐次的な戦力の投入と損耗に補充が追いつかなくなったこと。

第二は、皮肉にも皇帝自身が訓令戦術の成熟にブレーキをかけていたこと。「啓蒙専制君主」としてのナポレオンの性格はフリードリヒに似て、はなはだしくマイクロマネジメント指向であって、部下の自律性を否定はしないが決して歓迎もしなかった。二六名の元帥のうち、独立した野戦軍指揮官としての能力を有していたのはマッセナ、ダヴー、モルティエ、シュシェらほんの数名に過ぎない。このことは、戦争がいっそう大規模化すると指揮統制のフィードバックが麻痺する弊害をもたらした。[*107]

そして第三は、「今日、我々はお互いをひたすら模倣し続けている。（ナッサウの）マウリッツ公が新たな攻城術を発見した？　我らはすぐにそれに熟達するだろう。クーホルンが改正を加えた？　我らもそうしよう」[*108]と、モンテスキューが軍事技術の拡散について七〇年以上も前に看破していた通り、ギベールが集大成し、ナポレオンがスケールアップした勝利の設計図が敵側にコピーされてしまったことである。[*109]

海軍国であるイギリスが、ギベール＝ナポレオン式の軍制の導入にもっとも強く、もっとも遅くまで——第一次大戦まで——抵抗したのと対照的に、これをきわめて積極的に摂取し、ついにはオリジナルを超えるシステムにまで磨き上げたのが、陸軍国プロイセンであった。

二〇一四年の敗北から立ち直ったウクライナと同じように、ナポレオンに叩きのめされた一八〇六年のイエナとアウエルシュタットでの破滅の後、プロイセンは、クラウゼヴィッツの師であるゲルハルト・フォン・シャルンホルスト、ワーテルロー戦役でブリュッヒャーの参謀長を務めることになるアウグスト・フォン・グナイゼナウという二人の組織者の指導下で、ほぼゼロからの軍の再建に着手した。彼らはギベール＝ナポレオン式の編制と操典、つまり軍団制や攻撃縦隊を採用すると共に、フリードリヒ大王時代の、主計将校を中心とする小さな参謀部を作戦術を管掌する組織へと拡張した。これはナポレオン戦争後、動員の計画と実施までをを含む、プロイセンの全戦力の戦備と作戦を担任する参謀本部へと発展させられる。[110]

プロイセンの参謀本部が優れていたのは、その非人格性、近代的な紀律性であった。ナポレオンの参謀本部は、ベルティエを中心とする人的結合によって組織されていたので、余人には――例えば、ワーテルローで参謀総長を務めたスールト元帥には――容易にアクセスできず、ベルティエという「特別な個人」を欠いた瞬間に機能不全に陥ってしまったのである。

対して、シャルンホルストとグナイゼナウのシステムは、等質的な紀律、すなわち「特別な個人」を必要としない思想によって設計されていた。参謀将校たちは、職業的な専門課程で教育され、官僚的な組織文化の下で服務するのである。第一章第三節で述べたように、戦争の非線形問題を克服しようとするのなら、そのような堅固で等質的な紀律こそが組織の基礎の基礎となるのである。シャルンホルストは一八一三年に戦病死するが、彼のシステムは機能し続けた。

プロイセン参謀本部は、参謀総長ヘルムート・フォン・モルトケ（大モルトケ）の下、ドイツ統一戦争（一八六四～七一）で全盛期を迎えた。ドイツ統一というビスマルクの戦略目標を達成するべく、プロイセン軍は最大の障碍となるオーストリアとフランスの重心――それぞれの野戦軍を、ケーニヒグレーツ（一八六六）、スダン（一八七〇）、メッス（同）で各個に破壊したのである。大モルトケの作戦ドクトリンは、基本的にナポレオンのそれと大きく変わらなかったが、彼は最新のテクノロジー、とりわけ鉄道と電信を活用することで外線の機動力とキル・チェーンの速度の増加を図り、また部隊指揮官への権限分与を訓令戦術としてはっきりと定義した。[111]

このような、「近代的に紀律化されたギベール＝ナポレオン式の作戦術」の隆興は、ほぼ同時期の大西洋の反対側においても観察された。南北戦争（一八六一～六五）緒戦で北軍がまったく振るわなかったのは、政軍の最高指導部が――皆が大規模な通常戦の経験を欠いていたので、無理からぬことであるが――戦争の非線形性を理解していなかったからである。初代の陸軍総司令官ウィンフィールド・スコットの消耗戦略は北部連邦にとって安全であり、恐らくは正しくもあったが、それを適切に実施する作戦術が存在しなかった。ビドルとベラミが言うように、北部連邦の物量と工業力の優位も、海上優勢も、鉄道や電信等の先進テクノロジーも、「裸」でバラバラのままでは威力を発揮できないのだ。

北軍の参謀制度の創設と発展の功績はしばしば、スコットに続いて相次いで陸軍総司令官を務めたジョージ・マクレランとヘンリ・ハレックに帰されているが、正確ではない。マクレランとハレックは共に高い知性の持ち主で、第一級の計画者、組織者であった。彼らはナポレオン戦争を熱心に研究し、詳しかった。しかしながら彼らは、ナポレオンやシャルンホルスト、大モルトケが備えていた思想と展望を持ち合わせていなかったのである。

戦略と戦術とを媒介、結合する手段としての作戦術の役割と価値にもっとも早くから気づき、プロイセン式のプロフェッショナルな参謀本部の設立を企てたのは、エイブラム・リンカンその人である。リンカンはまず一八六一年三月に非公式な大統領諮問機関として戦争会議《ウォー・ボード》を置き、後方支援の責任者たちを集め、陸軍長官エドウィン・スタントンとイーサン・ヒッチコック将軍に監督を委ねたが、ヒッチコックの病気と、そもそも会議の責任と任務が明確に定められていなかったのが災いして、うまく機能しなかった。そこで大統領は一八六二年七月に、陸軍総司令部を常設かつ公式の参謀本部として改編し、ハレックをその長に任命した。[*112]

だが、これもうまくゆかなかった。先述したように、ハレックはベルティエではあったが、決してナポレオンではなかった。リンカンは言わば「シルクハットのナポレオン」として振る舞い、明敏な直感と健全な常識、分析的な知性によって北軍の軍制改革を推し進めてきたのだが、戦争に勝つにはどうしても「軍服のナポレオン」を必要としたのである。

それぞれの州が欧州の大国の領土に匹敵する地積を持つ、北アメリカ大陸の広大な戦域で勝利を収めるには、ただ一回の会戦での勝利ではなく、主導を決して手放さぬまま攻勢のテンポを保ち、敵の戦略縦深を打撃して回復力を根こそぎ奪わねばならぬ。そのことに気づいた新たなナポレオンたち——ユリシーズ・グラントとウィリアム・シャーマンが野戦軍の指揮を執って、北軍はついに情況を一変させた。グラントは言う。「敵を見つけ出し、そちらへ行き、できる限り激しく、できる限り速く打ちのめし、そして動き続けろ」。[*113]動き続ける——これが近代の作戦術の鍵であった。

そしてまた、砲兵出身であるにもかかわらずテクノロジーの革新に懐疑的であったナポレオンとは反対に、特許を持つアマチュア技術者で電信マニアであったリンカンは、リアルタイムで——大統領は、電信機の傍らに据えた簡易ベッドで眠っていた——戦争を指導し、C^3Ｉの紀律化と戦略方針の共有を徹底した。[*114]リンカンのこれらの介入は、もちろん華々しい戦勝を自らの大統領再選に寄与させたいという政治的な目論見もあったのだが、総じては、ヒトラーのようにシヴィリアン・コントロールを破壊するためではなく、ゼレンスキのように、北部連邦にはまだ存在していなかったそれを存在させるために行われたのである。

大統領リンカン、野戦軍司令官やがて総司令官グラント、参謀総長ハレックのトリオは、北部連邦の戦略アセットの運用を最適化した。南軍の崩壊の幕開けとなる一八六三年の戦役でのもっとも重要な戦術行動は、ロバート・リーの局地的な攻勢が阻止されたというに過ぎないゲティスバーグではなく、南軍の戦略縦深への突破口が啓開されたチャタヌーガと、南軍の重心の一つが破壊されたヴィクスバーグである。リーの南軍は、優れた騎兵によってたびたび北軍の戦略縦深を打撃していたが、北軍の混乱を利用して、それら個々の戦術的な戦果を戦略的な戦果へと拡大することができなかった。グラントとシャーマンの作戦術は、野戦軍によってそれを達成したのである。*115

ところが、大モルトケとリンカン、グラントの勝利のすぐ後に、作戦術の恐るべき凋落がやって来た。その原因は、ドイツ軍に限って言えば、B・A・フリードマンが指摘するように、本来は非人格的な、地味な「裏方」であるべき参謀本部が、ドイツ統一の最大の功労者として称賛され、名実と共に軍の代表として「表」の、つまり公共圏における政治権力の一角を占めるようになったことである。*116 ヴィルヘルム時代の軍国主義化に伴い、国家のシヴィリアン・コントロールは衰弱し、ついには参謀本部は閉鎖的で独善的なカルトへと堕落して、シャルンホルストとグナイゼナウ、クラウゼヴィッツの公正で透徹した軍事合理性を捨て去ってしまったのだ。

軍国主義化は、程度の差こそあれドイツ以外の諸国でも見られた傾向であるが、もう一つ、歴史的により大きな原因が存在する。第一章第三節で触れたように、十九世紀末の戦争の異様な大規模化と火力の致死性の増加とに、従来のドクトリンがもう付いてゆけなくなってしまったのである。

十九世紀以前の最大の会戦、ライプツィヒ（一八一三）でさえ野戦軍の規模は四〇万に届かなかったのが、二十世紀の初頭には、鉄道と電信を駆使する総動員システムによって、国家が造成可能な戦力は百万単位で数えられるようになった。ナポレオン戦争や南北戦争の戦場では交戦距離はせいぜい一〇〇mで、しかも小銃や砲の精度はきわめて低かったが、産業革命から生まれた機関銃や後装施条榴弾砲が普及すると、それらの熾烈な火力は密集した縦隊や横隊を薙ぎ倒すばかりか、個々の歩兵が立って歩くことすら危険とせしめた。

トレヴァ・デュピュイは戦例の統計分析から、戦術行動における歩兵部隊の分散性、つまり単位地積あたりの人員の相対的な平均密度を、古代の戦争でのそれを一とする場合、ナポレオン戦争では二〇、南北戦争では二五、第一次大戦では二五〇、第二次大戦では三〇〇〇、一九七〇年代では四〇〇〇、そして一九八〇年代では五〇〇〇になったと計算している。[*117]

確かに、電信で軍や軍団に命令を直接送信し、鉄道でそれら部隊を補給物資と共に前線まで素早く送り届けることはできたが、火力からの防護のために戦力はできる限り隠蔽、遮蔽、ないし分散させておかねばならず、またよしんば戦術的な突破が成功したとしても鉄道と電信のインフラは前進する部隊にただちに追随できなかったので、戦域のC³Iははなはだしく困難となった。そのような環境では騎兵は過去の遺物となり、歩兵と砲兵との諸兵科連合は機能しなくなった。かいつまんで言えば、作戦術は再び、戦争の非線形性を制御できなくなったのである。[*118]

だが、ほとんどの人々はこの切迫した危機を自覚していなかった。彼らは、現代の「軍事における革命（ＲＭＡ）」信奉者たちと同じく、テクノロジーの進歩を作戦術の進歩であると誤認していた。テクノロジーへの過信から、彼らは戦争を科学的に解明し、全ての変数を計算できると考えていたのである。改めて断るまでもなく、これは進歩とは真逆向きの、古代や中世の線形問題の世界への退行である。

マーティン・ファン・クレフェルトは、当時の線形的な方法論を「時刻表戦争《タイムテーブル・ウォー》」と呼んでいるが、彼はそのもっとも極端な例に、ドイツ軍のいわゆるシュリーフェン計画を挙げている。*119一八九一年より参謀総長を務めたアルフレート・フォン・シュリーフェンは、対フランス作戦計画を検討するに際して、カンナエ（前二一六）でハンニバルが用いた戦術を拡大した概念モデルを構築した。つまり、敵の布陣の翼側に戦力を集中し、突破と後背への迂回機動によって全軍を包囲殲滅するのである。

これまでシュリーフェン計画については、主に物理と士気、つまり戦力の量と質、兵站といった要素を参照しての実行可能性が盛んに議論されてきたし、また、シュリーフェンの後任となった、大モルトケの甥のヘルムート・フォン・モルトケ（小モルトケ）が計画に修正を加え、敵の翼に指向されるべき戦力を中途半端に削ったことは今日でも大いに非難を浴びているが、いずれもここでの問題の本質ではない。

繰り返しになるが、近現代戦においては戦術行動と作戦は別物である。戦術行動は条件によっては線形問題に近似できるかも知れないが、作戦はそうではない。ハンニバルがカンナエで成功

線形問題における同期 カンナエの会戦(前216)

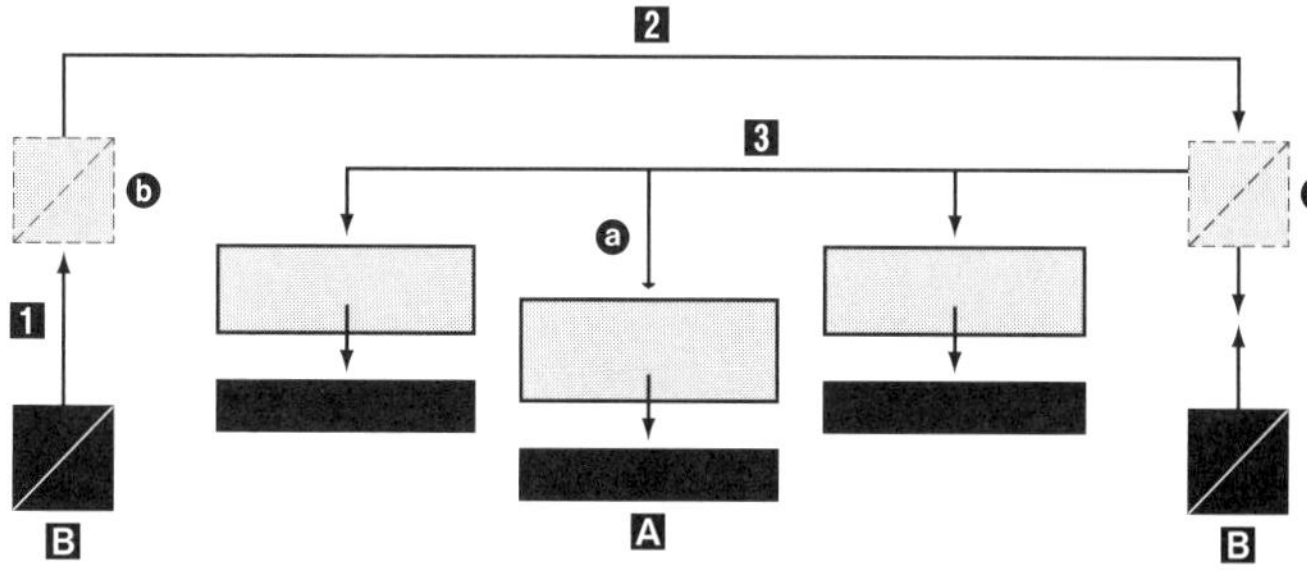

ハンニバルは数的に遥かに優勢なローマ軍歩兵(ⓐ)の正面攻撃をカルタゴ軍歩兵(A)で拘束しつつ、質・量共に優る騎兵(B)によってローマ軍両翼の騎兵(ⓑ)を逐次に潰走せしめ(1、2)、次いで、ローマ軍歩兵の後背を襲撃せしめた(3)。部隊運動の余地がないほど密集していたローマ軍歩兵は何らの対処もできず、包囲殲滅された。戦力を同期させるために処理せねばならない変数は、空間と時間である。カンナエの如き古典的な「鉄床とハンマー」ドクトリンでは、「鉄床」である歩兵戦列(A)は防御に徹していてほとんど動かず、機動(1→2→3)は騎兵(B)のみが行うので、最終的な同期のタイミングを図る責任はもっぱら騎兵指揮官にある。言い換えれば、多変数から成る複雑な非線形問題であるはずの会戦を、単純な線形問題に近似できるので、前近代の未熟なC^3Iテクノロジーによっても達成が比較的容易なのである。

非線形問題における同期 ハスキー作戦(1943)

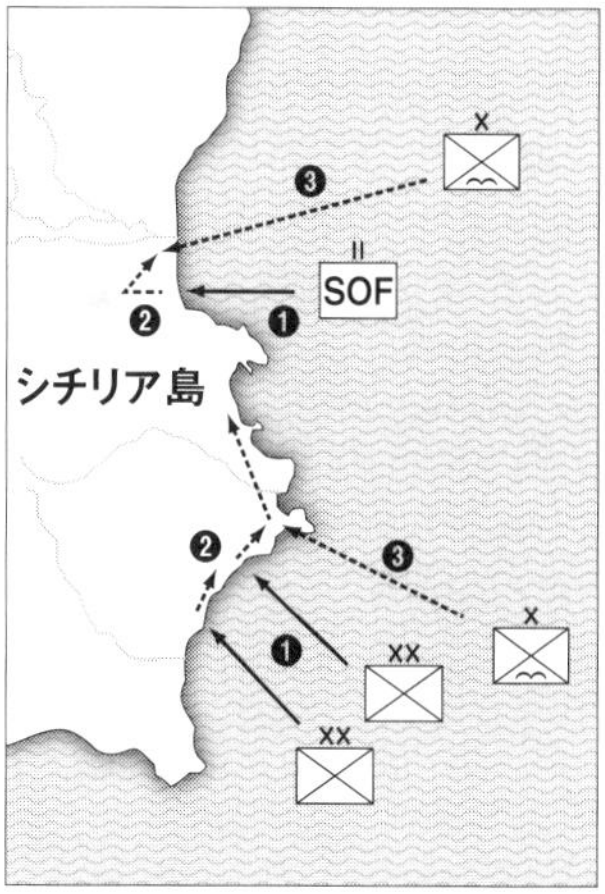

シチリア島南東部の攻略を担任したイギリス第8軍は、歩兵師団の着上陸による正面攻撃に呼応し、特殊部隊と空挺部隊(パラシュート旅団とグライダー旅団各1個)に後方を攻撃させる野心的な「全縦深同時打撃」を企図した。しかし、海軍の両用戦部隊による輸送(❶)、橋頭堡確保後の陸上部隊の進撃(❷)、空挺部隊の降着(❸)の各スケジュールは相互にまったく調整されておらず、結果として援護を欠いた空挺部隊は敵の防空部隊と戦闘機により2個旅団共に大損害を被った。カンナエの例と比べると、処理しなければならない時間と空間の変数は格段に増加し、戦場の「霧」(情報の不完全性)と「摩擦」(発生も結果も予測できない変数とエラー)の影響がカオス化している。非線形問題における同期、つまり紀律化は、線形のそれより遥かに難しい。それを解決する方法論が作戦術であり、それを扱うのが参謀である。

したのは、ローマ軍の歩兵戦列がほとんど機動せず、かつローマ軍騎兵が劣弱であり駆逐が容易であったところから、指揮官が処理せねばならない変数を限定でき、会戦を線形問題として扱えたからである。だから、伝令や旗、楽器といった古代の未熟なC^3Iシステムにしか頼れずとも、ハンニバルは戦力の調整と同期を完璧なテンポとタイミングで行えたのであった。[*120]

戦力と時間、空間の過剰なスケールアップは、変数の相互作用をカオス的に増加させ、そこから無数の「霧」と「摩擦」を生じさせる。[*121] カンナエでは彼我の戦力は併せて一五万以下であり、指揮官は戦場となった開豁地の全景を、人馬の巻き起こす大量の土煙に妨げられつつも恐らくどうにか目視でき、全ての戦術行動はたった一日のうちに終わった。そこで奏功した方法論を、正面三〇〇km以上、彼我の戦力計数百万、所要時間二カ月弱という作戦にそっくりそのまま応用し得るはずがないのである。

戦争のシミュレーション、つまりウォー・ゲーム（兵棋演習）は非線形問題処理の有効な手段として現代でも多用されているが、プロイセン参謀本部は早くからこれを教育と研究に摂取していた。[*122] であるのに、シュリーフェン計画を含めた将来戦計画の策定に当たって、ウォー・ゲームが結果として何の役にも立っていないのは、認知バイアスが観測データと合理性を上書きしていたのであろう。

シュリーフェン計画は、当初案の通りに実施されていればうまくいったかも知れない。パリは陥落したかも知れない。しかしもしそうなっていたとしても、ドイツ軍の作戦術が「クール」だったおかげではなく、トルストイが槍玉に挙げたボロディノ（一八一二）や、グッドウッド作戦（一九四四）、あるいは、ウクライナ戦争でのシヴィエロドネツク＝リシチャンシク戦などと同じく、戦力と火力に優る攻者の力押しの帰結でしかない。

一二の功業に挑んだヘラクレスが、三日間の格闘の末にネメアの獅子を絞め殺せたのは、彼の膂力と勇気が獅子のそれより線形的に大きかったからである。しかし次なる敵、レルネのヒュドラは、同じやり方では退治できなかった。この蛇の怪物はあたかもナポレオンの諸軍団の如く、自律し協調する多数の首を持っていたのだ。ためにヘラクレスは甥のイオラオスを頼る、すなわち自らも戦力を分割して部署することを余儀なくされたのであった。

もちろんヘラクレスの膂力と勇気、つまり「物理」と「士気」は重要である。勝利は勝利だと主張することも許される。だが少なくとも第一次大戦の前半は、各国の軍隊は「物理」と「士気」の線形的な大小にのみこだわり、「概念」を放棄したことで、欧州の、ひいては人類の文明に未曾有の傷を負わせたのである。

4 非線形ヘラクレス

後述するように、彼我の作戦術の能力の制限と致死的な火力のために、ウクライナ戦争は第一次大戦的な「肉挽き器戦争」、消耗的な陣地戦の様態を呈している。ロシア人は「肉挽き器」にかけられるのには馴れている。ロシアの戦争文化では、貴族と農奴の時代よりほどんど変わらず、個々の兵士の生命にはいかなる敬意も払われないので、社会は人的損耗がどのように大きかろうが、それを祖国防衛の避けられぬ代償として無感動に受け容れている。ウクライナ兵がロシア兵を、『指輪物語』の敵役の雑兵にたとえて「オーク」という蔑称で呼ぶ所以である。

しかし、ロシア軍は基本的に消耗戦を好んではいない。「蒸気ローラ」、あるいは「オークの群れ」を解き放ち、難しいことはいっさい考えずに敵を正面から押し潰す、といった類いの巷間でのソ連＝ロシア軍のイメージは、正しくない。理由は簡単で、それをするには戦略的な資源が足りないからである。

プーチンは、三対一に届かない地上戦力の優勢をもってウクライナ戦争を始めたが、これはソ連＝ロシアの通常戦としては、とりたてて不利な条件とは呼べない。

デーヴィド・グランツとジョナサン・ハウスによる第二次大戦東部戦線の分析によれば、

一九四一年六月のバルバロッサ作戦発起時、ソ連赤軍はドイツと枢軸諸国の軍に対して人員で一・一・四四の劣勢にあった。戦力比はタイフーン作戦（モスクワ戦）中の一二月初頭に逆転（一・二五対一）するものの、ソ連軍が二倍の優勢（二・〇四対一）を得るのはスターリングラード戦が終わった一九四三年二月初頭である。以降、一九四三年を通して戦力比はおおよそ二対一で推移し、七〜八月のクルスクの激戦もさしたる影響を及ぼしていない。戦力比がようやく三倍（三・四九対一）を上回るのは、ファレーズの包囲戦で西部戦線のドイツ軍が事実上潰滅した後の一九四四年一〇月初頭である。ちなみに一九四五年五月八日のドイツ降伏の時点における最終的な人員戦力比は四・〇五対一であった。[*123]

ＡＦＶ（以下、この節では戦車と自走砲を指す）と、ソ連軍が「軍神」としてもっとも頼りにした砲兵についても、情況は人員の場合とあまり変わらない。一九四二年七月、青作戦の緒戦におけるソ連軍と枢軸軍とのＡＦＶ戦力比は一・七三対一（二三〇〇対一三二七）、砲兵戦力比は一対一・〇三（二万六五〇〇対二万七〇〇〇）。爾後、スターリングラードに拘束されたドイツ軍は手酷い損耗を被るが、それはソ連軍にしても同じであり、一一月のソ連軍の反攻発起に至っても、戦域のＡＦＶ戦力比は一・七九対一（八九四対五〇〇）でしかなかった。[*124]

さすがに一九四三年ともなれば、人的資源はともかく、両国の工業生産力と補充能力の差は無視できなくなり……と言いたいところであるが、実際には、クルスク戦におけるＡＦＶ戦力比は一・四四対一（三五三三対二四五一）、砲兵戦力比は二・二七対一（八一七〇対三六〇〇）で、人員の一・六七対一を上回っていたわけではない。[*125]

ソ連軍が機械化戦力と火力の揺るぎない優勢を獲得するには、やはり一九四四年を待たねばならず、六月のバグラティオン作戦発起時には、戦域のＡＦＶ戦力比八・二二対一（四〇七〇対四九五）、砲兵戦力比一三・一四対一（三万四〇一六対二五八九）が達成されるのである。[*126]

他方、戦術行動においては、ドイツ軍はソ連軍を大きく上回る質の優位性を一貫して有していた。クリストファ・ローレンスによれば、ドイツ軍が、一・九五〜二・五六倍の数的優勢をもって実施した攻撃のうち九〇パーセントを成功させていたのに対し、ソ連軍は、一・九一〜二・八九倍の優勢をもって行った攻撃の四四パーセントで失敗した。[*127] 同様にデュピュイは、第二次大戦におけるドイツ軍部隊の平均的な戦闘効果は、ソ連軍に二対一、アメリカ及びイギリス軍に一・二対一の優位性を有していたと評価している。[*128] ソ連＝ロシア軍の「蒸気ローラ」の伝統的なイメージとは、実のところ戦争全体ではなくて、このような、どうしても数に頼らざるを得ない戦術レヴェルでの不器用さの反映なのである。

戦略レヴェルと戦術レヴェルにおけるこれらの数字の差は、すなわち、ソ連軍が一九四四年までは、戦略的にはおおよそ二倍の数的優勢しか持たなかったにもかかわらず、個々の会戦や戦闘においては三倍か四倍、あるいはそれ以上の優勢を獲得していなければならなかったことを意味している。そして、ソ連軍がそれをやってのけた事実は、彼らが環境に適応した作戦術を開発しており、戦略レヴェルから戦術レヴェルへの戦力の調整、機動、集中を適切に行っていたからだとしか説明できない。

事実、「作戦術」の用語を発明し、初めて明確な定義を与えたのはソ連軍の将校たちであった。

未曾有の消耗戦、陣地戦が最後にはロマノフ朝の国家を滅ぼしてしまった第一次大戦と、まったく対照的に、主導と重心をめぐる機動戦として戦われ、勝利によって新国家ソ連の権力を安定させたその後の一連の戦争（一九一九〜二二）との双方の戦訓と比較研究は、戦間期の赤軍将校たちに近代戦の概念を反省し、解体し、再構築する機会を与えた。[*129]

本章第三節で見たように、十八世紀の啓蒙の時代は軍事の分野においても、フランスのサクスやブールセ、そして誰よりもギベール、またイギリスのヘンリ・ロイドといった思想家たちを輩出した、史上稀に見る画期であった。ナポレオンやジョミニ、そしてシャルンホルストとクラウゼヴィッツも、彼ら自身を啓蒙思想家とは呼び難いが、その流れの中に立っている。

戦間期のソ連もまた、啓蒙時代に劣らない軍事思想家たちを生み出した。旧体制《アンシャン・レジーム》の破綻からフランス大革命を迎えようとしていた啓蒙時代と同じく、一〇月革命から誕生して間もないソ連においても、社会経済と政治の地滑り的な大変動が、「新しい思想」を要求し、受容する環境を用意していたのである。

作戦術の父は、旧ロシア帝国軍の少将で、赤軍では参謀総長を務めたアレクサンドル・A・スヴェーチンである。スヴェーチンは戦史研究に立脚し、ザマやヒッティーンのようなただ一回の決戦によって戦略目標を達成することは、近代戦においてはもはや不可能になったという前提を出発点とした。彼は新たに、複数の戦術行動を「単なる資材」として、それらから一元的に形成されるべき軍事行動として「作戦」を定義した。「作戦」は、時間及び空間に区分された戦域で連続的に実施される。そして「作戦」を成功に導く技術、つまり共通の目標を達成するべくそれ

戦間期ソ連の軍事思想家たち。左からアレクサンドル・A・スヴェーチン（1878〜1938）、ニコライ・E・ヴァルフォロメエフ（1890〜1939）、ウラディーミル・K・トリアンダフィロフ（1894〜1931）、ミハイル・N・トゥハチェフスキ（1893〜1837）、ゲオルギ・S・イッセルソン（1898〜1976）。近代化とテクノロジーの発達が、戦争にもたらす意味を正しく見抜いた彼らによって定式化された「作戦術」と「縦深会戦」は、今日まで、「強い軍隊」の勝利のための教科書であり続けている。飛行機事故死したトリアンダフィロフと、シベリア流刑となったイッセルソン以外の3人は、スターリンの赤軍大粛清（大テロル）で非業の最期を遂げた。

ら戦術行動を計画し、準備し、維持し、調整する技術が「作戦術」である。[130] 彼によれば、それは「戦争のカオス」、つまり非線形性のただ中に、目標まで通じる中断なき道を通じせしめる方法なのである。[131]

既にフリードリヒ、ナポレオン、クラウゼヴィッツが例外的な情況としてではあるが気づき、[132] グラントとシャーマンに至ってははっきりと理解していた、戦略的戦果を得るには連続的かつハイテンポな戦術行動によって畳み掛けることが不可欠であるという認識は、スヴェーチンの他、ニコライ・E・ヴァルフォロメエフ、ウラディーミル・K・トリアンダフィロフ、ミハイル・N・トゥハチェフスキ、そしてゲオルギ・S・イッセルソンら、創設期赤軍のもっとも傑出した将校たちの共有するところであった。

トゥハチェフスキら若い世代の将校たちは、作戦術をもっぱらグラント、シャーマン式の機動的かつ攻勢的な軍事理論を確立、発展させるフレームワークとして磨き上げていった。榴弾砲や戦車、航空機といった第一次大戦の新テクノロジーを積極的に摂取した彼らの知的活動から、やがて結実するのが縦深会戦《ディープ・バトル》ないし縦深作戦《ディープ・オペレーション》ドクトリンである。*133

野戦軍の指揮官の目から「現場」を見ていたトゥハチェフスキらに対して、「赤いクラウゼヴィッツ」スヴェーチンはもっと戦略寄り、制度的に考えていた。彼は作戦の様態にはこだわらず、攻勢と守勢、機動戦と陣地戦、あるいは殲滅戦と消耗戦のどれか一つにドクマ的に依存するのではなく、戦略的な情況に応じてそれらを適宜に切り替え、使い分けるのが良いとした。*134 その一方で、彼は作戦を単なる戦力運用の手段には留めてはおかず、それを「作戦計画の策定、兵站の準備、攻撃発起位置への部隊の配備、防御施設の築城、行軍、そして敵戦力の一部を包囲あるいは殲滅し、他に後退を強いるための（複数の）会戦」から成ると定義した。つまり作戦を構成する諸要素のうち会戦＝戦術行動と、それ以外の部分とをはっきり分けたのである。

トリアンダフィロフは一九三一年に飛行機事故で死んだが、スヴェーチン、ヴァルフォロメエフ、トゥハチェフスキはスターリンの大粛清で非業の最期を遂げ、イッセルソンは死一等を減じられ流刑となった。気をつけて政治から距離を置いていたはずの彼らの作戦術と縦深会戦は危険思想のレッテルを貼られて葬られてしまい、そのことは赤軍の中枢の文字通りの消滅と相まって、第二次大戦緒戦におけるソ連軍惨敗の主因となる。

一方、第二次大戦におけるドイツ軍は、やはり第一次大戦の戦訓から、戦車と航空機、無線通信を組み合わせた、縦深会戦によく似た――ナチ政権成立前のドイツ軍は、疎外国家《パーリア》間の協力事業として、ソ連軍との密接な協同訓練を行っていた――機動戦と殲滅戦によってポーランドとフランスを崩壊させ、ソ連をも追い詰めたが、しかしながら彼らのこのいわゆる「電撃戦《ブリッツクリーク》」は決して戦術を超えるスケールの、すなわち作戦のためのドクトリンとして体系化されることはなく、最後には、非線形性によりよく適応していたソ連軍の戦略と作戦術に敗れたのであった。[135]

　そして西側連合軍は、ジョン・エリスが一九九〇年の著書で実証的に論じ、また最近では二〇一六年にレイナ・ペニントンが今日のロシア軍を評価[136]する上で改めて指摘していたように、ソ連軍よりも「質の良い」作戦術を駆使していたわけでは決してない。事実はむしろその逆で、連合軍は最初から「裸」の物量の優勢と先進テクノロジーとに恵まれ、依存していたのである。エリスによれば、ノルマンディ戦役（一九四四）に投入された連合軍とドイツ軍とのＡＦＶの戦力比は四・五六対一（七六七六輛対一六八四輛）であった。[137]

　バルジの会戦（一九四四～四五）を数理分析したデュピュイと彼のチームによれば、一二月一六日、連合軍はＡＦＶ戦力一対一・二四（九八二輛対一二一四輛）の劣勢でドイツ軍の大攻勢を迎えたが、戦力比はパットンの第三軍が来援した一二月二四日には三・二三対一（三三二九輛対一〇三一輛）と逆転し、ドイツ軍の後退と連合軍の反撃で突出部《ザ・バルジ》がほぼ消滅した一月一六日には六・八九対一（四三四〇輛対六三〇輛）となっていた。[138]

　ノルマンディやバルジで連合軍が享受した巨大な戦力比は、ランチェスタ・モデルが教える通り、ドイツ軍の戦術、奇襲効果、あるいは「超兵器」ティーガー戦車などによって覆せる数字ではなかった。結局のところ、西側連合軍はこのように一貫して戦略レヴェルでの数的優勢を保っており、また戦術の巧みさについてもドイツ軍に大きく劣ってはいなかったので、ソ連軍とは異なり作戦術の価値をことさらに意識する必要はなかったのである。グッドウッド作戦やマーケット・ガーデン作戦（一九四四）、ヒュルトケンの森（一九四四〜四五）で見られた無様な線形の正面攻撃は、西側連合軍にとってはとりたてて例外的な失敗と言うわけではなかったのだ。

バーナード・モンゴメリは戦後の回想録の中で、自らのマーケット・ガーデン作戦の構想は「（一九一四年の連合軍よりも）弱体化し、混乱している敵に対する、逆向きの」シュリーフェン計画だったのだと述べた上で、その失敗原因を、もっぱら戦力と物資の不足に帰している。[*139] かつて第二次エル・アラメイン（一九四二）で、エルヴィン・ロンメルが布いた堅固な周到防御を、戦力の優勢にのみ頼らず、欺騙、諸兵科連合、火力と機動、予備、そして情況の客観的な認識に基づく計画の柔軟な更新を駆使して突破したモンゴメリの非線形的な作戦術は、Ｄデイ後、大軍を指揮するようになった彼からは失われてしまっていたのである。[*140]

旧西側連合軍、とりわけアメリカ軍が作戦術の価値を再発見したのは、大戦から一世代を経た一九七〇年代半ばである。一九五〇年代から六〇年代にかけてのアメリカ軍の地上戦に関する方針は、戦術核兵器の先制かつ大量の使用によってワルシャワ条約機構軍の侵攻を破砕するというものであったが、米ソの核軍拡が、キューバ危機（一九六二）であらわとなった、最終戦争《アルマゲドン》へのエスカレーションのリスクを増大させたことで、このドクトリンの現実性は次第に萎んでいった。[*141] ゆえにＮＡＴＯは、核を使わぬ通常戦で欧州を防衛する必要に迫られたが、ワルシャワ条約機構軍に対する戦力の数的劣勢――兵員三対二、戦車三対一、砲兵二対一、装甲兵員輸送車（ＡＰＣ）三対二、戦術機二対一、ヘリコプター一対三、予備戦力二対一[*142]――は、かつてノルマンディやバルジで奏効した線形の力押しが、今度は通用しないだろうことを予告していた。

しかるに、まさにこの時期にアメリカ軍は、ヴェトナム戦争（一九六一～七五）の失敗と敗北、第四次中東戦争（一九七三）の戦訓、そしてシャルンホルストや「電撃戦」の遺産を継ぐドイツ連邦軍（西ドイツ軍）との協同訓練の経験等から、レルネのヒュドラに対峙して面食らったヘラクレスと同じく、現代戦の作戦の真髄が非線形的な思考にあることを、やっと理解しようとしていた。

そこで彼らは一九七二年に、ドクトリンを研究開発する専門機関として訓練ドクトリン・コマンド（TRADOC）を設置した。TRADOCはまず初代司令官ウィリアム・デュピュイ将軍の下で、数理解析を初めて活用した能動防御《アクティヴ・ディフェンス》ドクトリンを一九七六年に策定したが、これは半ば応急的な措置の産物であり、従来の、戦術行動に主眼を置いた線形的な思考を超克したものとは呼べず、実際にウォー・ゲームではかばかしい結果を出せなかった。

ゆえに、デュピュイの後任ドン・スターリ将軍の下では、TRADOCはランチェスタ・モデリングを用いた国防科学会議（DSB）の将来戦研究[*143]を正式に摂取したのみならず、技術的な適応と進化の必要に迫られた多くの先人たちと同じく、モンテスキューの警句に従って手っ取り早く、当の手強い仮想敵――作戦術の先進国たるソ連赤軍のアイディアをコピーすることにしたのである。

第二次大戦後のソ連軍のドクトリンも、当初は、アメリカ軍と同じく核兵器を最重視していたのであるが、一九七〇年代に入ると、これもまたアメリカ軍と同じ理由――全面核戦争へのエスカレーション回避のために通常戦態勢へのシフトが図られ、ニコライ・オガルコフ元帥の指導下で地上軍の、セルゲイ・ゴルシコフ元帥の下で海軍の、それぞれ大掛かりな改革が推進されつつあった。[144]その目標のために、地上軍では、ナチ・ドイツの打倒で用済みとなり、長らく打ち捨てられていた縦深会戦ドクトリンのリファインが行われた。スターリのTRADOCは、ソ連軍の作戦術の概念と共に縦深会戦ドクトリンをも借用し、後者をさらにアメリカ式にリファインして、空地戦《エアランド・バトル》ドクトリンとして一九八二年に採用したのであった。[145]GMLRSが空地戦の産物であるように、イスカンデル弾道ミサイルはそれに対応するオガルコフ改革の産物なのである。[146]

以上のような歴史を辿って、スヴェーチンの作戦術の定義は近代戦の原則として、今日の世界では広く受容されている。例えば、アメリカ軍の『国防総省軍事及び関連用語事典』最新版（二〇二一年一一月）には、次のように書いてある。

作戦 一．共通の目標、あるいは統一されたテーマを持つ戦術行動の連続。二．軍事行動のこと。あるいは戦略、作戦、戦術、軍務、訓練、軍政の諸任務を遂行すること。

作戦術 目標、手段、方法の統合を通じて戦力を組織し部署するために、戦略、戦役、作戦を策定する、指揮官と参謀による認知的アプローチで、彼らの技能、知識、経験、創造性、決心に支えられる。[147]

ただし、ここで一つ充分に気をつけねばならないのが、「作戦レヴェル《オペレーショナル》」という語の扱いであ

戦争の三階層論

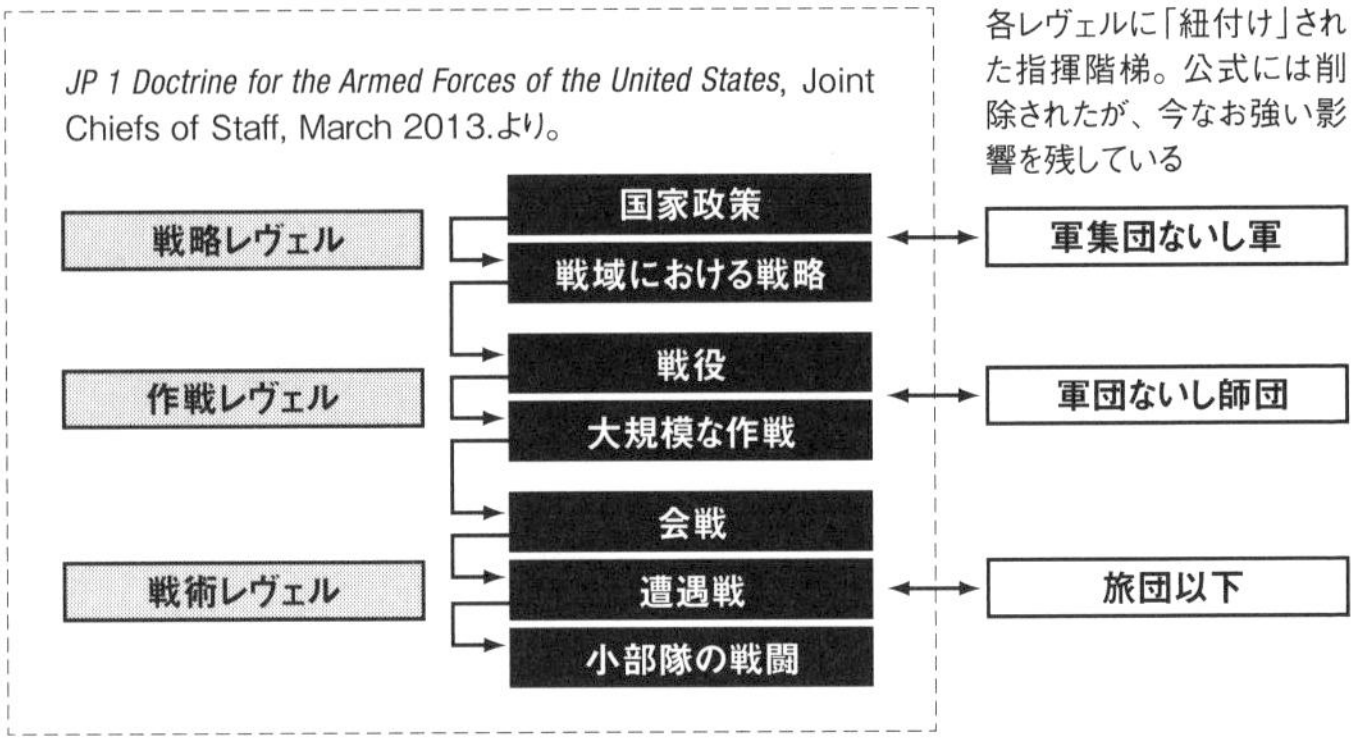

JP 1 Doctrine for the Armed Forces of the United States, Joint Chiefs of Staff, March 2013.より。

戦争ないし戦略は、本質的に非線形問題である。つまり相互作用する多数の変数があり、情報が不完全で、かつ偶然が作用するので、原因から結果を一対一で容易に予測できないのである。対して、戦闘と勝敗とが一対一で対応する戦術は、線形問題として近似することが可能である。フリードマンが指摘するように、かかる明瞭な論理の二分法には、作戦レヴェルが入る余地はない。

スヴェーチンによる作戦術の定義

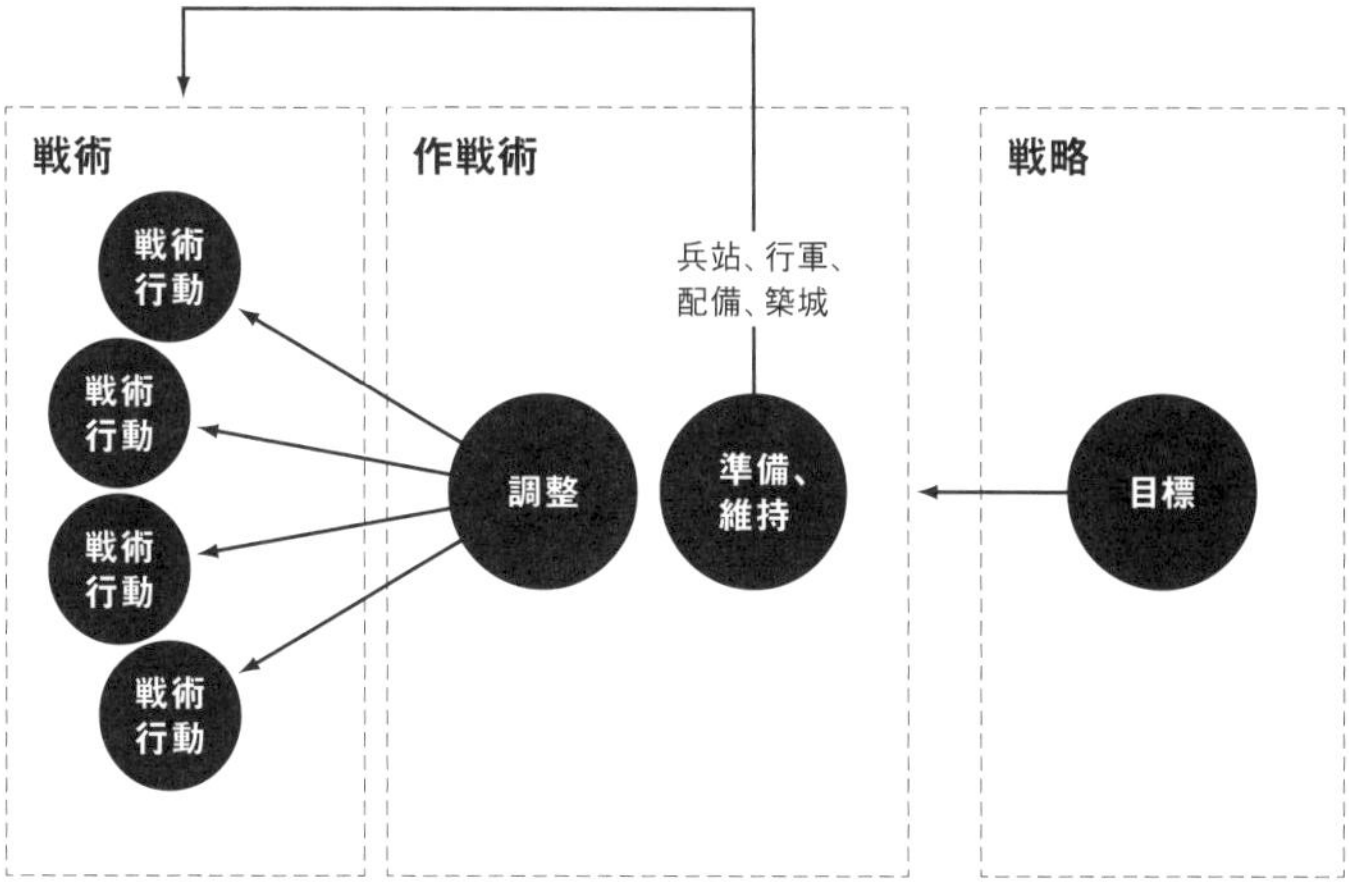

戦術行動は作戦の、作戦は戦略の手段である。戦術は作戦術を、作戦術は戦略を実現するための資材となる(ヴァルフォロメエフ)。作戦術は、戦略と戦術とを仲介する心の中の作用である(ワス・デ・チェジ)。作戦術は参謀が扱う、戦術は指揮官が扱う紀律である(B・A・フリードマン)。

ナポレオン戦争までの作戦術

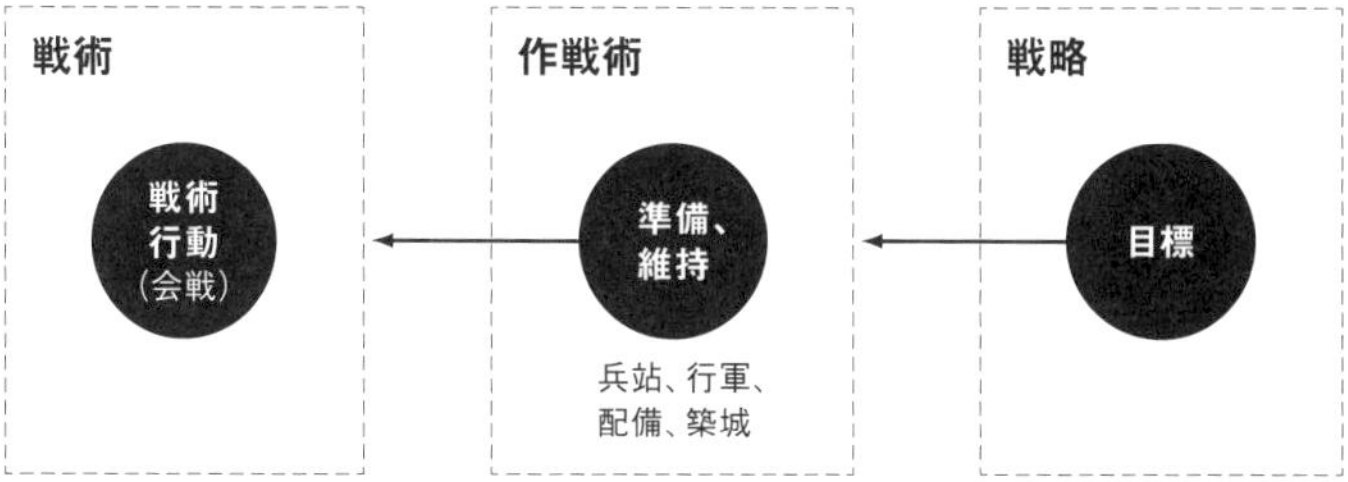

戦役あるいは戦争の帰趨は、多くの場合ただ1回の会戦(決戦)によって決する。なので、戦術と作戦術とを共に線形問題に近似することが可能となり、両者の区別を意識する必要はない。作戦術を扱う専門の参謀組織は必要とされず、指揮官自身とごく少数の補助者(副将、主計将校、憲兵隊長、秘書等)だけで全てを行うことができる。

る。現在の西側、特に英語圏の人口に膾炙しているこの言葉は、スヴェーチンら、戦間期ソ連の思想家たちには一度として使われたことがない。つまり、作戦術のオリジナルの理論とはいっさい無関係なのである。

それもそのはずで、TRADOCの空地戦ドクトリンの起草者の一人であるハバ・ワス・デ・チェジ准将（当時は中佐）が二〇一一年に回顧したところによれば、作戦レヴェルとは、彼のロシア語からの誤訳から生まれた、本来どこにも存在しないはずの幽霊語である。[*148]

ところが、当代の戦略の権威であるエドワード・ルトワックが一九八〇年の論文で作戦レヴェルに理論的な定義を与えたこと、そしてそれを受けてスターリが、陸軍と空軍との諸兵科連合――空地戦の鍵となる要素――の結節《ノード》である軍団を部署する意味でこの語を正式に採用したことで、幽霊はふいに現身を持つに至った。[*149]

書き上げられた最初の空地戦ドクトリン、つまりアメリカ陸軍野外令『作戦』（FM一〇〇－五）一九八二年版の「戦争のレヴェル」の項には、以下のようにある。

> 戦争の作戦レヴェルは、戦域における戦略目標を達成するために、供用された軍事資源を用いる。簡単に言うならば、それは大規模な単位のための作戦理論である。作戦レヴェルはまた、戦役の計画と実施を包摂する。（中略）
>
> 戦術は、作戦目標の達成に寄与する会戦と戦闘に勝利するために、小規模な部隊を運用する固有の技術である。（中略）

軍団と師団においては、作戦レヴェルと戦術レヴェルとは明確には分かたれない。両者は同一の原則に従い、当教範は両者に適用される。作戦は、作戦機動及び連続した戦術行動を通じて、拡張された戦場において敵戦力を撃破するために策定される。[*150]

まとめると、戦域において大きな単位――師団や軍団を運用する活動領域が作戦レヴェル、戦場において主に小さな単位――旅団以下を運用する活動領域が戦術レヴェルである。つまり、この考え方では戦争は戦略レヴェル、作戦レヴェル、戦術レヴェルの三階層に区分され、各階層はそれぞれ特定の指揮階梯に紐付けされているのだ。

なるほどこれは、歴史やゲーミングのデータの整理等のためのツールとしては、大変に有益で便利である。実際、趣味用のウォー・ゲーミングでは、例えば「アウステルリッツの会戦」は戦術レヴェルの、「ノルマンディ上陸作戦」は作戦レヴェルのゲーム、といった具合に当たり前に用いられている。[*151]指揮官の視座をプレイヤーのそれと一致させるこの区分法は、直感にとても馴染みやすい。

しかしながらこの区分法は、現実の戦争ではいったいどのような意味を持ち、何の役に立つのだろうか？　スポーツにたとえれば、戦略はシーズンで優勝するための非線形的な策、戦術は一つ一つの試合に勝つための線形的な策である。では作戦は？　線形なのか、非線形なのか？[*152]複数の試合を含む対戦カードに勝ち越すための策をそう呼ぶこともできそうだが、それは、上のFM一〇〇‐五の引用にも書かれているように、戦術か戦略かいずれかの範疇に収められるはずである。階層を増やし、物事をいたずらに複雑にする必要がどこにあるのか？

本章第三節で見てきたように、もとより前近代の軍事思想においては、戦略と作戦術、ないし戦術と作戦術との境界は不分明であった。近代に入って、それではもうやってゆけなくなったのは、戦争――とりわけ戦略の非線形性という難題の克服に、本気で取り組む必要が生じたからである。言うまでもなく、指揮階梯への機械的な紐付けは、非線形性の度合いに基づいているわけではない。ベラミの軍事力の三要素の定義に戻るならば、作戦術とは「概念」であり、「物理」や「士気」ではない。戦略及び戦術のように、それ自体が固有のアセットを持ち、独立して存在する活動領域ではあり得ないのである。

作戦レヴェルという幽霊語への批判の核は、まさにここにある。批判者たちは、ドクトリンにおける作戦レヴェルの設定は、戦術と戦略の間に無意味で無価値な障壁を作り、シームレスであるべき両者の関係性を断ち切ってしまい、結果として、戦場及び戦域での軍事行動を誤った方向へと追いやり、結果的に戦争を政治から切り離してしまった、と主張している。その一人ウィリアム・オーウェンが、作戦レヴェルだけでなく、作戦術までをもまとめて否定しているのは、戦争の非線形性と近代史を無視した乱暴な論だと言わざるを得ないが、「作戦は、作戦レヴェルにおいて行われているわけではない」という彼の言葉はともかく正鵠を突いている。[*153]

オーウェンと同じく、ジャスティン・ケリーとロバート・フォーリの批判でも、作戦術と作戦レヴェルが混同されている。[*154]彼らは、戦争には「純粋に軍事的な領域」など存在しておらず、作戦術ないし作戦レヴェルといった概念は、とりわけ冷戦後の不正規戦の時代において、戦略を補

2011年5月1日、ホワイトハウスで「ネプチューン・スピア」作戦の情況を見守るバラク・オバマ大統領と高官たち（写真：ピート・ソウザ撮影。ホワイトハウス）。かつてナポレオン3世やリンドン・ジョンソンは、それぞれクリミアとヴェトナムにいる部隊を自分の執務室から直接指揮しようとしたが、オバマがそんなことをしなかったのは、作戦術が健全に機能していたからである。

完するのではなく戦略と競合することで、政治的なリーダーシップを戦争から遠ざけている、と主張するが、この非難は作戦レヴェルにのみ当てはまる。彼らは、戦略と戦術とをリンクする新しいアプローチが必要だと言うが、実にそれこそが本来の定義での作戦術に他ならないのである。

チャド・バッケルは、そのような作戦術と作戦レヴェルとの同一視、混同に釘を刺すにあたり、戦略と戦術とが直結している軍事行動――政府の直接の命令と監督の下で実施される、小規模な特殊部隊やB－2爆撃機ただ一機による攻撃を例に挙げて、その種の作戦には軍団や師団といった中間単位が関与する余地はなく、指揮階梯に紐付けられた作戦レヴェルを含む三階層論では説明しようのないことを指摘している。*155

バッケルの警告を歴史上の例から補足するならば、本章第三節で見たように、ヒトラーやリンカン、あるいはナポレオン三世やリンドン・ジョンソンが自分の執務室から野戦軍を指揮しようとしたのは、その時点で作戦術が未だ機能していなかったか、あるいは彼ら自身が作戦術を破壊したか、いずれの場合にせよ、作戦術が欠如した状態を表している。政治の介入を受けたのが軍団なのか、それとも大隊なのかといった指揮階梯の相違は、事の本質ではない。

一方、二〇一一年五月にアメリカ軍特殊部隊がウサマ・ビン・ラディンを急襲したネプチューン・スピア作戦では、バラク・オバマ大統領は、リンカンやジョンソンが用いた通信機器よりも遥かに先進的なテクノロジーを通じて、ホワイトハウスに居ながらにして情況をリアルタイムで見守っていたが、全軍の最高司令官として彼が現地の部隊を直接指揮したなどという話は伝わって来ない。この作戦では、作戦術が健全に機能していたからである。

作戦術は領域でも論理でもないし、独立して存在し得るものでもない。ワス・デ・チェジは、未知の広大な土地を踏破しようとする昔の探検家の隠喩を用いて、当てにならない地図や、住民や気候に関する断片的な知識を頼りに、目的地までの最善の経路を探し出そうとする努力（戦略）と、キャンプの設営や物資の管理、偵察隊の編成といった手堅い技能（戦術）とを仲介する、つまり戦略のために戦術を使用し、戦術の成果から戦略を更新してゆく「心の中の作用」が作戦術なのだと述べている。[*156]

またスヴェーチンが、作戦術は紀律であると書いたのは[*157]、第一章第三節で述べたように、作戦術の根源が、戦争の非線形を克服する必要条件としての等質化された紀律にあることを見抜いていたのである。B・A・フリードマンはこのスヴェーチンの言葉を拡張し、戦術は指揮官が扱う紀律、作戦術は参謀が扱う紀律とした上で、後者を「軍政」「情報」「作戦」「火力支援」「兵站」「指揮統制」の六分野に分けて論じている。

以下では、おおよそ彼の分類に準拠しつつ、ウクライナ戦争におけるこれまでの作戦術の成功と失敗について概観してゆきたい。

5 軍政

軍政《アドミニストレーション》――軍事行政は、軽視されがちな仕事である。例えば、映画『ハートブレイク・リッジ 勝利の戦場』（一九八六）では、最前線叩き上げの戦士である主人公に比して「事務屋」の上司を徹底的に侮る描写がなされているし、歴史叙述においてもナポレオンの参謀総長ベルティエ元帥や、ヒトラーの国防軍最高司令部総長カイテル元帥といった軍政の責任者の役割は頻繁に看過されてきている。

諸葛亮とジョージ・ワシントンは共に、野戦軍の指揮官としては凡将の部類でしかなかったが、彼らは第一級の戦略家であり、仮借なき紀律執行者であり、そして軍政の達人であった。しかし、彼らがこの最後の業績によって巷間で讃えられることはあまりない。小説『三国志演義』にある、諸葛亮が一〇日間で一〇万本の矢を調達する逸話には――文学史的には、もちろんそうではないのだが――蜀漢の首相兼国防相兼参謀総長としての歴史上の彼の本分が、ごくうっすらと残されているように見えなくもないが。

けれども、彼ら組織者の「事務仕事」がなければそもそも軍隊は存在しておられず、あるいは戦う前から敗北が決まってしまうのである。軍政の不手際、不具合によって減殺された戦闘価値は、どのように巧みな指揮と戦術をもってしても戦闘空間で回復する手立てはない。

軍政を構成する諸業務のうちで、もっとも重要なのは人事管理――ここでは人員の教育と訓練、補充、給養と福祉、進級、任免、配置、褒賞と懲罰、給与や年金、補償金等の支払いの総称とする――である。なぜなら人事は戦力の多寡と練度に関わるのみならず、兵士が規則通りに公正に扱われるか否かを通じて、戦力の構成要素中の「士気」を直接に決定するからである。

ウクライナ戦争前のロシア軍の兵士は、その質によって以下の三つのカテゴリに区分されていた。一：空挺軍（VDV）及び海軍歩兵。二：契約下士官。三：徴兵と、兵役を終えて登録された予備役兵、である。

VDVと海軍歩兵は、もちろん参謀本部の指揮統制下にあるが、制度上は地上軍とは別個の兵種である。VDVと海軍歩兵に配置される新兵は、入営前に既に選抜されていた優秀な人員であり、ゆえに彼らはロシア全軍の最精鋭部隊を自負していて、また実際にそうである。ナチ・ドイツの武装SS装甲師団とは異なり、VDVは空挺及び空中強襲作戦を、海軍歩兵は両用作戦を実施する必要上、いずれも基本的には軽歩兵であるが、攻勢の先鋒を担う強襲戦力、ないし守勢の場合の「火消し」予備戦力としての役割はSS装甲師団とよく似ている。二〇二一年の戦力は、VDVが四個師団、三個旅団の約四万五〇〇〇、海軍歩兵が一個師団、一一個旅団（うち砲兵旅団二個）、三個独立連隊（うち工兵連隊二個）の約三万五〇〇〇、計約八万であった。

契約兵《コントラクトニキ》ないし契約下士官とは、志願兵である。西側のような職業下士官が存在しないロシア軍では、下士官という語は少数の特技兵か、契約下士官のことを指す。契約兵は二年間を一任期として勤務する職業軍人として扱われているが、かつては、ソ連時代を懐かしむ多くの将校から傭兵呼ばわりされる侮蔑の対象であった。それが、両次チェチェン戦争（一九九四〜九六、一九九九〜二〇〇四）で、ソ連式の徴兵軍がもはやものの役に立たぬことが明らかとなった戦訓から、現代戦の新たな担い手としてやおら脚光を浴びるようになり、セルジュコフの「ニュー・ルック」改革が政争で潰された後もその傾向は変わっていない。[*158] なので、国防省は高額の給与や各種の特権といった好条件を提示して、徴兵を契約兵に志願させようとしてきた。しかし、徴兵から契約兵への志願者の最大の動機は、デドフシチナ（いじめ）の蔓延する過酷な兵営生活からの脱出にあるようで、大多数は契約を更新せず一任期のみで軍を去っている。[*159] セルジュコフが育てようとした西側式の職業軍人、職業下士官とはほど遠い実態であるが、ともあれ、彼ら契約兵が戦前のロシア地上軍の「ごく一般的な兵士」を構成していたのである。

二〇二〇年三月にショイグが議会で述べたところによれば、ロシア全軍において徴兵は二二万五〇〇〇、契約兵は四〇万五〇〇〇。[*160] この一対一・八の比率を二〇二一年の地上軍戦力約二八万に当てはめると、うち徴兵は約一〇万、契約兵は約一八万という計算になる。VDVと海軍歩兵の約八万については、その大部分が、例外的な長期契約の契約兵であると考えられる。[*161] 逆に言えば、西側の職業軍に相当するロシアの地上戦力は、VDVと海軍歩兵だけなのである。

徴兵は年に二回、春と秋に召集され、規模はその都度大統領令により決定される。国防省の公表データによれば、二〇二一年春は一三万四〇〇〇、秋は一二万七〇〇〇、開戦後の二〇二二年春は一三万四五〇〇、秋は一二万、二〇二三年春は一四万七〇〇〇。そして二〇二三年の秋には一三万の召集が予定されているが、ロシアが併合を宣言したウクライナの四州が初めて募兵地域に含まれる。[*162] 兵役を課せられるのは一八～二七歳の男子であるが、上限を三〇歳に引き上げる法改正案が二〇二三年七月に議会を通過している。[*163]

電子召集令状や、兵役忌避を処罰する各種立法の導入にかかわらず、開戦後も徴兵の規模に目立った変化が観察されていないのは、本章第二節で述べたように、教育訓練の制度とインフラが機能していないからである。徴兵は一ないし二カ月間の基本訓練、三ないし六カ月間の専門訓練を受ける規則だが、その程度の練度では現代戦で役にたたないことは戦訓から既に明らかであり、そもそも規則通りの訓練すら行われていないのも既に見てきた通りである。

ＶＤＶ及び海軍歩兵と性格の似ているアメリカ海兵隊の、二〇二二年における総戦力は一七万七〇〇〇、うち入営したての新兵は二万八六〇八であった。[*164] 乱暴な推算であるが、この比率をＶＤＶと海軍歩兵にそのまま適用すると、毎年の新兵は約一万三〇〇〇。言い換えれば、これがＶＤＶと海軍歩兵の基本的な補充能力ということになる。

地上軍の契約兵についてては、その大多数が一任期二年間のみの勤務であると仮定すると、毎年の新兵は総数の半分に当たる約九万のはずである。これにＶＤＶ及び海軍歩兵の新兵の数の推算を加えてやれば、ロシア軍の教育訓練インフラの能力は年に約一〇万三〇〇〇ということになる。これを超える損耗はただちに戦闘効果の大きな低下をもたらし、これを超える規模の新兵を動員しても戦闘価値は線形には増加しないのである。

本章第一一節で見るように、ロシア軍は開戦からの一二ヶ月間でおよそ二〇万を失ったと推定されているが、この損耗が決して均等でないことに注意せねばならない。ロシア軍にとって致命的であったのは、「使い捨て」歩兵として投入された徴兵や予備役兵、囚人兵の死傷ではなく、緒戦の北東部戦線での攻勢の失敗と敗走の過程で、多くの契約兵が失われたことである。なかんずく、貴重なアセットであるＶＤＶと海軍歩兵の精鋭は補充が効かず、急遽、北極圏や極東に配備されていた海軍歩兵を増援としてウクライナに移動させざるを得なかった。

　冷戦時代のソ連軍では、戦力の即応態勢は、単位（師団）ごとに区分されていた。全ての師団はカテゴリー一、二、三、そして動員予備のいずれかに指定され、即応態勢が高ければ人員充足率と練度が高い。カテゴリー一師団が短期間で作戦行動の準備を整えられるのに対して、動員予備師団――いわゆるスケルトン師団ないしペーパー師団――にはごく少数の基幹要員のみが常駐し、装備品の大多数は旧式でしかも保管状態にある。[*165]

　大規模な徴兵軍による通常戦を前提としていたこのような制度は冷戦後に廃止され、現在のロシア軍の即応態勢区分は各単位（師団または旅団）内で完結していると思われる。そして第二章第三節で見たように、旅団から編組される戦術単位である大隊戦術群は、旅団の戦闘部隊をおおよそ三分割した単位である。

　ところが、大隊戦術群の増設を図る国防省の一貫した努力にもかかわらず、[*166]一個旅団から編組される大隊戦術群の数は三個には届かず、だいたいは一個ないし二個でしかなかった。なぜかと言えば、旅団の三個目の自動車化狙撃兵大隊は即応戦力ではなく、基地に残って補充兵の教育や訓練に当たる留守大隊《デポ・バタリオン》だからである。留守大隊は、旅団の戦闘効果を維持するために欠かせない後方の要であるが、緒戦の先遣部隊として突進した大隊戦術群が各個撃破された後、予備戦力を準備していなかったロシア軍は、慌てて各旅団の留守大隊から練度未熟の人員を引き抜いて前線に送り込んだのである。徴兵が、彼らが「特別軍事作戦」に従軍することは決してない、とのプーチンと国防省の約束に反して、ウクライナの戦場で戦わされているという苦情が三月頃に多発したのは、この混乱の現れに違いない。[*167]

結果、数が補充されたにもかかわらず大隊戦術群の戦闘効果は著しく減少し、さらに重要なことに、旅団は打ちのめされた戦力を再編成し、長期戦を戦う能力を喪失してしまった。

例えば、第XⅣ軍団の北極圏戦部隊の精鋭であった第二〇〇自動車化狙撃兵旅団は、一四〇〇ないし一六〇〇名を二個の大隊戦術群に編組してハルキウ方面の攻勢に進発させたが、五月下旬時点で残っていたのは九〇〇名に満たなかった。しかし旅団は後方で再編成を行うことはせず、七月上旬までに留守大隊と後方部隊の人員を「志願兵大隊」としてかき集めて作戦行動を続けたが、ウクライナ軍の秋季攻勢の矢面に立たされ、九月に潰滅した。その頃には旅団の将校のほぼ全員が死傷し、新型のT－80BVMを装備する戦車大隊は全滅、その他の車輛一〇〇輛と装備品の七割が失われていた。[*168] もはや書類と墓地にしか存在しなくなった第二〇〇旅団は、二〇二三年四月二七日付でプーチンから「親衛」称号を授与されたが、[*169] 結局旅団としての再編成は断念され、紙の上では、第XⅣ軍団に新設される師団に吸収される模様である。[*170]

ロシアの全軍が、この緒戦の作戦術上の失策から未だに立ち直れていない。部隊を輪番で後方に下げ、決して充分ではないものの休養と再編成の時間を与えているウクライナ軍に対し、[*171] ロシア軍はＶＤＶと海軍歩兵を含むほとんどの部隊を、逐次的に補充を行うだけで行動を続けさせざるを得ない状態にあるようだ。かつてのソ連軍は、師団をボロボロになるまで戦わせてから、まるごと新しい師団に交代させるという大雑把だが簡明な方法に依っていたが[*172]、何よりも人的資源の欠乏に苦しむ現在のロシア軍にその真似はできないのである。

ために、戦争の長期化はロシア軍の人員を急速に疲弊させつつあり、イギリス国防省の評価によれば、二〇二二年一二月の時点で、およそ一〇万が戦闘疲労——心的外傷後ストレス障碍（ＰＴＳＤ）を発症している[*173]。二〇二三年九月現在のロシア軍地上戦力を計四二万とするウクライナ軍参謀本部の主張を信用した上で、もっとも損耗の激しい、つまりもっともＰＴＳＤを発症しやすい環境にある歩兵の数をその二五パーセント、一〇万五〇〇〇と仮定するならば、この数字が異常な高率であることが分かる[*174]。

ＰＴＳＤの影響は、優れた医療システムのみならず、優れた軍政と指揮によっても抑制できるのだが、ロシア軍にはそのいずれもない。ウクライナ軍の二〇二三年夏季攻勢は、この数字を増やすことはあっても減らすことはないだろう。

ウクライナ地上軍の戦前の即応態勢は、二〇二〇年にソ連時代の制度を手直しして復活させたものであった。ソ連と同じく、平時の支出を最小限に抑制し、戦時に急速に戦力を造成できるようにするためである。仮想敵であるロシアの侵略を迎えるには大規模な動員を避けられないが、ウクライナ軍の資金と装備品、特に重装備の慢性的な欠乏は高度な即応態勢を不断に維持することを許さなかったのである。

正規軍の単位（旅団と連隊）は、作戦予備一と二のカテゴリーに区分されていた。作戦予備一は即応戦力で、平時の定員充足率は三〇～六〇パーセント、重装備は優先的に受領しているがそれでも充足率は九〇パーセント程度であった。作戦予備二は、平時の定員充足率が五～一〇パーセントに過ぎず、作戦行動可能な状態にまで持ってゆくには恐らく三ないし四カ月はかかったと思われるが、重装備の充足率が非常に低いことがより重大な問題であった。[*175]

人員の内訳は、二〇二一年には現役約一二万五六〇〇に対して予備役約二三万で、予備役のうち約四万一〇〇〇が作戦予備一、約六万六〇〇〇が作戦予備二に指定されていた。[*176]

地上軍の他には国家親衛隊の戦闘部隊が存在し、開戦時には、アゾフ連隊を含む四個旅団と二個連隊、約一万四〇〇〇が、通常戦に耐え得る装備を施されていた。[*177] 本章第二節で見たように、軍事力の縦割りはソ連の悪しき文化遺産であるが、ロシアの国家親衛隊と異なり、ウクライナ国家親衛隊の戦闘部隊は戦時には正規軍の一元的な指揮下に入る。

郷土防衛隊は、やはり二〇一四年のクリミア強奪の衝撃を受けて創設された。当初は、正規軍のスケルトン部隊に近い構想であったが、二〇一八年に、州ごとに召集される大規模な地域民兵戦力として再編された。開戦時の書類上の編制は二四個旅団（一二四個大隊）、平時の基幹要員は約一万、戦時には一八～六〇歳の州住民約一三万が動員される計画であったが、現実に開戦後の二〇二二年五月までに動員された人員は三〇万を超えた。[*178] 郷土防衛隊は機関銃や対戦車ロケット程度の軽装備しか持たず、練度も低いので、長期化する通常戦において重要な役割を果たすと同時に多数の死傷者を出している。

6 情報

情報は、戦略レヴェルか戦術レヴェルかを問わず、およそあらゆる軍事行動の出発点である。良質な情報なくしてはキル・チェーンはまともに作動せず、良質な情報インフラなくしてはキル・チェーンの高速化はない。冷戦後の西側の軍隊、特にアメリカ軍が一貫して注力してきたのがこの分野でのソフトウェア及びハードウェアの改良であり、それは「第三の波」の軍事におけるもっとも顕著な表出と呼べる。

報道等では目立たないが、ウクライナに対する西側の多種多様の支援の中で、砲兵火力と並んでもっとも奏功しているのがまさに情報、及び情報インフラそのものの提供である。「第三の波」型のテクノロジーの大きな特徴の一つは、軍事と民生の用途に構造的な区別を付けられないデュアル・ユース性であるが、この点において、西側の情報インフラの量と質はロシアを圧倒している。

ウクライナ戦争開戦後、アメリカのマクサ・テクノロジーズ（旧デジタル・グローブ）社による驚くほど詳細な戦域の衛星画像が広く一般の目に触れるようになったが、同社のように商用衛星リモート・センシング事業を行っている企業は、同じくアメリカのプラネットラボ、マクサの一部門を買収して設立されたカナダのＭＤＡ、フランスのスポット、欧州のエアバス、イスラエルのＩＡＩなど多数が数えられる。性能では、国家が運営する軍事専用の最新世代のシステムには――今のところは、まだ――及ばないが、彼らの光学衛星や合成開口レーダ（ＳＡＲ）衛星は、顧客の注文に応じていつなりともアド・ホックの偵察衛星へと転用できるのである。実際、開戦直後にフェドロフ副首相兼デジタル相が外国企業と結んだ最初の契約の一つは、ＭＤＡからのリアルタイムＳＡＲ画像の購入であった。[179]

西側民間企業の衛星画像は、そのように直接的にウクライナ軍の作戦計画に役立てられる以外に、戦争の（かなり）客観的な事実[180]を世論に提供するという、これもまた「第三の波」的な重大な社会的な役割をも果たしている。それらは、誰もが自由にアクセスできるオープンソース・インテリジェンス（ＯＳＩＮＴ）活動の資材として、戦況や異常事態《アノマリ》を分析する手がかりになっており、偽旗作戦やプロパガンダを通じたロシア軍の認知戦をいささかなりとも――彼らは、ＳＮＳ他の西側の無秩序な言論空間に偽情報をばらまいて失地回復を図れるので――困難に陥らせているのである。[181]

ロシアには商用のリモートセンシング衛星も、民間宇宙市場も何も存在しない。極超音速兵器や原子力巡航ミサイルなどの「銀の弾」の開発に巨額の投資をしておきながら、軌道上にある光学衛星は、軍のペルソナ光学偵察衛星が２号（コスモス２４８６）と３号（コスモス２５０６）の二機、バルスＭ光学観測（軍用地図作成）衛星がコスモス２５０３、２５１５、２５５６の三機、そして西側企業の対抗機よりも能力が格段に劣る民生用のカノプスＶ光学イメージセンシング衛星が五機の、計一〇機に過ぎない。ＳＡＲ衛星に至ってはコンドル（コスモス２４８７）ただ一機である。ペルソナの後継となる次世代偵察衛星はこれまでに三機打ち上げられたが、二機は打ち上げに失敗し、残る一機も三年間運用された後、二〇二一年に再突入して燃え尽きた。[182]

結果、パヴェル・ルージンによれば、良好な気象条件の下では、ある任意の地域について、ウクライナ軍は毎日二回、高品質な画像を得ることができるが、ロシア軍はおよそ二週間に一回、品質の悪い画像を得られるだけである。[183]

性能はともかく、規模において西側に準じる商用リモートセンシング衛星フリートを有しているのは、中国のみである。中でも最大級のオペレータである長光衛星技術有限公司（ＣＧＳＴＬ）は、二〇二三年六月現在で一三〇機の衛星から成る吉林１コンステレーションを太陽同期軌道上で運用しており、将来的には三〇〇機への拡大を計画している。[184] これらの衛星情報の提供は当然、西側のウクライナ支援と同様、中国の対ロシア支援の要となり得る。

事実、二〇二二年中にプリゴジンがワグネルの作戦のために、ＣＧＳＴＬの衛星画像への入札権を購入していた他、別の衛星オペレータである天儀研究院（スペースティ）からも衛星画像を、そして北京雲沢科技有限公司 からは衛星二機をまるごと三〇〇〇万ドル以上で買い上げていたことが明らかとなっている。[185]

北朝鮮からの弾薬の購入と同様、これらの取引はプリゴジンが傭兵企業家として独自に行ったものなのか、それともロシア政府ないし国防省のより大きな計画の一部であるのか、また中国企業の側についても、彼らがそれを純然たるビジネスとして西側の制裁のリスクを承知で行ったのか、北京からの指導があったのかは、分からない。

ただし、今後もしも中国がアメリカの怒りを気にしないことに決め、衛星情報の惜しみない提供を始めるとしても、ただちにロシア軍がウクライナ軍と対等の位置に付けるわけではない。ルージンによれば、ロシア軍の宇宙戦力が抱えている問題には、衛星の数の不足と低い性能だけではなく、システム全体の老朽化、制御アーキテクチャの不具合、汚職と腐敗、そして政治文化と戦争文化における行き過ぎた集権化等も挙げられる。地上と同じく、ロシア人の宇宙もまた政治と作戦術の欠陥に蝕まれているのである。

ロシア軍が優先的に整備に努めている、衛星測位システムと衛星通信システムも欠陥の例外にはなっていないとルージンは言う。ウクライナはソ連時代の宇宙計画の中枢の地位を捨て去って以来、今回の戦争の勃発まで、独自の宇宙インフラをまったく保有していなかったにもかかわらず、この二つの領域においても今やロシアを圧倒する能力を発揮している。衛星測位についてはもちろん、彼らはアメリカ軍の全地球測位システム（ＧＰＳ）コンステレーションの恩恵を全面的に受けられる。西側供与のスタンドオフ兵器は、ＧＰＳ誘導に最適化されている。

衛星通信については、これも言うまでもなく、スペースＸから商用コンステレーション、スターリンクのサーヴィスを提供されている。スペースＸのＣＥＯ、イーロン・マスクが二〇二二年二月二七日に、通信インフラとして無償供与する意向を表明して以来、マスクの発作的な気まぐれにしばしば翻弄され[*186]、またロシア領内への攻撃のための使用を禁じる条件を課せられてはいるが、スターリンクはウクライナ戦争でかけがえのない役割を果たし続けてきた。第一章第八節で述べたように、ウクライナ軍の神経系と呼ぶべき情況認識システムＤＥＬＴＡはスターリンクに接続され、依存している。
二〇二二年中にウクライナが受領したスターリンクの基地局は約二万三〇〇〇基であった。[*187]アメリカ国防総省は二〇二三年六月一日に、ウクライナに供与されたスターリンクの経費を肩代わりする契約をスペースＸと正式に締結したが、[*188]この新たな予算がどれくらいの規模の基地局の維持を想定しているのかは不明である。
ロシア軍が、転送スループット三二～四〇九六ＫｂｐｓのＫｕバンド、同三二～一〇二四ＫｂｐｓのＣバンドの二チャネルを持つ通信衛星四五機（過半が既に設計命数を過ぎている）[*189]を運用しているのに対して、スターリンクのスループットは、スペースＸのカタログによれば、標準サーヴィスで五〇～二五〇Ｍｂｐｓ、プレミアム・サーヴィスで一五〇～五〇〇Ｍｂｐｓ（いずれもダウンリンク）のＫｕバンドと、文字通り対数スケールの差がある。[*190]スターリンクは衛星と地上局が一対一でクローズドに通信する仕様ではないし、また無論のことウクライナ軍だけがユーザではないので、[*191]単純な量の比較に線形的な意味はないが、二〇二三年一〇月時点での運用数は四八三〇機である。[*192]
最初に事業計画を立ち上げた時、マスクの脳裏に将来の軍事転用の考えがあったかどうかは知るよしもないが、スターリンクは「第三の波」型兵器の現時点におけるさきがけ、理念型として機能している。それは完全に民間企業のもので、宇宙テクノロジーであり、情報テクノロジーであり、デュアル・ユースで、分権的で、何より非線形的である。中国は、ウクライナ戦争でのスターリンクの威力に驚き、これを看過できない脅威として早々に対抗策の研究に着手した模様だが、[193]打ち上げのたやすい軽量安価な衛星数千機、将来的には数万機が非線形的に統合されるコンステレーションは、ドローン群《スウォーム》の概念と同様、電子戦にもハードな攻撃に対してもすこぶる大きな抗堪性を持ち、無力化は構造的に至難である。アメリカの国防高等研究計画局（ＤＡＲＰＡ）がブラックジャック計画の名で、スターリンクに似た低軌道衛星コンステレーションの実験を進めているのも、衛星という重心を敵の交戦圏内から取り除き、軍事通信ネットワークの脆弱性を劇的に低減させるために他ならない。[194]

またブラックジャック計画と並行して、アメリカ軍は二〇二〇年からスターリンクを借りた試験や演習を実施してきたのだが、こちらも明らかにウクライナ戦争の戦訓を受けて、二〇二三年九月、スターリンクの軍用改修版であるスターシールドをスペースＸに発注した。[195]ウクライナへの無償支援について時おり不平を漏らしていたマスクだが、彼の「善意」は十二分に報われた形である。

最終的には、官製のブラックジャック計画が中止され、スターシールドに（ないし、後発他社のコンステレーションに）吸収されてしまう可能性は小さくなさそうであるが、それはともかく、少なくとも近い将来までは、この種の非線形衛星コンステレーションに対抗するための費用対効果（ＣＰＥ）に優れた策は、戦闘衛星や衛星攻撃ミサイルといった高価なアセットを投じてそれを闇雲に破壊しようとするのではなく、自らも同じものを持つことであるように思われる。しかしロシアにも中国にも、それは少なくとも今すぐには不可能である。

西側が提供している情報及び情報インフラは、宇宙ドメインのものばかりではない。一九八〇年代にソ連軍から作戦術を摂取したアメリカ軍は、「全縦深同時打撃」の手段として一連の突撃《アサルト・》破砕兵器《ブレーカ》――現在のGMLRSやATACMS（陸軍戦術ミサイル・システム）、E－8JSTARS（陸空軍統合監視照準レーダ・システム）監視機等の開発に着手した。強力な側視レーダを搭載するE－8の主たる任務は、GMLRSその他のスタンドオフ兵器の照準を付けるだけではなく、航空偵察の言わば一つの究極形として彼我の地上戦力の動向をリアルタイムで可視化し、もって作戦の調整と同期に寄与することにあった。E－8は原型機二機が投入された湾岸戦争で期待以上の実効性を示したが、[196]ウクライナ戦争においても、RC－135偵察機やP－8哨戒機、そして現時点での事実上の後継機と目されているRQ－4及びMQ－9ドローン等と共に、二〇二一年よりロシア軍の動向を不断の監視下に置いている。

　事実において、黒海ほぼ全域からウクライナ全土とロシア領西部、ポーランドとベラルーシ全土を経てバルト海ほぼ全域までに及ぶ領域と、北海の東部とは、常時NATO軍のISR機とそのセンサの覆域で充満していると言ってまったく過言ではない。フィンランドのNATO加盟が決定した後は、その領空も新たにこの航空ISR任務の覆域に付け加えられるに至った。[197]

　ロシア航空宇宙軍（VKS）と海軍航空隊（MA　VMF）は、側視レーダを装備したSu－24MR偵察機を五〇機保有しているものの、[198]これらは基本的に戦術機であり、作戦のために戦域を偵察、監視できる大型の機体はない。だから、二〇二二年九月に黒海でSu－27戦闘機がイギリスのRC－135をミサイルで撃墜しようとしたインシデントや、二〇二三年三月に同じく黒海でＳｕ－２７がアメリカのＭＱ－９を体当たりで撃墜したインシデントは[199]、ＶＫＳの異常な攻撃性やプロフェッショナリズムの欠落と言うよりも、ＮＡＴＯの難攻不落の「電子の壁」に強いられているＩＳＲ能力の非対称的な劣勢が、そのようなあからさまな威嚇以外には打つ手を見つけられない、ロシア軍の深刻な問題であることを端的に示しているのである。

ロシア軍の戦術は不器用ではあるが、本章第一〇節で見るように、個々の兵科における専門性や技量が劣っているわけではなく、そのことはＩＳＲについても例外ではない。王立国防安全保障研究所（ＲＵＳＩ）のジャック・ワトリングとニック・レイノルズの分析によれば、ロシア軍は、ウクライナ軍のスタンドオフ打撃への対処としてC^4ＩＳＲインフラの分散、防護、秘匿化を図ると共に[200]、質量共に優れた電子戦によってウクライナ軍のC^4ＩＳＲ――わけてもＧＰＳとドローンを妨害し、モトローラ製の二五六ビット戦術通信用暗号を破ることにも成功している[201]。

しかしながらワトリングとレイノルズはまた、ロシア軍の電子戦は確かにウクライナ軍の戦術行動を大いに苦しめてはいるものの、作戦能力を減殺するまでには至っていないことを指摘している[202]。スターリンクの妨害、傍受のあらゆる試みは失敗している。西側の誰もが予想していたはずのＧＰＳへの妨害が現実に由々しき問題となっているのは、ウクライナに供与されているスタンドオフ兵器の数が未だ少数に留まっているゆえ、つまり、敵のＧＰＳ妨害による打撃の失敗を統計的に許容できる程度まで、それらが紀律化されていないゆえである。

7 作戦

　本章第三節で述べたように、作戦の真髄は、共通の戦略目標達成のために、複数の戦術行動を組み合わせる――組織化《オーケストレーション》、調整《コーディネーション》、同期《シンクロナイゼーション》することにある。ナポレオン戦争以前の時代の作戦は、時間、空間、あるいはその双方の次元において種々の制約を受け、線形的に実施される例がほとんど――バトゥとスブタイのモンゴル軍の西征（一二三六～四二）は、驚異的な例外である――であったが、非線形性との真っ向からの対決を避けられぬ現代の軍隊は、それらの諸制約からできうる限り脱していなければならない。

　作戦概念の非線形的な拡張を最初に理論化したのは、既に述べた通りソ連軍の縦深会戦ドクトリンで、アメリカ軍の空地戦ドクトリンがそれに続いた。これらのドクトリンでは、水平的な前線と垂直的な後方とはもはや区別されず、縦深を時間軸上で逐次的に打撃するのではなく、文字通り同時に打撃することで敵の対処能力を飽和、麻痺させることが肝要となる。地上戦と航空戦との区別も同様に取り払われ、地上戦力と航空戦力との諸兵科連合が一般化される。

　そのように立体化、非線形化した戦場は、もはやその名で呼ぶのにふさわしくないということで、空地戦の策定に際してドン・スターリは拡張された戦場《エクステンデッド・バトルフィールド》という用語を発明した。そしてその後のテクノロジーの発展は、空地戦時代の地上と航空、そして水上と水中に加え、新たに宇宙とサイバー空間をも戦いの環境＝領域《ドメイン》としたので、アメリカ軍が空地戦の後継として二〇二二年に採用したばかりのドクトリンはマルチドメイン戦と呼ばれ、かつての戦場は今日では戦闘空間《バトルスペース》と呼ばれているのである。

ＴＲＡＤＯＣは、五つのドメインの価値は平等ではなく、最終的な勝利は、人間の居住環境である地上ドメインにおいてこそ得られると釘を刺しているが、[*203] マルチドメインの概念は、作戦術に調整されるべき戦術行動がもはや個々の会戦や戦闘にのみ限られないことを示している。全てのドメインにおける全ての戦術行動が、作戦の資材となり得るのである。[*204]

このことを平易に理解するには、戦力の運用に関心を向けていたクラウゼヴィッツよりも、スヴェーチンと同じく政治と戦略寄りに考えていた孫子に頼るのが良いだろう。

孫子が「勢篇」で、

> 衆を治むること寡を治むるが如くするのは、分数《ぶんすう》是れなり。衆を闘わしむること寡を闘わしむるが如くするのは、形名《けいめい》是れなり。三軍の衆、盡《ことごと》く敵に受《こた》えて敗るること无《な》から使《し》む可き者は、奇正《きせい》是れなり。兵の加うる所、碫《たん》を以て卵に投ずるが如くする者は、虚実是れなり。[*205]

と書いているのは、一種の作戦術の概括である。我々の時代の用語で言えば、分数は編制、形名は通信、奇正は作戦、虚実は欺騙である。

ここで問題となるのは「奇正」である。従来のほとんどの『孫子』解釈では、この語は、単純に「正攻法と奇策の組み合わせ」のことだと考えられてきたが、ではそれが実際に軍事的には何を意味しているのかは、さっぱり見当が付かない。そもそも何が「正攻法」で、何が「奇策」であるのかも定義されていない。また孫子は上の文章に続けて、奇正の組み合わせを季節や天文、色彩や味のアナロジーから、自在に変化し無窮に発展し得ると述べているが、「正攻法」と「奇策」の二元論からどうすればそんなことが可能であるのかも理解し難い。すなわち、原始的な線形手法が非線形問題に適用できる理屈が分からない。

だから、一九七二年に出土した『孫臏《そんぴん》兵法』竹簡本のテキストにある奇正の二つの定義、「形以て形に応ずるは、正なり。無形にして形を制するは、奇なり」及び「同《ひと》しければ以て相い勝つに足らず。故に異を以て奇と為す」を、『孫子』にも適用すべきだとする浅野裕一教授の明察がまったく正しいと考える。[*206] つまり「正」とは彼の戦力、態勢、計画、あるいは認識が現に対応しているところの我の手段であり、「奇」はそうではない手段である。

より一般的に定義をし直すならば、「奇正」とは、異なるカテゴリ、スタイル、あるいは規模に属する戦術行動を組み合わせて作戦を実施せよというテーゼなのである。孫子が「勢篇」で説明しているのは、粗雑な線形手法で非線形問題を処理する「銀の弾」の処方などではなく、終始、非線形問題そのものなのだ。

ハンニバルがカンナエが用いたいわゆる「鉄床とハンマー」は、歩兵戦列で敵の正面を拘束しつつ、騎兵襲撃で敵の翼側を突破し、包囲殲滅する基礎的なドクトリンである。ここでは鉄床＝陣地戦が「正」、ハンマー＝機動戦が「奇」として機能している。そのように陣地戦と機動戦、火力と機動、攻撃と防御、分散と集中、主攻と助攻、機械化部隊と特殊部隊、秘匿と暴露、あるいは「直接的」アプローチと「間接的」アプローチ等を組み合わせ、かつまた、情況に応じて「奇正の環《めぐ》りて相生じ」せしめる、つまり適切に相互に変換してゆくことが、「正を以て合い、奇を以て勝つ」術に他ならない。

南北戦争、一八六四年のアトランタ戦役では、数的に優勢なシャーマンの進撃からアトランタを守るべく、ジョセフ・ジョンストンと彼の後任ジョン・ベル・フッドは幾度となく周到防御線を布いたが、正面を拘束しつつ迂回機動を図るシャーマンに対し、陣地を放棄して後退を繰り返さざるを得なかった。アトランタの失陥後、フッドは独断で起死回生の大反攻を試みるが、彼のテネシー軍――南軍が西部戦線に展開していた最後の野戦軍は殲滅され、「海への行軍」によって南部連合にとどめを刺さんとしているシャーマンの後顧の憂いは消滅した。[*207]

ピケッツ・ミルやケネソー山で、大きな犠牲を出して失敗した正面攻撃の戦訓から学習しつつ、数的優勢だけを当てにするのではなく、陣地戦と機動戦、戦力の分散と集中とを組み合わせるに至ったシャーマンの作戦術は、孫子の言う「勝兵は先《ま》ず勝ちて而る後に戦う」という理念型そのものである。そして「敗兵は先ず戦いて而る後に勝を求」めたフッドの無謀で無意味な反攻の破滅的な結末は、作戦術の欠落からの必然であった。[*208]

ウクライナ軍は、間違いなく世界で上位に数えられる精強な軍隊の一つである。しかし彼らは、参謀将校の慢性的な不足、練度の高い将兵の損耗に追いつかない補充、ドクトリンの不統一、組織のセクショナリズム等、構造的、文化的な少なくない問題を抱えている。緒戦の二〇二二年春季攻勢で、ヘルソン州とザポリージャ州の広大な空間を奪われた失策からも分かるように、今のところ、ウクライナ軍は一部の人々が手放しで絶賛するような「世界最高の軍隊」[*209]ではない。彼我の作戦術と戦術を定量的に評価するための手がかりについては本章第一節で論じたいが、ウクライナ軍はロシア軍に対して、「概念の戦い」で非対称的な優位を獲得するには至っていない。けれども定性的には、彼らは作戦術の他の分野と同じく、作戦の計画と実施においても、ロシア軍より優れた手腕の持ち主であることを証明してきた。第一章第三節で述べたように、GMLRS等の一部のスタンドオフ兵器とスターリンク等のISRを除き、防空システムやAFVといった西側供与の先進兵器の数は、未だ統計的に紀律化できる規模には達しておらず、ゆえに二〇二三年秋現在、ウクライナ軍の戦力がほぼ全てのドメインにおいて劣勢であることは、開戦時と変わっていない。戦況は決して楽観できない。

にもかかわらず、ウクライナ軍は主導を手放さず、ロシア軍を戦略的に混乱、分散させ続けておくために、調整された戦術行動で縦深を打撃し続けている。「ロシア人はソ連の本にまるで無知なのに、ウクライナ人は精読している」としばしば揶揄されているが、実際にザルジニとシルスキのウクライナ軍はソ連軍の後継者の一つとして、スヴェーチンの作戦術を理解しているようである。

二〇二二年秋季攻勢においては、北東部戦線と南西部戦線で主攻と助攻とを相互に変換することで、ロシア軍に戦力の集中を失敗させ、最終的にはハルキウ州からのロシア軍の一掃、ヘルソン市の奪回という二つの作戦目標を達成した。同年冬季攻勢では、バフムートにロシア軍の精鋭を誘致し、陣地戦による防御を可能な限り長引かせることで、西側の支援の下、来るべき反攻のための戦力造成の時間を――決して充分ではなかったが――稼ぎ出した。その反攻、二〇二三年夏季攻勢においては、東部に一つ、南部に二つの攻勢軸を設定することで、再びロシア軍の戦力の集中を妨げている。

　これらの地上作戦に加え、セヴァストポリへのドローンと巡航ミサイルによる打撃、ケルチ大橋への打撃と度重なる破壊の威嚇、ロシアとベラルーシ領内へのドローン打撃や越境特殊作戦、占領地でのパルチザン戦等、あらゆる戦術行動が大きな目標――第一にクリミア半島の、最終的には全領土の回復――のために調整されているのである。もちろん戦術行動の具体的な調整の方法や資源の配分に可否がないはずがないが、ウクライナ軍の作戦方針総体を指して、戦力と資源の無用な分散であるなどと批判する人々は、作戦術を理解しておらず、歴史に無知なのである。一九四四年のノルマンディで、今のウクライナ軍には望むべくもない優勢な戦力――ＡＦＶ四対一、歩兵二対一――を一点に集中したグッドウッド作戦はいったいどうなったのか？[*210] もしも、グッドウッドは西部でのコブラ作戦の助攻として策定され、成功した。イギリス軍の戦車戦力の三分の一以上が失われたのは、充分に引き合う対価であった――という見解を支持するのであれば、それだけの犠牲を支払いながら連合軍はどうして、二〇二二年秋季攻勢のウクライナ軍のように二つの目標を共に達成できなかったのか？

　ロシア軍は、一九四四年七月のイギリス軍と同様に、戦術行動の調整に失敗し続けている。本章第二節で述べたように、そもそも「特別軍事作戦」の戦略目標が二転三転しているのがその理由の一部であろう。いったいプーチンの「本当の目的」を、野戦軍の何人の将校たちが共有しているのであろうか。

ロシア軍の二〇二二年冬季攻勢ではバフムートの攻略が試みられただけで、そこでの戦果を戦略的に拡張、利用する企図はまったく観察されなかった。二〇二三年二月のヴフレダル方面の機甲攻撃も、この都市の攻略を試みる開戦以来の一連の努力のうちで最大規模のものというに過ぎず、単なる一会戦として終わった。

対して、同年一〇月のアウディーイフカ突出部へのより大規模な機甲攻撃は、ロシア軍にとって二〇二二年夏以来もっとも優れた作戦で（戦術の巧拙は別である）、恐らく、ウクライナ軍の戦力をこの要地に誘致、拘束することで、南部戦線への彼らの夏季攻勢の圧力を減殺しようとしているのであろうが、しかしその目標を達成するには、ウクライナ軍を混乱させ、主導を失わせるために、南部戦線での呼応した行動が必要である。二〇二三年一〇月下旬現在、その兆候はまだ伺えず、アウディーイフカへの攻撃は結果的に局地的、線形的な行動に留まっている。

戦闘と会戦以外にも、ロシア軍は黒海の海上封鎖、非戦闘員に対する組織的な戦争犯罪、非戦闘員に対する無差別ミサイル打撃、電力インフラへのミサイル打撃、穀物インフラへのドローン打撃、ウクライナ防空部隊を射耗させるための転用地対空ミサイルによる打撃、カホウカ・ダムの破壊、ウクライナと西側へのサイバー攻撃、そして核レトリック等の様々な戦術行動を用いているが、どれも戦局に大きな影響を及ぼしてはいない。そのそれぞれが、あたかもその場しのぎ

ブチャ市の戦争犯罪犠牲者の集団墓地。多くの証拠は、ロシア軍の戦争犯罪が暴徒と化した兵士の仕業ではなく、組織的に計画実施された事実を示している。彼らは戦争犯罪を戦術行動として活用し、戦時国際法に従う西側の軍隊に対する非対称的な優位を得ている。あるアナリストは、ロシアが捕虜や占領地の住民へのジェノサイドを武器化して、譲歩を迫る可能性を警告している。(写真:ロイター/アフロ)

の思いつきの策のようにしか見えず、作戦術による調整を何ら受けないまま、バラバラに実施されているからである。

唯一、海上優勢の独占的な獲得によって可能となった黒海の封鎖のみが、二〇二二年四月の巡洋艦「モスクワ」の撃沈以降もそれ単独で絶大な効果を発揮し得る戦術行動であるが、ウクライナ軍のスタンドオフ兵器と水上ドローンは、二〇二三年九月に、セヴァストポリで入渠中の潜水艦「ロストフ・ナ・ドヌ」（一三日）、エフパトリアのS－400防空システム（一四日）、黒海艦隊司令部（二二日）その他の高価値目標への攻撃を立て続けに成功させ、ロシア黒海艦隊は少なくとも一時的に黒海西部からの戦力の撤収を余儀なくされた。

だが、これをもって「海軍なき国家による（海戦の）勝利」[*211]と称するのは楽観的に過ぎる。一〇月八日付のISWの報告によれば、黒海艦隊の黒海封鎖能力は部分的に低下したが、セヴァストポリにはなお作戦行動可能な有力な戦力が残っており、海上優勢は彼らの手中にある。[*212]上述したように、ウクライナ軍には何より火力と火力からの防護手段が、それらを、紀律化した戦力が足りない。繰り返しになるが、ゼレンスキが二〇個中隊のパトリオットを求めているのも、一〇月にようやくアメリカからの供与が始まったATACMSについて、ブダノフが「少なくとも数百発」が必要だと言っているのも、[*213]彼らがそのことを理解しているゆえである。

西側による先進兵器の逐次的な供与は、戦力の集中と経済の原則に違反している。この視座から言えば、西側諸国もまたロシア軍と同じ程度に作戦術に失敗し続けており、そしてその結果として、戦争を避けられるはずの長期化に陥らせている。

8 火力支援

ウクライナ戦争のもっとも重大な戦訓の一つは、火力の際立った致死性であろう。二〇二三年に入ると、ロシア軍の砲弾の射耗と砲の損耗の蓄積から、ウクライナ軍が砲兵火力の優勢を漸進的に獲得していったが、しかしロシア砲兵も主たる射撃要領を初期の一五榴による弾幕射撃から、ウクライナ砲兵のそれに似た、一二迫による照準射撃へと変換し、その結果、彼我共に大量の観測ドローン——ウクライナ軍のドローンの損耗は月平均一万機である[*214]——を接続されたクロプンワ、ストレレッツ等のC^4ISRシステムによる、高速かつ精密な砲兵キル・チェーンを戦闘空間で走らせられるようになった。[*215]

敵の致死的な砲兵火力は、第四次中東戦争時はもちろん、湾岸戦争時と比べても格段に大きな戦力の分散と機動、隠遮蔽への依存を強制している。すなわち、攻撃のための戦力の集中は、最良の装備品と細心の計画をもってすら、今や至難となっている。同様に、機動的な予備と縦深を欠いた防御は、たちどころに拠点の孤立化と各個撃破を招く。[*216] 冷戦時代のソ連軍のドクトリンでは、周到防御において一個中隊が担任する正面は一・五～二・五kmとされていたが、ウクライナ軍はしばしば中隊を三km幅に分散させている。[*217]

ウクライナ軍は、二〇二二年春季攻勢では劣勢な砲兵を戦術的に巧みに活用して大隊戦術群を痛撃し、ロシア軍に機動戦ドクトリンを事実上放棄せしめるに至った。二〇二三年においても、東部戦線のヴフレダルやアウディーイフカに対するロシア軍の反撃は、ウクライナ軍の火力に繰り返し破砕されている。彼らはまた二〇二二年六月下旬以降、GMLRS、JDAM－ER、ストーム・シャドウ／SCALP－EG、ATACMS等、西側から到着したスタンドオフ兵器によって兵站の結節や指揮所、その他後方施設を打撃して、ロシア軍の作戦能力をたびたび麻痺させる戦果を上げている。

けれども、GMLRS到来以前の量の優勢を失った後も、ロシア軍は戦闘空間でウクライナ軍とまだ互角に撃ち合っている。彼らは改良した砲兵キル・チェーンを「使い捨て」歩兵や野戦築城、旧式戦車と組み合わせることで、自軍の能力と環境に適合した新しい陣地戦の戦術を開発し、二〇二三年夏季攻勢では、南部戦線でウクライナ軍に未だに決定的な突破を許していない。

つまるところ、火力の致死性の予想外の異様な増加が「近代システム」に障碍を引き起こし、戦いの様態を第一次大戦式の消耗戦にまで退行させている。攻勢のテンポが遅いのは、ウクライナ軍の将校や下士官たちがいたずらに頑迷なだけでも、教えられた西側のドクトリンを使いこなせていないだけでもない。彼らが直面しているのは、人類史上まだ誰も経験したことのない、戦争の新たな非線形問題なのである。

戦車に網型装甲《コープケージ》を増加したり、電子戦戦力を線形に増強したりするのは、何もしないよりは全然ましだが、根本的な解決策にはなりそうにない。自律的ないし半自律的な対ドローン・ドローン群や、イスラエルのアイアン・ビーム[*218]のような戦術要撃レーザー兵器といった新しい概念とテクノロジーを、ただ単に裸の「銀の弾」として使うのではなく、それらを防空キル・チェーンにシームレスに統合した紀律の刷新があって初めて、現在の膠着は克服されるのかも知れない。前回の、第一次大戦で発生した「近代システム」障碍の部分的な復旧には四年間、完全な復旧には二一年間を要したが、今回はたぶん、それほどの時間はかからないであろう。

とは言え、戦域と戦闘空間は、決してドローンと砲兵の独占的な支配を受けているわけではない。「近代システム」の価値は健在であり、戦争の様態は変わっても戦争の本質は不変である。つまりクラウゼヴィッツが言ったように、砲兵は独立性をまったく欠いているがゆえに、他兵科の戦力の支援に充てられるのがその機能の本義だということである[*219]。

換言すれば、歩兵や戦車を使わず、砲兵ないし航空戦力の精密打撃のみで作戦目標を達成するのは今なお不可能に近い。それが可能だという思い込みは、既に第一章第六節で見てきたように、マクマスタの「吸血鬼の誤謬」「ゼロ・ダーク・サーティの誤謬」そのものなのであり、現実にコソヴォ戦争（一九九八〜九九）や内なる決意作戦（二〇一四〜一九）[*220]、第二次レバノン戦争（二〇〇六）[*221]の戦訓は、精密打撃は地上戦力と連合し、文字通り火力支援を実施する場合にこそ、しかるべき威力と費用対効果とを発揮し得ると教えている。

ロシア軍はマリウポリ、シヴィエロドネツク＝リシチャンシク、バフムートにあらゆる種類の砲弾を大量に浴びせかけたが、これらの都市を実際に奪ったのは歩兵の軍靴であった。これらの戦いにおいて、また先立つ第二次チェチェン戦争やシリア内戦（二〇一一〜）においてロシア軍は、かつて北ヴェトナムを「石器時代に戻す」と宣言したカーティス・ルメイがもし見ていれば大喜びしたであろう無差別かつ徹底的な破壊を行ったが、「石器時代に戻すこと」自体が戦略目標でない限り、そのような火力の投入のみでは作戦術上の実効性はきわめて小さい。

　また、ウクライナの人口密集地と電力インフラ、穀物インフラに対する巡航ミサイル、弾道ミサイル、そしてシャヘド・ドローンによるスタンドオフ打撃も、第二次大戦における、ロンドンに対するドイツのＡ－４ミサイル打撃、ドイツと日本の人口密集地に対する連合軍の無差別爆撃と同じく、敵国民の戦意を挫くという戦略的な認知戦の目標をやはり達成できていない。

　さらに踏み込むならば、ジム・ストーがウォー・ゲームによる研究を通じて、少なくとも冷戦時代の戦闘空間においては、航空戦力の第一の任務は航空優勢の獲得、つまり航空偵察であるとするドイツ連邦軍のドクトリンは正しいと結論付け、対して航空阻止つまり航空精密打撃の実効性は、アメリカ軍が信じ込んでいるほど大きくはない、と警告していることにも注意を払うべきであろう。[*222] ウクライナ戦争では、彼我の航空戦力の活動はまことに不活発であるが、対照的に高強度で戦われているドローン戦の様態は、ストーのこの分析とよく合致している。投入されている文字通り無数のドローンの主たる任務は、ロシア軍のランセットやウクライナ軍の一人称（ＦＰＶ）ドローンを用いた、戦車や自走砲を標的とした「ＳＮＳ映え」する――ストーの言葉を借りれば派手な《ドラマティック》――精密打撃ではなく、先述したように、キル・チェーンに統合された偵察と観測である。

　このことは、近い将来にウクライナに供与されるだろう西側の航空アセット――Ｆ－１６や

2023年3月、東部戦線でロシア軍陣地を攻撃するウクライナ軍第110機械化旅団の歩兵とM113ACAVないしYPR-765 APC（装甲兵員輸送車）（同旅団公開の動画より）。戦力はもはや直接ないし間接火力支援無しにはほとんど何もできない一方、同程度に致死的な敵の火力からの防護のために常に隠遮蔽、機動、分散を強いられ、結果、機動戦による突破進展を至難としている。また陣地戦においては、近接戦闘でのIFV（歩兵戦闘車）の30mm砲の威力が大きく、IFV戦力で劣るウクライナ軍は西側製車輌の到着まで苦戦した。この動画ではIFVの言わばやむを得ない代用として、50口径重機関銃を搭載するAPCが歩兵の突撃を支援している。機関銃は火力が小さいばかりか、間接射撃ができないので敵前に車体を暴露せねばならず、ために装甲の薄いこれらのAPCは、敵に照準を付けられぬよう、激しく前後進を反復している。

グリペン、あるいはＦ／Ａ－１８戦闘機は、砲兵火力と防空システムの致死性が共に増加した二十一世紀の通常戦の戦闘空間で、どのように使われるべきだろうかという問題にも結びつく。航空優勢の獲得と長距離のスタンドオフ打撃任務に専念すべきなのだろうか？　それとも、砲兵火力にはない機動力を活かして、戦術的な縦深の打撃――例えば、突破後の戦果拡張の支援――に積極的に当たるべきなのだろうか？

9 兵站

十七世紀の三〇年戦争（一六一八〜四八）の戦禍は「ドイツの人口の三分の一を消し去った」と言われてきたが、実際にピーター・ウィルソンの推計によれば、第一次大戦が欧州の総人口の五・五パーセント、第二次大戦が同じく六・〇パーセントを殺したのに対して、三〇年戦争の犠牲者は当時の神聖ローマ帝国の総人口の二〇・〇パーセントにも及んでいた。*223 ちなみに、第二次大戦で最大の被害を受けたのはソ連だが、死者はそれでも総人口の一二パーセント未満である。

三〇年戦争がこれほどまでの破壊を撒き散らし、またこれほどまでの長期にわたった最大の構造的な原因は、野戦軍の兵站が一元化されていなかったことにある。当時の軍隊においては、軍政は軍事企業家たる連隊長たちに、兵站は民間の商人に丸投げされていた。*224 そして、兵士たちの給与が約束通り支払われるのはむしろ珍事と呼ぶべき有様であったから、軍隊は当たり前の補給の手段として周辺の村落や修道院を掠奪して回ったのである。そうして戦域が荒廃した結果、掠奪を行った軍隊は自らの脚を食らう蛸の如く補給を枯渇させてしまい、戦役を短期間で終わらせるに足る作戦能力を失ったのである。

太陽王ルイ一四世のフランス軍が、戦術やテクノロジーについては他の欧州諸国の軍隊とほぼ変わらないにもかかわらず、十七世紀の後半に無敵を誇ったのは、いわゆる絶対主義体制を確立させ、君主に直属する官僚制の下でついに軍政と兵站の一元化に成功したからである。[*225]このフランス版の「軍事革命」が、近代軍隊の組織科学的な出発点となった。これより以降、将兵に給与を支払い、軍服を着せ、武器と装備品、弾薬と糧食を与えるのは、軍事力を独占する主権国家のみが負う責任となったのである。

ところが二十世紀後半、トフラーの「第三の波」、すなわち産業と経済の情報化、分権化、グローバル化が漸進的に進展するに従い、相対的に弱体化した国家は、それまで独占するか、独占に近い状態で支配してきた社会経済的な、あるいは政治的な機能の幾ばくかを手放すようになる。日本だけ例に挙げても、鉄道しかり、高速道路、郵便、通信インフラ、電力インフラしかりである。

ヴェストファーレン体制、すなわち主権国家体制の下での国家存立の命綱であり続けてきた軍事力でさえ、冷戦後の不正規戦時代においてはもはや不可侵ではなくなった。冷戦に勝利した西側の国々は「平和の配当」を受け取れたものの、今や、軍事費ではなく、増大する一方の社会保障費を捻出するのが政府の急務となった。依然として突出した規模の軍事費を支出し続けているアメリカでさえ、訓練や後方支援、後方警備等の役割を分担してくれる様々な民間軍事企業（PMC）との密接な協力なくしては、たちどころに国内外での軍事行動に支障を来たす状態である。[*226]

そして軍事力の民営化において、世界の先頭を行っていたのが他ならぬロシアである。ロシアは、既に述べたように、基地の給食やメンテナンスといった後方支援業務に始まり、シリアやアフリカ、ドンバスでの作戦行動そのものをもプリゴジンに外注していたのだが、のみならず、正規軍の編制についても機能の一部を民営化してきたのである。

民営化がもっとも進んでいるのは兵站部門である。兵站は、昔も今もソ連＝ロシア軍のアキレス腱と呼べる。広大な国土、貧弱な道路インフラ、そして極端に強い指揮統制ドクトリンといった理由から、彼らの兵站は集権的に管理される鉄道に大きく依存してきた。本章第一節で少し触れたように、これは独立した鉄道軍の管掌下にある。セルジュコフの「ニュー・ルック」改革によって、鉄道軍の規模は四万二〇〇〇から二万七〇〇〇へ削減されたが、今なお鉄道はロシア軍の戦略機動力の要である。

ウクライナ戦争で観察されたように、破壊された鉄道インフラ自体の復旧は比較的容易であるが、大量の物資が集積される兵站基地としての鉄道駅は絶好の標的となる。だがそれより大きな問題は、鉄道駅から前線の部隊までの輸送をどうするかである。中長期的には、現にウクライナで行っているように、奪った敵国の鉄道インフラを修理し自国の鉄道と一体化させ、加えて燃料と水を運ぶパイプラインを敷設するのであるが、少なくとも短期的には、トラックとタンクローリを道路に走らせる以外に方法はない。具体的には、軍管区ないし諸兵科連合軍に割り当てられた鉄道駅から、まず師団と旅団の集積所へ、そこからさらに大隊、中隊の集積所へと、階梯を降りてゆくのである。

現在、鉄道駅から前線までの兵站業務を担任しているのは、諸兵科連合軍がそれぞれ一個ずつ持つ後方支援（ＭＴＯ）旅団（計一一個）を始めとする各階梯の単位固有のＭＴＯ部隊であるが、実はこれらは最初から民間企業との協力を前提として設計された組織である。

先述した鉄道軍の再編と削減もその一環として行われたのであるが、「ニュー・ルック」改革では、言うまでもなく兵站の軽量化と近代化が要件の一つとされていた。第二次大戦や冷戦時代のような、ともかく大量に運べばそれでよしとするようなやり方では、細かく専門化され、多種多様の複雑な装備品とその交換部品が必要とされる現代の戦争には対応できないことが、ジョージア（グルジア）侵攻の戦訓から明白となっていたからである。[*227]

しかしながら、兵站システムの近代化は至難の仕事となった。何となれば、またしても教育訓練システムの機能不全によって、高度な知識と技量、ことにリアルタイムでの在庫統制に欠かせない情報通信技能を備えた人員を揃えられる見込みがまったくなかったのだ。西側の軍隊ならば、そのような任務には専門教育を受けた職業下士官を充てれば済むのであるが、ロシア軍には彼らは存在していない。セルジュコフは余剰の将校を解雇する代わりに、下士官に降等してその種の仕事をさせようとしたが、彼の目論見が挫折した政治的な背景は既に見た通りである。

国防省は、正規軍と内務省軍（当時）の兵站専門家の教育機関としてヴォルスク後方勤務軍事研究所（ＶＶＩＴ）を一応は設置したものの、例によって予算と人員の不足から機能しておらず、紙の上の存在でしかない。

結局ロシア軍は、確実に軍事費の膨張につながる教育訓練インフラの抜本的な改革に注力する代わりに、兵站業務を泥縄式に民間委託する対症療法を選んだ。各階梯のＭＴＯ部隊の組織は可能な限り簡素化され、在庫統制、トラックとタンクローリ輸送、メンテナンス等の業務の多くは、その意思決定権と共に、二〇〇八年に設立された国営企業オボロンセルヴィス社に大幅に委託されることとなったのである。

ＮＡＴＯ軍やアメリカ軍も現に行っているやり方、つまり、基地の給食業務をプリゴジンのコンコルド社に委託した事例と同じく、軍固有の兵站部隊の能力を民間業者が外部から支援、補完するやり方とはまったく異なり、この「改革」では兵站部隊そのものが部分的に民営化されたのである。軍管区階梯では、二〇一三年時点でロシア全土に七〇個の兵站基地が存在したが、それらは軍人ではなく、オボロンセルヴィスの社員とその在庫統制システムによって運用されるようになっていた。[*228]

発足と同時に、オボロンセルヴィスは支配エリート層が群がる新たな利権、腐敗の温床となり、セルジュコフの失脚も同社がらみの汚職が直接の原因とされたが、軍事的な問題の所在は当然そこではない。ＦＯＩのロジャ・マクダーモットが分析したように、また彼の報告をもとに、ウクライナ戦争の開戦直前にデーヴィド・アックスが見事に予測していたように、軍民の組織の混在は、前者の軍事任務と後者の利潤追求との衝突を惹起し、また指揮統制システムに混乱と遅延をもたらし、戦域と戦闘空間における即応性、ひいては機動力を損ねる深刻なリスクがある。[*229]

第一章と第三章で繰り返し見てきたように、近代軍隊の「強さ」の根幹を成しているのは紀律であり、太陽王の軍隊の成功も、軍政と兵站を紀律化した成果であった。ロシア軍の民営化は、代替フレームワークを何ら準備しないままに紀律を自ら破壊する行為である。時計の針を逆転させれば、「第三の波」を克服できるというものではない。

そもそも紀律の破壊をもたらす民営化は、ソ連＝ロシア軍の戦争文化の根幹に真っ向から矛盾しているはずの施策であり、その採用はきわめて理解し難い謎である。ロナルド・タイとクリストファ・キンジは、「プル型」と「プッシュ型」に分類される兵站の概念モデルを用いて、ソ連＝ロシア軍の兵站の構造的な弱点を概観している。[*230] プル型は西側の軍隊で用いられているモデルで、補給所要、つまり作戦や戦術行動に必要とされる物資の見積もりを出すのはエンド・ユーザたる野戦軍の側で、後方の兵站システムは送られてきたその見積もりに基づいて、実施可能な補給計画を策定し、それをエンド・ユーザに知らせる。つまり野戦軍と兵站システム間のコミュニケーションはフィードバックを形成しており、そのことによって不期の「霧」「摩擦」の出来に対する柔軟性と冗長性を確保しているのである。民生の産業におけるジャスト・イン・タイム生産方式ないしリーン生産方式は、冗長性ではなく速度の増加を目標とするプル型兵站システムと呼べる。自動車工場の生産現場の非線形性は、戦闘空間のそれよりも遥かに小さいので、経営上の利潤追求という民間企業の戦略目標と相反する冗長性の確保は、できる限り避けるべきだからである。[*231]

一方、兵站システムの側があらかじめ補給所要を決定するのが、ソ連＝ロシア軍のプッシュ型である。プッシュ型ではエンド・ユーザが能動的に参加できる公式コミュニケーション手段は乏しく、作戦や戦術行動の実際の失敗から補給計画の破綻がまったく明らかになった時点で初めて、兵站システムが計画に修正を加えるという様態での、ごく微弱かつ低速のフィードバックしか働かない。タイとキンジが指摘するように、これは本章第一〇節で論じる、ソ連＝ロシアの極端に中央集権的、垂直的な指揮統制ドクトリンと、その基盤たる戦争文化の当然の産物の一つである。二〇二二年春季攻勢に始まるロシア軍の兵站の失敗は、作戦術の失敗であり、作戦術の基礎である指揮統制ドクトリンの構造的な失敗でもあるのだ。

民営化は、そのようなロシア軍の戦争文化にとって異物であるとしか見えず、兵站システムの構造的な弱点を拡大する役にしか立っていないであろう。従来のやり方に取って代わる「新しい何か」などではあり得ないのは言うまでもない。

加えてロシア軍の兵站システムは、戦争文化や「第三の波」とは直接には無関係の、ソ連時代から受け継がれきた、低劣な道路輸送能力という純粋な量《マス》の弱点をも抱えている。

第一章第一節で見た、RAND研究所が行った一連のウォー・ゲームと、それに依拠して書かれたリチャード・シレフの小説は、バルト三国に対するロシア軍の侵攻の可能性を、主に彼我の戦闘価値の優劣の評価に基づいて警告していた。しかしウクライナ戦争前夜の二〇二一年一一月にアレックス・ヴェルシーニンは、そのようなシナリオではロシア軍の奇襲と所期の目標の達成は成功するかも知れないが、貧弱な兵站は展開された戦力をそう長くは支えられないだろうとの分析を公にした。[*232]

ロシア軍の単位が持つ固有の兵站部隊[*233]は、西側に比べてずっと小規模である。例えば、アメリカ軍の師団は維持旅団、大隊は維持中隊を持つが、ロシア軍の師団はＭＴＯ大隊、大隊戦術群は、ＭＴＯ中隊を配属された一部の例外を除いてＭＴＯ小隊を持つのみである。旅団だけがアメリカの旅団と同じく大隊規模の兵站部隊を有するが、戦闘車輌の数がアメリカ旅団の四分の三であるのに対し、砲兵の規模はおよそ三倍であり、養わねばならない補給所要の総計は格段に大きい。鉄道駅から師団と旅団への輸送を担任する、諸兵科連合軍のＭＴＯ旅団も、アメリカ軍の軍団維持旅団よりも遥かに非力である。各ＭＴＯ旅団は汎用トラック一五〇輌、トレーラ五〇輌、特殊用途トラック二六〇輌を持っているが、ヴェルシーニンは、前線までの道路インフラの状態が良好で、交通の安全が確保されているという最善の情況においてさえ、この程度の輸送力では諸兵科連合軍の作戦行動を最大で九〇マイル＝約一四五㎞までしか支援できないと計算した。言い換えれば、通常戦におけるロシア軍の攻勢限界点は自国領内の鉄道駅から一四五㎞で、そこに達すればどうしてもいったん停止して補給物資が追いつき集積されるのを待たねばならないのである。

　開戦時の北部戦線の情況を見ると、ドニプロ東岸では、ベラルーシ国境からチェルニーヒウまでの道路は約七〇㎞で、ここから首都キーウまではさらに約一二一㎞。計約一九〇㎞を進まなければならない。ドニプロ西岸では、国境からキーウまでは最短経路で約一三〇㎞であるが、プルィピヤチ沼沢地と森林を抜ける二車線の貧弱な道路Ｒ０２号線ただ一本に頼らなければならない。当然ながら、どちらもウクライナ軍の郷土防衛隊のゲリラや特殊部隊、砲兵、バイラクタルＴＢ２ドローン、そして住民の監視の目に脅かされており、安全の確保などされていない。兵站の破壊は、明らかに、開戦直後からウクライナ軍の優先的な目標とされていた。[*234]

　本章第一〇節で見るように、ロシア軍の大隊戦術群という単位は言わば過渡的、折衷的な苦肉の手段であった。それらは砲兵以外の戦力があまりにも軽量に過ぎ、ドンバスの不正規戦の環境においてすら、兵站については原隊である旅団の、戦術については分離主義者の民兵の、それぞれ持続的な支援を欠いてはよく行動できなかった。

しかしながら、第二章第三節で論じたように、侵攻がウクライナとの全面的な通常戦を生起させるリスクをまったく考慮していなかった参謀本部は、行政権の奪取と住民の抵抗の鎮圧という任務を与えられた国家親衛隊の治安部隊を侵攻の前衛とし、むしろそれを護衛するような形で、身軽な――つまり兵站の負担の小さな大隊戦術群を随伴させたのである。そのことは、三月にキーウの北西に出現した、長大な車輛縦隊の輻輳――すなわち兵站の混乱が示している。たとえ参謀本部に、大隊戦術群よりも大きな単位を投入する意思があったとしても、後方の鉄道駅に発する連絡線の設定は、要求される進撃の時間と空間に付いてゆけなかったのであろう。

レスタ・グラウとチャールズ・バートルズは、一個MTO小隊を有する大隊戦術群の独力での継戦能力を一～三日間と推定している。[*235] それを踏まえると、VDVのそれのような、例外的にMTO中隊を持つ大隊戦術群の場合には、単純計算では三～九日間戦えることになるが、ウクライナ戦争で観察されている凄まじい速度での射耗を鑑みるならば、両者共にそのもっとも低い推計値、ないしそれ未満の数字を想定するべきであろう。

果たして、北部と北東部におけるロシア軍の攻勢は激しい抵抗に直面し、不正規戦が通常戦へと変換されたことで、大隊戦術群は戦力よりも先にその補給を溶解させ、瞬く間に戦闘効果を失っていったのであった。

加えて、ロシア軍の最多の作戦単位である旅団の兵站能力は構造的に師団よりも非力であり、旅団隷下の大隊戦術群その他の部隊は、しばしば他の師団ないし諸兵科連合軍の兵站に依存せざるを得なかった。[236]

かろうじてロシア軍が道路で補給を繋げられる距離内にあるはずのチェルニーヒウでも、郷土防衛隊の民兵と、恐らく特殊戦の支援を受けたウクライナ第一戦車旅団が、どう少なく見積もっても数倍のロシア軍（二個師団と三個旅団から編組された大隊戦術群）と一カ月以上にわたって戦い、この都市を占領させることも、孤立させることもなく四月一日に後退に追い込んだ。ロシア軍はチェルニーヒウを、後に彼らがシヴィエロドネツク＝リシチャンシクやバフムートでそうするように、砲兵火力で地上から消し去ることもできなかった。彼らはそもそも師団と旅団の砲兵隊の主力を大隊戦術群に追随させられなかったのであるが、[237]何よりここに投入した戦力が過大であったことが、逆に兵站システムを早期に崩壊させ、作戦行動の持続を不可能としたのである。

兵站は軍政と共に、ロシア軍の作戦術における最大の弱点であり続けている。ヴェルシーニンは、ロシア軍の兵站システムは国土の防衛に最適化されていると評価し、[238]また第一章第八節で見たように、ＦＯＩの分析によれば、攻勢作戦においてはロシア軍はただ一個の地域戦争を戦う能力しか保有していない。[239]いずれにせよ、対等か対等に近い《ニア・ピア》他国への侵攻は能力を超えた任務なのである。

構造的にであれ量的にであれ、軍政と兵站の双方について劇的な改善が実現されない限り、ロシア軍は攻守を問わず消耗的な陣地戦を続けざるを得ないであろう。戦闘空間において、人員、火力、戦車の四倍以上の数的優勢を獲得できれば、ウクライナ軍の防御線の突破は不可能ではなかろうが、ヴェルダン（一九一六）やソンム（一九一六）と同じく、そうして得られた線形的な戦果を作戦術によって戦略的な非線形の戦果へと拡大してゆくことはなお簡単ではないだろう。

10 指揮統制

　ある軍隊の戦争文化の特質は、その指揮統制にもっとも色濃く発現してくる。大まかに言えば、統制が強い文化と、統制が弱い文化である。統制とは、組織の上から下への規制、監督のメカニズムである。例えば、イギリス軍とアメリカ軍は強い統制の、ドイツ軍とイスラエル軍は弱い統制の、それぞれ文化と伝統を有している。

　アメリカ陸軍の野外令『訓令戦術』（ADP六－〇）二〇一九年版は、指揮統制において考慮されるべき幾つかの要件を、統制の強い場合と弱い場合とで比較列挙している。[*240] まず「情況」については、情況が予測可能ないし既知の場合には強い統制が、情況が予測し難いか未知の場合には弱い統制が適している。「部隊の団結」については、チームが経験を欠いているか、編成されたばかりでお互いをよく知らない場合には統制を強くするべきで、対して、チームが経験豊かでずっと一緒にやってきた仲間であるならば弱い統制が良い。

　同様にチームの「練度」についても、訓練されていないか、遂行する任務のための訓練が不十分である場合には強い統制、自分たちが何をするべきか全員が理解し、必要な技量を備えているならば弱い統制がふさわしい。チームの人間関係において「信頼」が未だに醸成されていないな

統制とドクトリン

統制が強い	考慮される要件	統制が弱い
● 予測可能 ● 既知	情況	● 予測し難い ● 未知
● 経験を欠く ● 新しいチーム	部隊の団結	● 経験に富む ● 古いチーム
● 訓練されていない、または訓練の不足	練度	● 遂行すべき任務のために訓練されている
● 途上	信頼の醸成	● 確立されている
● トップダウン ● 明示的コミュニケーション ● 垂直的コミュニケーション	理解の共有	● 双方向の情報 ● 暗示的コミュニケーション ● 垂直的及び水平的コミュニケーション
● 厳	交戦規則	● ゆるやか
● 時間をかけて最適な決心を	要求される決心	● 速やかに平凡な決心を
● 戦争の科学 ● 同期（シンクロナイゼーション）	適用される方法論	● 戦争の技芸（術） ● 組織化（オーケストレーション）

ADP 6-0 Mission Command: Command and Control of Army Forces, US Army, July, 2019.より。

らば強く統制せねばならず、既に強い信頼が存在しているならば弱く統制する。

何を、どこで、いつ、どうするべきかという「理解の共有」は、強い統制下では垂直的なコミュニケーションを通じて、誤解の生じる余地なく明示化された情報がトップダウンで伝達される。下からのフィードバックは限定的である。他方、弱い統制下では、垂直的コミュニケーションと水平的コミュニケーションが同時に行われ、暗示的な情報が双方向にやり取りされ、フィードバックは活発である。

チームが従うべき「交戦規則」は、当然ながら強い統制下では厳とされ、弱い統制下ではゆるやかである。チームの指揮官に「要求される決心」の性質は、強い統制下ではいったん動き出した物事をやり直すのがきわめて難しいがゆえに、時間をかけて熟慮し、最善の決心をするべきであるが、弱い統制下では平凡な決心を可及的速やかに行うことが求められる。

最後の要件、「適用される方法論」は、強い統制に対しては戦争の科学《サイエンス》と、戦力の精確な同期《シンクロナイゼーション》。弱い統制に対しては戦争の術《アート》ないし技芸、及び戦力のおおまかな組織化《オーケストレーション》である。本書の用語法を当てはめれば、すなわち「戦争の科学」「同期」とは線形的な手法、「戦争の術」「組織化」とは非線形的な手法を指す。

統制の強弱と非線形性との相関性から推察できるように、概して、指揮階梯が上がるほど、つまり戦略レヴェルに近づいて環境の非線形性が増加するほど、統制は弱まってゆき、反対に、指揮階梯が戦術レヴェルにまで下りて環境を線形に近似できるようになれば、統制は強まる。また海軍は、総じて陸軍よりも統制が弱い傾向がある。

なぜそうなっているのかは、マルチドメイン戦を指揮している軍団長と、ある村落とそこを通る道路を守っている中隊長との、あるいはナポレオン時代の、師団の先導部隊として稜線上の敵の哨線の突破を命ぜられた連隊長と、単艦でインド洋での通商破壊戦を命ぜられたフリゲートの艦長との、それぞれが置かれた環境と責任の違いを、上の「考慮されるべき要件」に照らし合わせてみれば分かりやすいだろう。

統制の強度は、指揮統制ドクトリンの機能と構造を決定付ける。上のように統制の強度を大きく二分割したスペクトルにおいて、統制の弱い方のドクトリンとして規定されるのが、本章第三節でその歴史を辿った訓令戦術《アウフトラクスタクティーク》ないしミッション・コマンド、統制が強い方のドクトリンが命令《ベフェルス》戦術《タクティーク》である。ビジネス用語のマイクロマネジメント、また日本で俗に言う「体育会系」は、命令戦術に当たる。

デーヴィド・アルバーツとリチャード・ヘイズは、統制の強度＝非線形性をさらに細かく、七段階にスペクトル化し、それぞれの段階で規定される指揮統制ドクトリンの機能と構造を分析している。[*241] 統制がもっとも強い「周期型」は、C^3Iインフラの能力がきわめて低劣な場合、つまり前近代の鈍重で紀律化されていない歩兵軍などに見られ、情報（命令）は上級指揮官から下級指揮官へ周期的かつ一方的にブロードキャストされ、フィードバックは行われない。

「割り込み型」は「周期型」の改良で、上級指揮官は情況をリアルタイムで監視し、下級指揮官に提供する情報（命令）を更新する必要があると判断すれば――先んじて命令した敵陣中央の突破は至難で、手薄な右翼を迂回する方が容易であることが判明したような場合――それを行い、ブロードキャストする。つまり、上級指揮官の側のみで能動的で、かつ限定的なフィードバックを有する。

「問題解決型」は、命令戦術と訓令戦術の中間、前者から後者への過渡的なドクトリンである。上級指揮官は下級指揮官に対して、遂行すべき任務を与えると共に、種々の明示的な条件――戦力、時間、空間、兵站、資材等――を課す。「問題解決型」の成功した戦例多くでは、良質の作戦計画を得るために条件のつぶさな検討と更新が行われており、それは情況認識についての、上級指揮官と下級指揮官の双方が能動的であるフィードバックに依っていた。

「問題提示型」は「問題解決型」とまったく同じ構造を持つが、課せられる条件は明示的ではなく暗示的で、情報は簡明となり、より大きな権限が下級指揮官に委譲されている。

「選択的統制型」は、上級指揮官の統制を「プランＢ」として残した訓令戦術である。任務は、作戦目標の共有という形で示され、暗示的な条件が初期にのみ課せられる。上級指揮官の介入は最小限に抑制されねばならない。このドクトリンは統制よりも、部隊の紀律と練度、リアルタイムのコミュニケーションとフィードバックに依存している。

「無統制型」は訓令戦術の理念型と呼べる。権限と実行は分散され、組織は高度の柔軟性と冗長性を持つように設計されている。上級指揮官の主たる役割は命令することではなく、共有された目標達成に必要な情報と資材を下級指揮官に供給することである。先に挙げた例で言えば、ナポレオン時代の、本国の基地あるいは海域にいる艦隊司令官が、遠くインド洋にあるフリゲートの艦長の行動をリアルタイムで監視し、介入するのは物理的に絶対に不可能であるから、艦長の指揮統制のドクトリンは否応なく無統制型とならざるを得ないのである。

最後の「自己同期化」型は未来の、「第三の波」のドクトリンである。作戦の目標、条件、そして情況認識は上級指揮官から線形に提供されるのではなく、ネットワークあるいはクラウド上に（可能な限り）リアルタイムで共有され、かつリアルタイムで更新、つまり自己同期化される。情報の明示性と暗示性との境界は取り払われ、あらゆるコミュニケーションはフィードバック系である。

アルバーツとヘイズは第二次大戦から冷戦時代を対象に、ソ連地上軍のドクトリンを初期には「周期型」、後に「割り込み型」、アメリカ陸軍を「問題解決型」、イギリス陸軍を「問題提示型」、イスラエル陸軍を「選択的統制型」、ドイツ陸軍を「無統制型」に分類している。

残る「自己同期型」は、アメリカ海軍のアーサー・セブロウスキ提督が冷戦後に構想したネットワーク中心戦（ＮＣＷ）、そして第一章第八節で触れた、ＮＣＷをさらにマルチドメイン戦に最適化させたドクトリンとして開発されている、新しい統合全ドメイン指揮統制（ＪＡＤＣ２）のアーキテクチャとなっている。

訓令戦術を採っていたナポレオンと大モルトケの軍隊、そして第二次大戦のドイツ軍の能力については既に述べてきた通りである。またストーは、冷戦時代のイギリス陸軍ライン駐箚軍（ＢＡＯＲ）に勤務した経験から、ドイツ連邦軍が演習の敵役としてきわめて手強かったことを回想しつつ、当時のソ連軍、イギリス軍、ドイツ連邦軍の戦術的な戦闘効果を一二対一八対二三と評価している。[*242] トレヴァ・デュピュイが評価した、第二次大戦期のソ連軍とドイツ軍（一対二）、連合軍とドイツ軍（一対一・二）の能力比から、ほとんど変わっていない数字である。

アルバーツとヘイズは、命令戦術を工業化時代、つまり「第二の波」の指揮統制システム、訓令戦術を情報化時代、つまり「第三の波」のそれであると明確に区分した上で、前者に対する後者の優位の所在を論じているが、そこでひときわ問題視されているのが、相互運用性すなわち水平的コミュニケーションと、速度である。*243

彼らによれば、命令戦術の、中央集権化された縦割りの階層構造は、設計者が想定していない環境には適応できない。わけても非線形性が大であるような環境では、任務の優先順位、展望、行動への制限などがそれぞれ異なっている部門間の協力、連合が必要となるが、線形的な応答が最適化されるように設計されている命令戦術の縦割り構造は、むしろ部門間の相互干渉を排除するように働くので、水平的コミュニケーションを確立できない。陸軍と海軍、陸軍と空軍の協同作戦、軍とＮＧＯ救援組織との協力が頻繁に齟齬を来たすのは、これが原因である。

また、どれほど部門の縦割りと階層を細分化し、組織の中心のみを一方の端とする精緻なパノプティコン構造上でフィードバックの効率化を図ろうとも、言い換えれば有限要素法のやり方で非線形問題の線形問題への近似を行おうとも、「第三の波」において情況がめまぐるしく推移する速度には追随できない。上級指揮官の対応は後手後手に回り、イエナ＝アウエルシュタットやケーニヒグレーツの戦例のように、情況認識にぐずぐずしている間に主導を奪われて敵軍に後背を衝かれるか、あるいは包囲されるといったことになりかねない。

しかしながら、訓令戦術が無条件で命令戦術に優るというわけではない。訓令戦術のメカニズムを設計通りスムースに動作せしめるには、野外令『訓令戦術』が教えるように、またアルバーツとヘイズも注意を喚起しているように、経験、練度、信頼の獲得と醸成、そしてインフラの整備を通じて、組織が一定水準の紀律化を達成していることが必要不可欠である。[*244] 畳の上の水練は実戦の役には立たない。だから、ワーテルロー戦役では、命令戦術主義者のウェリントンは、紀律の劣化を起こしていたナポレオンの北方軍の攻勢をしのぎ切ることができたのだし、白山（一六二〇）では、オランダから輸入した先進の戦術と指揮統制ドクトリンで理論武装していたボヘミアの叛乱軍は、紀律で遥かに優るティリーの古参兵の突撃でたちまち潰走したのである。[*245]

つまるところ、「第一の波」「第二の波」の時代においては、どの指揮統制ドクトリンを使おうが、それが自分の身の丈に合っていて、最終的に目的を達成できれば良かったのである。南北戦争でシャーマンが、第二次大戦でソ連軍が成功させたように、劣った戦術は優れた作戦術で補完できるのだ。

また戦術レヴェルでも、ウェリントンが多くの会戦でやったような、危険を顧みず戦場の端から端まで自ら馬を走らせ、部署ごとに情況認識を更新するという力業によれば、[*246]「割り込み型」のキル・チェーンを高速化できる。ウクライナ戦争で、異様に多くのロシアの将官――西側の情報機関の分析によれば、二〇二二年五月までに一二名以上、二〇二三年二月までに二〇名以上[*247]――が最前線で戦死しているのは、「割り込み型」ドクトリンに従い、ウェリントンと同じことをしようとして現代戦の致死的な火力に身を晒したからである。

ところでロシア軍が、ソ連軍から受け継いだ命令戦術を現在まで使い続けているのは、それが質の低い寄せ集めの軍隊、つまり大規模な徴兵軍の運用に適しているからという合理性も無論あるだろうが、しかし本当の理由は、ソ連＝ロシア軍の戦争文化の最奥、体制の政治思想に根ざしているのである。すなわち、戦争という非線形問題を線形に理解、操作しようとする戦争科学の支配である。

第一章第三節で触れたように、戦争科学は社会工学の一分野である。理性の働きによる理想社会の設計と建設を人類史の目標とする社会工学は長い歴史と多様性を持ち、必ずしも権威主義や全体主義と不可分の思想ではない。[*248]

だがカール・ポパーが、社会工学と機械工学との対比を通じて、トルストイやブルックスと同様に、非線形問題を線形的に解決できると請け合う前者の傲慢さを非難すると共に、それが摂理的な大目標を掲げているがゆえに潜在的に危険であるとしたのは正しい。[*249] 摂理はもとより実証不可能なイデオロギーであるから、能動的に未来を改造しようとする摂理的社会工学（レーニン主義、スターリン主義）も、「予測」した未来を人々に押し付けようとする摂理的社会科学（マルクス主義）も、イデオロギーを独占的に管理する政治権力への従属から自由にはなり得ない。ゆえにその種の社会工学や社会科学が権威主義あるいは全体主義と結合すれば、自ずと体制の聖なるドグマと化す。

ソ連の社会工学ドグマの両輪の一方であった計画経済は冷戦の終結と共に破綻し消え去ったが、しかし幸運にも帝国の崩壊に直接の責任を負わずに済んだ両輪のもう一方、戦争科学は、冷戦終結の後もロシアの支配エリートのドグマ、軍国主義の正典《カノン》として生き残り、今に至っている。ロシア軍が戦争科学と、それに基づく命令戦術を決して捨てられないでいるのは、軍事合理性からではなく、軍国主義への背教を恐れているがゆえなのである。

とは言え、かつてのソ連軍は、戦争科学を「第二の波」時代の戦争の非線形性に最大限に適用させるために、命令戦術のドクトリンに精密で巧妙きわまる工夫を凝らしてきた。その主たるものが「ノルマ・アンド・レシピ」、及び「ストーブパイプ」で、一口で言えば、命令戦術の構造の細分化を物理的に可能な上限まで徹底する方法論である。

ノルマ・アンド・レシピは、未知の情況、つまり戦場の「霧」と「摩擦」を克服する手段である。ソ連軍が戦史の研究に並々ならぬ熱意を注ぎ込んでいたのは、およそ想定し得る限りのありとあらゆる情況のデータを収集し、整理するためで、彼らはそうやって長年蓄積してきた巨大なデータベースを持っている。

上級指揮官が下級指揮官に任務を与える際には、このデータベースに裏付けられた、「科学的」に正しく計算された目標と条件が「ノルマ」として設定される。ノルマを与えられた下級指揮官は、それを改めてデータベース上で照合し、任務の達成に必要な戦術の複数の「レシピ」を選び出し、加算して使用する。[*250] 理論的には、「霧」と「摩擦」が惹起する非線形性は、どのように複雑な任務においてであろうとも、多数のレシピの柔軟な組み合わせ、組み換えによって克服できるはずである。このような意思決定過程は、単純なるがゆえに高速という利点を有する。下級指揮官が、西側の将校たちのように、情況認識やコミュニケーションに多くの時間を割かずに済むからである。

その結果、ストーが、（ドイツ連邦軍を除く）西側の軍隊の作戦単位の司令部の肥大化と意思決定過程の遅延の傾向を批判しているのとは対照的に、ソ連＝ロシア軍の司令部は非常に小型で、例えば旅団司令部の参謀を務めるのは専任の将校ではなく、大隊長や中隊長たちである。[*251]

ストーブパイプとは制度の縦割り方式を意味するが、とりわけロシア軍の指揮統制システムの基礎として重要なのが、ノルマ・アンド・レシピに対応する将校の教育訓練及び人事システムである。

西側の軍隊では伝統的に、将校はジェネラリストとして教育されてきた。[*252] 専門的な技量と知識のみならず、他の兵種や兵科のそれを含めた総合的な知見を幅広く持つことが、複雑な諸兵科連合作戦、統合作戦、そしてマルチドメイン戦の意思決定者（指揮官）、あるいは組織者（参謀）の重要な素養だと見なされているからだ。

ただし、このような説明は歴史的には後付けと見なせなくもない。映画『愛と青春の旅立ち』（一九八二）の原題ともなった「将校にして紳士《アン・オフィサ・アンダ・ジェントルマン》」という定型句が仄めかしているように、近代軍隊の将校の地位は、「第一の波」の時代の終わりにまずジェントルマンという名の、リーダーシップと教養を重んじるジェネラリストとして始まり、やがて「第二の波」が始まった後に、かつては卑しい手仕事として蔑視されていた専門技能を獲得していったのであるから。砲兵出身のナポレオンは、自分はゼロから砲や弾火薬、その他用具を設計製造できるし、できあがった砲を巧みに配備して撃つこともできると、皇帝、指揮官、文人としてジェネラリストである自分が、同時にスペシャリストでもあることを誇った。先述したように彼は十九世紀人のような——電信マニアのリンカンのような――技術主義者ではなかったが、同時代ではもっとも「第二の波」に近い指揮官の一人であった。

そのような欧州の戦争文化をロシア革命によって切り捨てたソ連軍、そして現在のロシア軍は、まったく正反対のやり方を採用している。将校の教育訓練は、戦車なら戦車、砲兵なら砲兵、電子戦なら電子戦と、徹頭徹尾専門化されている。下級将校たちは、他の兵科のことはほとんど何も知らないが、こと自分の専門分野に関しては、西側の職業下士官や技術士官に匹敵するか、あ

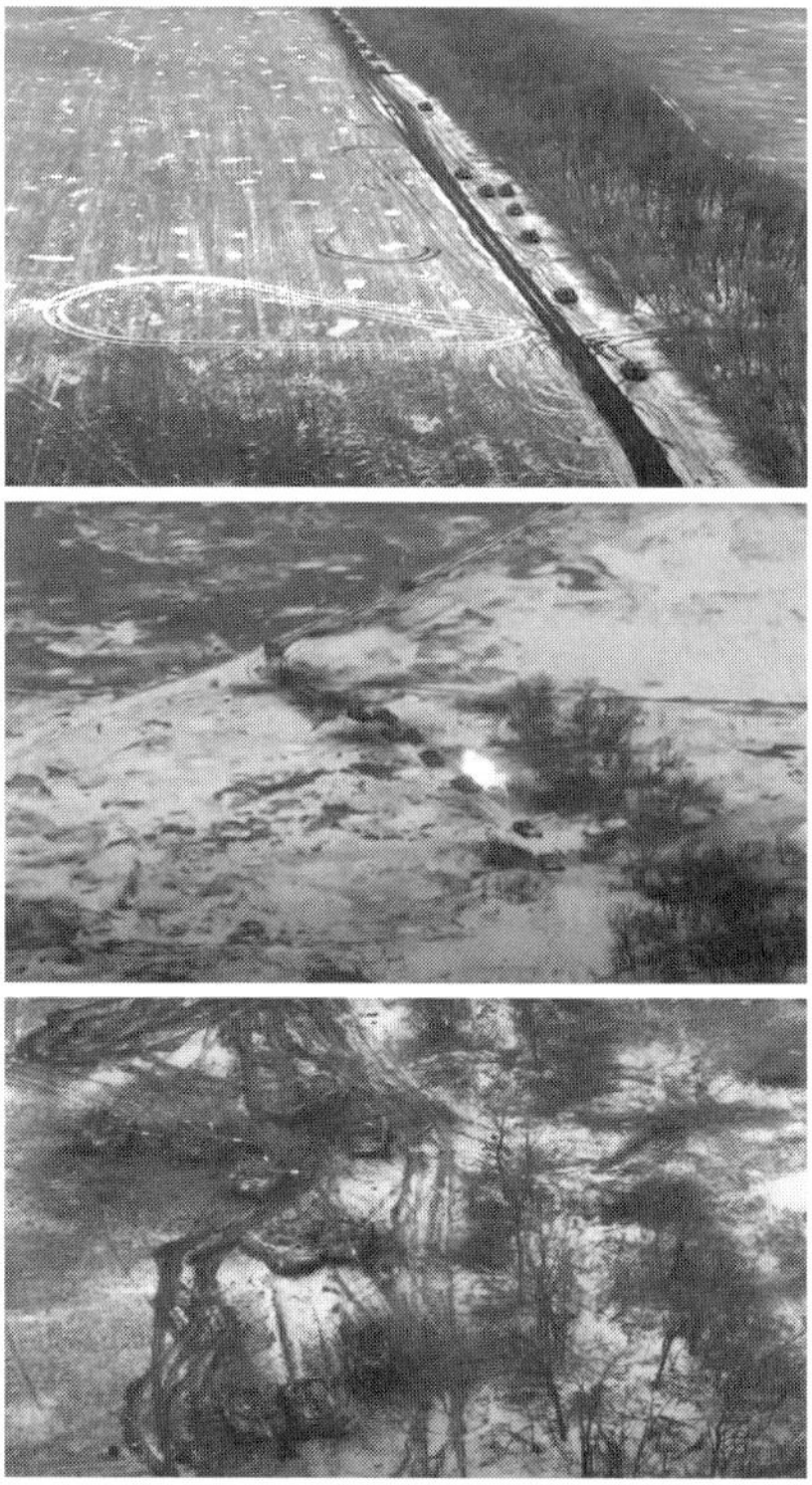

2023年2月、ヴフレダルの戦車戦におけるロシア軍AFVのドローン空撮画像（ウクライナ軍第72機械化旅団の公開動画より）。集結と前進（上）。ウクライナ砲兵の射撃（中）。撃破、遺棄された車輌（下）。開豁地で不用意に集中した第155海軍歩兵旅団の機甲部隊は、ウクライナ軍の諸兵科連合火力――砲兵、戦車、対戦車ミサイル、自爆ドローンその他によって3週間で130輌以上のAFVを失い、潰滅した。しかしロシア軍が10月により大規模な機甲攻撃をアウディーイフカ方面で発起し、ヴフレダルを上回る損耗を被っているのは、彼らの戦争文化の保守性か、さもなくば、彼らが「使い捨て」歩兵戦術に依存する現在の陣地戦の様態に必ずしも満足していないことを示しているのかも知れない。

るいは彼らを上回る、すこぶる実際的な技量と経験を持つスペシャリストである。*253

純粋なスペシャリストとして軍歴を積んだ将校は、佐官に進級後、諸兵科連合大学（ソ連時代の兵種、兵科ごとの高等教育機関を統合した学校）への入校が認められれば、連隊か旅団以上の指揮官を養成するその諸兵科連合指揮課程で初めて、他の兵科について学ぶ機会を得る。

選りすぐられた一部の者は、参謀本部、及び軍管区や諸兵科連合軍等の上級司令部の参謀将校予定者として、参謀本部軍事大学で学ぶことになる。ロシア全軍のドクトリンと作戦術を総攬する、一握りの知的エリートの集団たる彼ら参謀将校たちだけが、西側のジェネラリストに幾ばくか近い性格を有している。実際、前線では解決不能の作戦術上の障碍が生じた場合には、十九世紀のプロイセン参謀本部が各軍司令部に部員を付けていたのと同様に、参謀将校が単位の司令部に赴いて収拾に当たる。

ウクライナ戦争で、当初は存在していなかった「特別軍事作戦」総司令官にアレクサンドル・ドヴォルニコフ上級大将が急遽任命され、重ねてあわただしく彼がスロヴィキンに交代させられた末に、ゲラシモフが参謀総長の地位に留まったままさらにその任を承けた――そしてワグネルの叛乱後に退任した――経緯には、クレムリン内の人的関係という政治力学が大きく働いているのだろうが、スペシャリストの集まりである前線の単位にジェネラリストを送って手助けするという、参謀本部の本務の一つ果たされたのだとも解釈できる。

スターリンの赤軍大粛清で将校団が事実上機能を停止し、また無線通信能力が劣弱でな状態で第二次大戦を迎えたソ連軍は、初期には「周期型」、後に「割り込み型」の命令戦術で戦ったが、既に見てきたように、量と作戦術の優位によって、「無統制型」訓令戦術を用いるドイツ軍に勝利することができた。

冷戦時代においても、NATO軍に対する数的優勢が保たれており、かつ作戦術が適切に行われるのであれば、ソ連軍の「割り込み型」命令戦術は、師団ないし軍という大きな単位を動かす作戦を、第二次大戦期に引き続き、破滅的な蹉跌なくこなせていた可能性はたぶん小さくはなかった。ハケットの『第三次世界大戦』や、ハケットの本と同じく次期欧州戦争をウォー・ゲームを素材に執筆したトム・クランシーとラリー・ボンドの『レッド・ストーム作戦発動』[*254]そのままに、最後に勝てる保証はないが、善戦はするだろう、ということである。

だが、一九九〇年代のインターネットの普及を境に、「第三の波」がついに社会経済の日常的なレヴェルにまで波及すると、命令戦術の陳腐化が突如としてあらわとなる。トフラーとは異なる視座からであるが、ソ連軍の首脳部も冷戦の末期には既にその前兆に気づいていた。理論とデータとの整合性が、取れなくなりつつあったのである。

それまでの縦深会戦ドクトリンでは、敵の防御をまずハンマー（第一梯団）で強打し、持ち堪えているようなら別のハンマー（第二梯団）を加えてさらに強打する。それでとうとう防御線が崩れて穴が開いたら、そこに素早く槍（作戦機動群、OMG）を突き込んで、敵の縦深を麻痺させ、無力化する、というのが標準的な作戦の段取りであった。[*255]

ところが、例えば、NATO軍が正面一㎞あたり二五ないし三〇基の対戦車ミサイルを配備して周到防御を行った場合、何十輌の戦車を集中投入しようとも突破はもう事実上不可能であることが研究から明らかになった。[*256] ハンマーは弾き返され、槍を突き入れる機会は失われ、縦深会戦ドクトリンの生命である連続作戦のテンポが致命的に阻碍されかねない。

　同様の課題に直面したアメリカ軍が、最良の解決策はソ連軍の作戦術をドイツ軍の訓令戦術でブラッシュアップすることであるのに気づき、以来、命令戦術から訓令戦術への脱皮に一貫して——うまくいっているかはともかく[*257]——努力してきたのに対し、ソ連軍は、マルクス・レーニン主義戦争科学の教えである命令戦術を放棄することを許されない。さりとて、改良に改良を重ねてきたノルマ・アンド・レシピ、ストーブパイプのシステムは、進化の袋小路に入り込んでいて、もはや再設計や再定義のやりようがない。

　畢竟、対策は小手先の、例によって対症療法のレヴェルに留まらざるを得なかった。末期のソ連軍のプランナーたちは、空中強襲や特殊戦、航空戦力等による縦深への打撃を強調することで縦深会戦の立体化＝マルチドメイン化を企て、同時に、命令戦術のC^4IをIT（情報テクノロジー）で強化しようとした。さらに、戦域で攻撃と突破を行う梯団の数を二個から一個に削った代わりに、梯団の先遣部隊を増強した。

　梯団本隊が「ハンマー」となって攻撃を実施するのに先んじて、まずそれら多数の先遣部隊がハイテンポで浸透的な攻撃を行い、敵の縦深を言わば水を吸った砂の塊の如くぐずぐずに混乱、弱体化させておくのである。これらの先遣部隊は諸兵科連合の戦術単位であり、会敵に当たっては消耗的な近接戦をできるだけ避け（非接触戦）、機動によって敵を拘束し致死的な火力で撃破する遭遇戦（阻止戦術）を主眼とする。すなわちこの梯団先遣部隊こそが、今日のロシアの大隊戦術群のドクトリン上の起源なのである。[*258]

だが、大隊戦術群の採用は、マルクス・レーニン主義的命令戦術の立て直しに役立つどころか、かえってその没落を早め、ロシア軍の通常戦における作戦術を支離滅裂にしてしまった。

命令戦術と大隊戦術群との構造的な相性は最悪である。軽量の大隊戦術群は、独力で作戦を行うポテンシャルを持たないので、他の部隊や兵種との相互支援はほぼ必須である。しかし、浸透的な攻撃、機動と火力の組み合わせといった大隊戦術群に求められる複雑な任務は、非常に流動的な、つまり非線形性が非常に大きな環境で遂行されねばならず、アルバーツとヘイズが言う通り、そのような環境では上級指揮官の垂直的コミュニケーションを通じての相互支援の調整が間に合うはずがない。

大隊戦術群そのものの指揮統制にも、重大な欠陥が存在する。第一は、それが編組部隊であること、つまり常設の編制ではない点である。ＲＵＳＩのミハイロ・ザブロツキらの評価によれば、大隊戦術群に編組される各隊の指揮官たちには概して協同の経験と互いの信頼が欠けており、寄せ集めのチームと呼んでも過言ではない。[*259]つまり、野外令『訓令戦術』の言うように、すこぶる強い統制によってしか指揮できない。そして戦闘で打ちのめされた複数の大隊戦術群を併せて再編組すれば、もちろん、この傾向はいっそう強まるだろう。

第二は、レスタ・グラウが一九八九年に既に正確に予測していたように、複雑な諸兵科連合戦術を駆使せねばならぬのに、大隊戦術群の指揮官――恐らく、旅団の自動車化狙撃兵大隊長の一人または戦車大隊長――は、諸兵科連合指揮課程を受けていないスペシャリストだという点である。いかにロシア軍の「レシピ」データベースが充実していようと、砲兵と歩兵についてほとんど知らない戦車兵将校が、誰にも教わらずそれを使いこなせるものだろうか？　より上級の単位と同様に、少なくとも紙の上では大隊戦術群にも参謀将校が助言者ないし連絡将校として随時付けらることになっていたはずだが、その制度がきちんと働いた兆候はない[*260]。

　二〇二二年三月九日のブロヴァルィの戦闘で、ロシア軍大隊戦術群のＡＦＶが、まるでパレードの予行でもやっているかのように、偵察も出さず、側衛も置かずに密集した行軍縦隊のまま道路上を進み、果たしてウクライナ軍第七二機械化旅団の伏撃を被って大混乱に陥る映像は、当時世界を仰天させたが、大隊戦術群のこれらの欠陥を考えればさほど驚くには当たらないのである。

　またザブロツキが挙げているロシア軍の数々の悪癖――罰を避けるために失敗を糊塗する傾向、その結果として失敗をただちに学習しようとせず、同じことを何度も繰り返して情況を悪化させる傾向、欺騙に対する脆弱さ、無頓着とすら見える味方撃ちの頻発[*261]等は、明らかに縦割りの指揮統制文化における弱過ぎるコミュニケーションとフィードバックに起因している。

　もっともウクライナ軍の側も、何もかもをロシア軍より上手にやっているわけではない。次の節ではそのことを論じて、本章の締めくくりとしよう。

11 縛られたネプトゥヌス[262]

ロシア軍が、本章第八節で見た致死的な火力を適切に使用することで、二〇二二年冬季攻勢ではバフムートを奪い、二〇二三年夏季攻勢ではウクライナ軍の突破進展を容易に許していない事実は、戦術レヴェルでの彼らの戦闘効果の比較的高い水準を示しているように見えるが、その認識は誤りである。

二〇二三年四月のアメリカ国防総省のリーク文書で公となった同省の評価によれば、開戦から一二カ月間のロシア軍の人的損耗は一八万五五〇〇～二一万九五〇〇（戦死三万五〇〇〇～四万二五〇〇、負傷一五万五〇〇～一七万七〇〇〇）。ウクライナ軍の損耗は一二万二〇〇〇～一二万七五〇〇（戦死一万五五〇〇～一万七〇〇〇、負傷一〇万六五〇〇ないし一一万五〇〇）[263]。損耗の比率は一・四五対一～一・八〇対一である。

その後、二〇二三年八月にアメリカ政府の当局者が非公式に明らかにしたところによれば、開戦から一八カ月間の人的損耗は、ロシア軍が二九万～三〇万（戦死一二万、負傷一七万ないし一八万）、ウクライナ軍が一七万～一九万（戦死七万、負傷一〇万～一二万）にそれぞれ増加した[264]。損耗の比率は一・五二対一～一・七六対一。リーク文書の数字に比べると、戦死率が急激に跳ね上がっているが、どこまでが現実の反映で、どこまでが評価手法の見直し、あるいは取り沙汰されているリーク文書の改竄の結果なのかは分からない。ともあれ、損耗比について両者はほとんど一致しているので、死傷者の総数についてはおおむね信頼できると考える。

ちなみに、二〇二三年一〇月二二月にイギリス国防省が公表した分析では、ワグネルを除くロシア軍の二〇カ月間の人的損耗の総計は二四〜二九万、うち回復不能の損耗は一五万〜一九万。[*265] 西側が推計しているワグネルの損耗三万〜四万を前者に加えると、おおよそ八月のアメリカ政府の数字に一致する。また後者は、戦死者数については、リーク文書よりも八月の数字の方が信頼できるであろうことを示唆している。

平均した損耗比一・六四対一が、ロシア軍の数的優勢と作戦術とを併せた戦略的な能力の指標であるとすると、戦術レヴェルでの、とりわけ攻撃において観察されている彼らの能力はそれより遥かに悪い。

二〇二三年三月初頭の時点で、NATOはバフムート戦における人的損耗の比率を五対一と推定している。[*266] ロシア軍のこのように甚大な損害は、「使い捨て」歩兵戦術の当然の代償として説明できるかも知れないが、二〇二三年二月のヴフレダル、一〇月のアウディーイフカ方面での攻撃は、バフムートのような陣地戦ではなく、戦車と機械化部隊を集中的に投入する機動戦として実施され、それぞれバフムートよりも悲惨な結果を招いている。ロシア軍はヴフレダルではAFV少なくとも数十輌、ウクライナ軍によれば一三〇輌以上を失い、貴重な予備戦力である第一五五親衛海軍歩兵旅団が事実上全滅した。[*267] 死傷者と捕虜は恐らく二〇〇〇ないし三〇〇〇名に

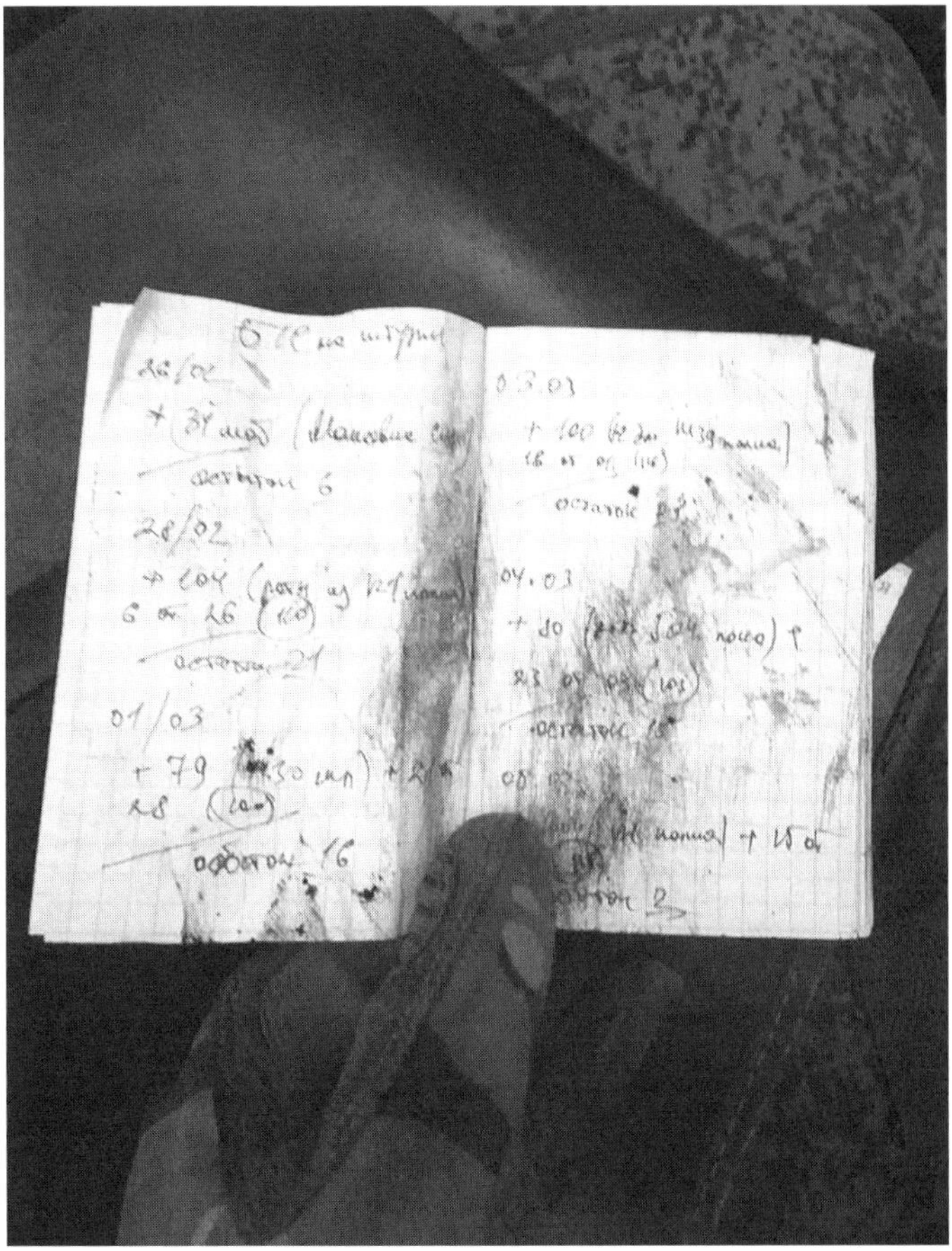

東部戦線のヴフレダルで3月に鹵獲されたロシア軍将校の日誌（写真：ウクライナ国防省）。出撃した兵士の数と生還者の数が記録されている。「3月1日：100名が突撃、16名が生還。3月3日：116名が突撃、23名が生還。3月4日：103名が突撃、15名が生還。3月5日：115名が突撃、3名が生還」。敵より劣る戦術を作戦術で補うというロシア軍の戦争のやり方は、第二次大戦期から何も変わっておらず、必然的に勝敗にかかわらず甚大な人的損耗を被る。ロシア軍の戦争文化では兵士の人命には何の価値もなく、国民も大量の犠牲を「祖国防衛」のやむを得ない代償と信じているので、人的損耗の衝撃がロシアをしてウクライナから軍を引かせる理由になる公算はきわめて小さい。

達したであろう。

大規模な機動戦の試みはヴフレダルの敗北で終わったかと思われたが、八カ月後、ロシア軍は改めて四個旅団という大戦力――地上軍の第一五、第二一、第三〇自動車化狙撃兵旅団と、DNR民兵の第一一四自動車化狙撃兵旅団――を投入し、アウディーイフカ突出部の包囲を企図した攻撃機動を発起した。が、ヴフレダルの戦訓は何ら活かされておらず、隠遮蔽の効かない開豁地で不用意に集中したロシア軍は、ウクライナ軍の諸兵科連合火力によって、四日間でAFV九〇～一〇〇輌（うち戦車三〇～四〇輌）、人員一〇〇〇～二〇〇〇名を失い、破砕された。[*268]

二つの会戦でのウクライナ軍の損害は不明だが、アウディーイフカでは、一〇月下旬現在では防御に当たる二個旅団が増援もなく後退もせずに一週間持ち堪えていることから、比較的軽微であるのは間違いない。損耗比はバフムートの五対一を大きく上回っているだろう。

第二次大戦の東部戦線におけるソ連軍の回復不能の損耗、つまり死者、復帰不能の負傷者、行方不明者等は保守的な統計で約一一二九万、[*269]それに批判的な新しい統計では約一四六五万。[*270]対するドイツ軍の回復不能の人的損耗は約六九二万、枢軸同盟軍のそれは約一七三万、枢軸軍の総計は約八六五万であった。[*271]ソ連軍と枢軸軍の損耗比は前者を採れば一・三対一、後者では一・七対一ということになる。

これらの数字から分かるのは、第一に、戦術レヴェルでの低劣な戦闘効果を作戦術で補完するというソ連軍の通常戦のやり方は、現在のロシア軍でも変わっていないということ。換言すれば、ロシア軍の作戦術は戦術よりはまだましということである。

第二は、第二次大戦でのドイツ軍と同じく、ウクライナ軍は作戦術よりも戦術を得意としていること。二〇二二年秋季攻勢や二〇二三年夏季攻勢の作戦構想は優れているが、作戦術の紀律の何かが——間違いなく構造的な何かがうまく機能しておらず、そのことがＡＦＶや電子戦戦力の劣勢、ロシア軍の火力の致死性などと相互作用して、戦術的な戦闘効果とは不釣り合いな人的損耗の増加を招いていると考えられる。

ウクライナ軍の作戦術の弱点として、ワトリングとレイノルズは、参謀将校と下士官の不足を挙げている。しばしばネット上にリークされているような、最前線の将兵による水平的で開かれたコミュニケーションから生み出される創意工夫は、小さな単位の戦術の改良には寄与しているであろうが、しかしながら大きな単位——大隊や旅団を効率的に動かすためには、この章で見てきたように、制度的な「事務仕事」による紀律化が絶対に必要なのである。

さらにワトリングによれば、ウクライナ軍が、練度の高い精強な人員を各部隊に満遍なく配備する方針を止めて、攻勢担任部隊に集中的に配備するよう改めたことが、軍政の状態を悪化させている。優れた下級将校や下士官の去った多くの部隊が、戦闘効果を減少させ、一様に不必要な損害を被るようになったからである。[*272]

歴史上、紀律化された軍隊において、優れた将兵を選抜し小規模なエリート部隊を編成する軍政の方法論は、レウクトラ（前三七一）のテーバイ軍の神聖隊《ヒエロス・ロコス》などに戦術的な成功例が認められるが、戦略的に奏功した例はあまり聞かない。ワトリングとレイノルズが指摘するように、一部の戦力の戦闘効果が増加することの利益よりも、全軍の戦闘効果が減少する損失の方が大きいからである。限られた人的資源から常にもっとも優秀な将兵を吸収し続け、しかもマレンゴ（一八〇〇。当時は執政親衛隊《ギャルド・デ・コンシュル》）とワーテルローのそれぞれ敗北の瀬戸際で投入された以外は、戦争の全期間を通じて事実上の遊兵と化していたナポレオンの老親衛隊《ヴィエイユ・ギャルド》は、その代表である。[*273]

バフムート、ヴフレダル、アウディーイフカでのロシア軍の猛攻はウクライナ軍にとって大きな危険のように見えるが、必ずしもそうとは断言できない。戦闘効果の高い部隊が配備された周到防御に対する線形的な攻撃は、五対一、七対一、さもなくば一〇対一の損耗比によってロシア軍を自滅に導く機会ですらある。バフムートやアウディーイフカの戦闘空間は、ウクライナ軍の守備隊にはこの世の地獄であるが、しかし彼らの傑出した戦闘効果は死傷者をどうにか最小限に抑制している。むしろ、メディアやＳＮＳではほとんど伝えられていないような、全戦線で続けられている小さな消耗戦の積み重ねが、長期的な戦力造成のリスクとなる出血をウクライナ軍にもたらしているのだ。

わけても、ロシア軍の二〇二二年春季攻勢を北部及び北東部で失速させる決定的な役割を果たし、現在もウクライナ軍の戦略縦深の確保になくてはならない戦力である郷土防衛隊は、旧式の装備品すら不足しているという状態で、避けられてしかるべき犠牲を出していると考えられる。[*274]彼らはワグネルの囚人兵の如く「使い捨て」られてはならない。ロシア人には未知の世界観——兵士の権利と生命の尊厳のため、また戦後の社会の再建のため、郷土防衛隊員として戦っている教師や、弁護士や、路線バスの運転手や、その他の人々を一人でも多く生き残らせるため、というばかりではない。人口がロシアの三・二分の一でしかないウクライナでは、最初から使い捨てられるような人的資源などないのだ。西側は、郷土防衛隊を始めとする第二線及び予備戦力向けに、レオパルト1戦車やM113APCといった古い兵器、そして秘匿化通信装置、ボディ・アーマーや暗視装置の供与をいっそう拡大するべきであろう。

二〇一四年に着手されたウクライナ軍の「西側化」の進捗の度合いについては、従来、西側の関係者の間でまったく相反する二つの見解が唱えられていた。開戦後も、アメリカ国防総省が、ウクライナ軍の緒戦での成功を、職業下士官団の育成を始めとする「西側化」の賜物だと強調していたのに対して、[*275] ウクライナ軍に対する訓練プログラムを熟知するアメリカ陸軍のアンドリュー・クラーク大佐は、「西側化」は若手将校たちにしか受容されておらず、佐官以上の古参の将校たちは依然としてソ連の指揮統制ドクトリンに固執している、と六年間のプログラムの成果を悲観的に総括し、あと二〇年以上あれば、と語っている。[*276] ワトリングとレイノルズは、このような関係者間の意見の対立は、自分たちが日常的に接触していた部隊の印象の違いによるものだろうとする。つまり開戦までに完全に「西側化」された部隊は、第九五空中強襲旅団のような一部の精鋭部隊に限られていたのである。

それどころか国際戦略研究所（IISS）のフランツ＝シュテファン・ガディによれば、戦前にクラーク大佐たちウクライナ合同多国籍訓練群（JMTG－U）に訓練された若い将校の多くが倒れてゆく一方で、年配の予備役将校たちが召集されたことで、「西側化」をめぐる隊内の対立は「文化闘争」の色彩を帯びるようになったという。[*277]

第五四機械化旅団の三四歳の大隊長、コードネーム「K－2」のコメントは、ウクライナ軍の標準的な指揮統制ドクトリンが未だにソ連式であり、それに反発する彼のような若手将校たちが実際に「文化闘争」を起こしていることを示唆している。ＪＭＴＧ－Ｕのヤヴォリウ戦闘訓練センタで半年間の参謀将校情報課程を受けた彼は、自分の大隊をアメリカ式に指揮統制し、大隊本部の役割の拡大、水平的コミュニケーション、そして部下の積極性を奨励している。その結果、彼の大隊はバフムートでワグネルの猛攻を幾度も退けた戦歴と、また補充兵のほとんどがたった一カ月の訓練しか受けていないという条件にもかかわらず、二〇二三年五月時点で開戦時の人員の約六〇パーセントが健在という、きわめて小さな損耗率を達成していた[*278]。逆に言えば、戦略的な損耗比のデータが、ウクライナ軍が作戦術より戦術を巧みに実施していることを示唆しているのは、将校団の世代間の「文化闘争」が現実に存在しているとするならば説明が付くのである。

クラーク大佐があと二〇年はかかると予言したのは、Ｋ－２のような人々が生き残って佐官や将官に進級し、将校団が世代交代を遂げない限り「西側化」は成らないだろうとの諦観なのである。

だが、二〇年間待つことはもうできない。西側は今すぐに行動し、辛抱強く働きかけねばならない。二〇二三年夏季攻勢の戦力造成のために、ＮＡＴＯは新編の機械化旅団を少なくとも九個錬成し、現在も訓練プログラムは続行されているが、ワトリングとレイノルズが勧告しているように、参謀将校や各種の武器、技術専門家の訓練計画が追加ないし拡大されるべきである。

ウクライナ軍の「西側化」そして「第三の波」の象徴であるＤＥＬＴＡの運用に当たる情報将校、コードネーム「シュロモ軍曹」がいみじくも言うように、「小さなソ連軍では大きなソ連軍には勝てない」[*279]。そしてもちろん、ソ連軍のやり方は何もかもが大きな軍隊に都合よく作られている。

参考文献

有益な情報源

UK Ministry of Defence.（https://twitter.com/defencehq）
'Ukraine Conflict Updates', ISW.（https://www.understandingwar.org/backgrounder/ukraine-conflict-updates）
'War in Ukraine', RUSI.（https://my.rusi.org/resource-library-search.html?sortBy=recent&region=ukraine）
ORYX.（https://www.oryxspioenkop.com/）
OSINT（Uri）.（https://twitter.com/UKikaski）
Ukraine Weapons Tracker.（https://twitter.com/UAWeapons）
Bellingcat.（https://twitter.com/bellingcat）
Conflict Intelligence Team.（https://notes.citeam.org/）
InformNapalm.（https://informnapalm.org/en/）
The Insider.（https://theins.ru/）

報告、操典

IISS, *The Military Balance 2020*, London, 2020.
IISS, *The Military Balance 2021*, London, 2021.
IISS, *The Military Balance 2022*, London, 2022.
'Corruption Perceptions Index 2021', Transparency International, 2022.
'NATO's Enhanced Forward Presence', NATO Factsheet, May, 2017; 'NATO's Forward Presence', NATO Factsheet, June, 2022.
'Project 100,000: New Standard Program', RAND, Year unknown but probably 1970s.
Defense Science Board, 'Summer Study on Conventional Counterforce against a Pact Attack', Office of the Director of Defense Research and Engineering, Washington DC,1977.
'Abrams Tank: Operating Costs more than Expected', GAO, February, 1991.
'Intelligence Successes and Failures in Operations Desert Shield/Storm', Committee on Armed Services House of Representatives, 1993.
'Joint All-Domain Command and Control（JADC2）', Congressional Research Service, January 21st, 2022.
The Evolution of Artillery for Increased Effectiveness, RDECOM, US Army, June 10-11th, 2008.
DOD Dictionary of Military and Associated Terms, DOD, November, 2021.
ADP 6-0 Mission Command: Command and Control of Army Forces, Department of the Army, July 31st, 2019.
FM 3-0 Operations, Department of the Army, October 1st, 2022.
FM 100-5 Operations, Department of the Army, August 20th, 1982.
'Defending Ukraine: Early Lessons from the Cyber War', Microsoft, June 22nd, 2022.

文献

J. Abel, *Guibert: Father of Napoleon's Grande Armée*, Norman, OK, 2016.
J. M. Acton, ʻHypersonic Boost-Glide Weaponsʼ, *Science & Global Security*, vol.23, 2015, pp.191-219.
Aeneas Tacticus, *Attestations and Fragments*, iii.
J. K. Anderson, *Military Theory and Practice in the Age of Xenophon*, Berkeley, Los Angeles, CA, 1970.
B. S. Bachrach, ʻCrusader Logistics: from Victory at Nicaea to resupply at Dorylaionʼ, J. H. Pryor（ed.）, *Logistics of Warfare in the Age of the Crusades*, London, New York, 2016.
Hyug Baeg Im, ʻDemocratic Development and Authoritarian Development Compared: South Koreaʼ, Shiping Hua, Ruihua Hu（eds.）, *East Asian Development Model: Twenty-first Century Perspectives*, New York, 2015.
N. Barr, *Pendulum of War: the Three Battles of El Alamein*, London, 2004, 2005.
C. K. Bartles, ʻGetting Gerasimov Rightʼ, *Military Review*, vol.96, no.1, 2016, pp.30-38.
C. Bellamy, *The Evolution of Modern Land Warfare: Theory and Practice*, London, New York, 1990.
C. Bellamy, *Absolute War: Soviet Russia in the Second World War*, New York, 2007.
S. Biddle, *Military Power: Explaining Victory and Defeat in Modern Battles*, Princeton, NJ, 2004.
M. Bielieskov, ʻUkraine's Territorial Defence Forces: the War so Far and Future Prospectsʼ, RUSI, May 11th, 2023.（https://rusi.org/explore-our-research/publications/commentary/ukraines-territorial-defence-forces-war-so-far-and-future-prospects）
W. C. Blythe, ʻA History of Operational Artʼ, *Military Review*, vol.98, no.6, 2018, pp.37-49.
S. Boston, D. Massicot, ʻThe Russian Way of Warfareʼ, RAND Corporation, 2017.
M. R. Brady, P. Goethals, ʻA Comparative Analysis of Contemporary 155 mm Artillery Projectilesʼ, *Journal of Defense Analytics and Logistics*, vol.3, no.2, 2019, pp.171-192.
J. Bronk, ʻIs the Russian Air Force actually Incapable of Complex Air Operations?ʼ, RUSI, March 4th, 2022.（https://rusi.org/explore-our-research/publications/rusi-defence-systems/russian-air-force-actually-incapable-complex-air-operations）
J. Bronk, ʻRussia likely has Local Air Superiority in Donbas, but it May not Matterʼ, RUSI, April 19th, 2022.（https://rusi.org/explore-our-research/publications/commentary/russia-likely-has-local-air-superiority-donbas-it-may-not-matter）
J. Bronk, N.Reynolds, J. Walting, ʻThe Russian Air War and Ukrainian Requirements for Air Defenceʼ, RUSI, November 7th, 2022.
C. Buckel, ʻA New Look at Operational Art: how we view War dictates how we fight itʼ, *Joint Force Quarterly*, vol.100, 2021, pp.94-101.
P. Butowski, *Flashpoint Russia, Russia's Air Power: Capabilities and Structure*, Wien, 2019.
H. Canue, ʻFrom a Prestige Fleet to the Jeune Ecole: French Naval Policy and Strategy under the Second Empire and the Early Third Republic（1852–1914）ʼ, *Naval War College Review*, vol.71, no.1, 2018, pp.93-118.
D. Chandler, *The Campaign of Napoleon*, New York, 1966.
D. Chandler, *On the Napoleonic Wars: collected Essays*, London, Mechanicsburg, PA, 1994.
R. M. Citino, *The German Way of War: from the Thirty Years' War to the Third Reich*, Lawrence, KS, 2005.
E. A. Cohen, J. Gooch, *Military Misfortunes: the Anatomy of Failure in War*, New York, London, 1990.
M. Colborne, *From the Fires of War: Ukraine's Azov Movement and the Global Far Right*, Stuttgart, 2022.
O. Connelly, *Blundering to Glory: Napoleon's Military Campaigns*, Wilmington, DE, 1987, 1993.
T. Cooper, et al., *War in Ukraine, vol.2, Russian Invasion, February 2022*, Warwick, 2023.
J. S. Corum, *The Roots of Blitzkrieg: Hans von Seeckt and German Military Reform*, Lawrence, KS, 1992.
S. Cranny-Evans, T. Withington, ʻRussian Comms in Ukraine: a World of Hertzʼ, RUSI, March 9th, 2022.（https://rusi.org/explore-our-research/publications/commentary/russian-comms-ukraine-world-hertz）
M. van Creveld, *Supplying War: Logistics from Wallenstein to Patton*, Cambridge, New York, 1977, 2004（2nd ed.）.

M. van Creveld, *Command in War*, Cambridge, MA, 1985.
M. van Creveld, 'Napoleon and the Dawn of Operational Warfare', J. A. Olsen, van Creveld (eds.), *The Evolution of Operational Art*, Oxford, 2011.
T. J. Czerwinski, 'Coping with the Bounds: a Neo-Clausewitzean Primer'. CCRP Publications, 2008.
M. Dahm, 'The Reality of War should define Information Warfare', Proceedings, vol.147, no.3, 2021.
D. Dawson, *The Origins of Western Warfare: Militarism and Morality in the Ancient World*. Boulder, CO, 1996.
D. A. Deptula, D.A. Birlkey, 'A Better Way to measure Combat Value', *Air & Space Forces Magazine*, vol.103, no.9, September, 2020, pp.60-65.
C. D'Este, *Patton: a Genius for War*, New York, 1995.
C. Duffy, *Austerlitz 1805*, London, 1977, 1999.
C. Duffy, *Russian Military Way to the West: Origins and Nature of Russian Military Power 1700-1800*, London, 1981.
C. Duffy, *The Military Experience in the Age of Reason 1715-1789*, New York, 1987.
C. Duffy, *Instrument of War: the Austrian Army in the Seven Years War vol.1*, Warwick, 2000, 2020.
J. F. Dunnigan, *How to make War: a Comprehensive Guide to Modern Warfare in the 21st Century*, New York, 1982, 2003 (4th ed.).
T. N. Dupuy, *Elusive Victory: the Arab-Israeli Wars 1947-1974*, New York, 1978.
T. N. Dupuy, *Numbers, Predictions and War: Using History to Evaluate Combat Factors and Predict the Outcome of Battles*, Indianapolis, IN, New York, 1979.
T. N. Dupuy, *Understanding War: History and Theory of Combat*, New York, 1987.
T. N. Dupuy, *Understanding Defeat: How to recover from Loss in Battle to gain Victory in War*, New York, 1990.
T. N. Dupuy et al., *Hitler's Last Gamble: the Battle of the Bulge, December 1944-January 1945*, New York, 1994.
A. J. Echevarria II, 'Fourth-Generation War and other Myths', Strategic Studies Institute, US Army War College, 2005.
D. J. Eicher, *The Longest Night: a Military History of the Civil War*, New York, 2001.
J. Ellis, *World War II: the Sharp End*, London, 1980, 1990 (rev. ed.).
J. Ellis, *Brute Force: Allied Strategy and Tactics in the Second World War*, London, 1990.
J. R. Elting, *Swords around a Throne: Napoleon's Grande Armée*, New York, London, 1988.
D. Eltis, *The Military Revolution in Sixteenth Century Europe*, New York, 1995.
N. J. Fiore, 'Defeating the Russian Battalion Tactical Group', *Armor*, vol.128, no.2, 2017, pp.9-17.
M. C. Fitzgerald, 'Marshal Ogarkov on the Modern Theater Operation', *Naval War College Review*, vol.39, no.4, 1986, pp.6-25.
R. T. Foley, 'Operational Level and Operational Art: Still useful Today?', the Defence Studies Department, King's College London, September 14th, 2015. (https://defenceindepth.co/2015/09/14/operational-level-and-operational-art-still-useful-today/)
C. A. Fowler, 'Asymmetric Warfare: a Primer', IEEE Spectrum, March 1st, 2006. (https://spectrum.ieee.org/asymmetric-warfare-a-primer)
A. C. Fox, 'Precision Fires hindered by Urban Jungle', AUSA, April 16th, 2018. (https://www.ausa.org/articles/precision-fires-hindered-urban-jungle)
J. France, *Victory in the East: a Military History of the First Crusade*, Cambridge, 1994, 1996 (rp.).
J. France, *Hattin*, Oxford, 2015.
L. Freedman, *Command: the Politics of Military Operations from Korea to Ukraine*, Oxford, 2022.
B. A. Friedman, *On Tactics: a Theory of Victory in Battle*, Annapolis, MD, 2017.
B. A. Friedman, *On Operations: Operational Art and Military Disciplines*, Annapolis, MD, 2021.
F. S. Gady, M. Kofman, 'Ukraine's Strategy of Attrition', *Journal of Strategic Studies*, vol.65, no.2, 2023, pp.7-22.
M. Galeotti, *Putin's Wars: from Chechnya to Ukraine*, Oxford, 2022.

M. Galeotti, *Russia's Five-Day War: the Invasion of Georgia, August 2008*, Oxford, 2023.
G. W. Gawrych, *The 1973 Arab-Israeli War: the Albatross of Decisive Victory*, Fort Leavenworth, KS, 1996.
D. M. Glantz, J. M. House, *When Titans clashed: How the Red Army stopped Hitler*, Lawrence, KS, 1999, 2015（revised and expanded ed.）.
E. O. Goldman, M. Warner, 'Why a Digital Pearl Harbor makes Sense...and is Possible', G. Perkovich, A.Levite（eds.）, *Understanding Cyber Conflict: 14 Analogies*, Washington DC, 2017.
S. D. Goldman, *Nomonhan, 1939: the Red Army's Victory that shaped World War II*, Annapolis, MD, 2012.
A. Goldsworthy, *The Punic Wars*, London, 2000.
A. Goldsworthy, *Cannae*, London, 2001.
L. W. Grau, 'The Soviet Combined Arms Battalion Reorganization for Tactical Flexibility', SASO, 1989.
L. W. Grau, C. K. Bartles, *The Russian Way of War: Force Structure,Tactics, and Modernization of the Russian Groud Forces*, Fort Leavenworth, KS, 2016.
L. W. Grau, C. Bartles, 'Getting to know the Russian Battalion Tactical Group', RUSI, April 14th, 2022.（https://rusi.org/explore-our-research/publications/commentary/getting-know-russian-battalion-tactical-group）
C. H. Gray, *Postmodern War: the New Politics of Conflict*, New York, 1997.
H. Gregory, *McNamara's Folly: the Use of Low-IQ Troops in the Vietnam War, plus the Induction of Unfit Men, Criminals, and Misfits*, West Conshohocken, PA, 2015.
P. Griffith, *Battle Tactics of the American Civil War*, Marlborough, 1987, 1996（new ed.）.
P. Griffith, *Battle Tactics of the Western Front: the British Army's Art of Attack 1916-18*, New Haven, CT, London, 1994.
P. Griffith, *The Art of War of Revolutionary France 1789-1802*, London, Mechanicsburg, PA, 1998.
G. P. Gross, *The Myth and Reality of German Warfare: Operational Thinking from Moltke the Elder to Heusinger*, Lawrence, KS, 2016.
B. I. Gudmundsson, *Stormtroop Tactics: Innovation in the German Army, 1914-1918*, New York, 1989.
W. P. Guthrie, *Battles of the Thirty Years War: from White Mountain to Nordlingen, 1618-1635*, Westport, CT, London, 2002.
M. Harrison, *Accounting for War: Soviet Production, Employment, and the Defence Burden, 1940-1945*, Cambridge, 1996.
P. Hart, *The Great War 1914-1918*, London, 2013.
M. Hastings, *Overlord: D-Day and the Battle for Normandy 1944*, London, 1984.
W. D. Henderson, *The Hollow Army: How U. S. Army is oversold and undermanned*, New York, 1990.
E. J. Hess, *The Rifle Musket in Civil War Combat: Reality and Myth*, Lawrence, KS, 2008.
S. E. Jackowski, 'William T. Sherman: Evolution of an Operational Artist', CGSC, 2013.
A. Jones, *Civil War Command and Strategy: the Process of Victory and Defeat*, New York, 1992.
O. Jonsson, *The Russian Understanding of War*, Washington DC, 2019.
S. Kaushal, 'Ukraine's Uncrewed Raid on Sevastopol and the Future of War at Sea', RUSI, February 2nd, 2023.（https://rusi.org/explore-our-research/publications/commentary/ukraines-uncrewed-raid-sevastopol-and-future-war-sea）
S. Kaushal, 'Can Russia continue to fight a Long War?', RUSI, August 23rd, 2022.（https://rusi.org/explore-our-research/publications/commentary/can-russia-continue-fight-long-war）
J. Keegan, *The Mask of Command*, New York, 1987.
J. Keegan, *The First World War*, New York, 1998.
J. Kelly, M. Brennan, 'Alien: How Operational Art devoured Strategy', Strategic Studies Institute, 2009.
B. King, T. Kutta, *Impact: the History of Germany's V-Weapons in World War II*, New York, 1998.
M. Kofman, 'The Ogarkov Reforms: the Soviet Inheritance behind Russia's Military Transformation', Russia Military Analysis, July 11th, 2019.（https://russianmilitaryanalysis.wordpress.com/2019/07/11/the-ogarkov-reforms-the-soviet-inheritance-behind-russias-military-transformation/）
B.M.Kreutz, 'Ships,Shipping and the Implications of Change in the Early Medieval Mediterranean'

Viator,vol.7,1976, pp.79-109.

G. F. Krivosheev (ed.) , *Soviet Casualties and Combat Losses in the Twentieth Century*, London, 1993, 1997 (English ed.) .

J. T. Kuehn, *Napoleonic Warfare: the Operational Art of the Great Campaigns*, Santa Barbara, CA, Denver, CO, 2015.

C. A. Lawrence, *War by Numbers: Understanding Conventional Combat*, Lincoln, NE, 2017.

J. E. Lendon, *Soldiers and Ghosts: a History of Battle in Classical Antiquity*, New Haven, CT, London, 2005.

C. Libiseller, '"Hybrid Warfare" as an Academic Fashion', *Journal of Strategic Studies*, 2023.

W. S. Lind et al., 'The Changing Face of War: Into the Fourth Generation', *Marine Corps Gazette*, vol.73, no.10, 1989, pp.22-26.

S. Lingel et al., 'Joint All-Domain Command and Control for Modern Warfare', RAND, 2020.

Livy, xxviii.

E. N. Luttwak, 'The Operational Level of War', *International Security*, vol.5, no.3, 1981, pp.61-79.

P. Luzin, 'Russia' s Space Satellite Problems and the War in Ukraine', The Jamestown Foundation, May 24th, 2022. (https://jamestown.org/program/russias-space-satellite-problems-and-the-war-in-ukraine/)

P. Luzin, 'Satellites of Stagnation', Riddle, March 15th, 2023. (https://ridl.io/satellites-of-stagnation/)

L. Lopukhovsky, B. Kavalerchik, H. Orenstein (tr.), *The Price of Victory: the Red Army's Casualties in the Great Patriotic War*, Barnsley, 2017.

J. A. Lynn, *The Bayonets of the Republic: Motivation and Tactics in the Army of Revolutionary France, 1791-94*, Urbana, IL, Chicago, 1984.

J. A. Lynn, 'Food, Funds, and Fortresses: Resource Mobilization and Positional Warfare in the Campaigns of Louis XIV', Lynn (ed.) , *Feeding Mars: Logistics in Western Warfare from the Middle Ages to the Present*, Boulder, CO, 1993.

A. MacDonald, R. Ratcliffe, 'Cognitive Warfare: Maneuvering in the Human Dimension', *Proceedings*, vol.149, no.4, 2023.

J. N. Mattis, F. Hoffman, 'Future Warfare: the Rise of Hybrid Wars. *Proceedings*, vol.131, no.11, 2005.

R. N. McDermott, 'Russia's Strategic Mobility: Supporting "Hard Power" to 2020?', FOI, 2013.

R. N. McDermott, 'Does Russia have a Gerasimov Doctrine?', *Parameters*, vol.46, no.1, 2016, pp.97-105.

C. Merridale, *Ivan's War: Life and Death in the Red Army, 1939-1945*, New York, 2006.

E. G. Miller, *A Dark and Bloody Ground; the Hürtgen Forest and the River Dams, 1944-1945*, College Station, TX, 1995.

B. Montgomery, *The Memoirs of Field-Marshal Montgomery*, New York, 1958.

L. V. Mott, 'Iberian Naval Power, 1000-1650', J. B. Hattendorf, R.W. Unger (eds.) , *War at Sea in the Middle Ages and the Renaissance*, Woodbridge, 2003.

P. Murdock, 'Principles of War on the Network-Centric Battlefield : Mass and Economy of Force', *Parameters*, vol.32, no.1, 2002, pp.86-95.

W. Murray, R. R. Mansoor, (eds.) , *Hybrid Warfare: Fighting Complex Opponents from the Ancient World to the Present*, Cambridge, 2012.

S. Naveh, *In Pursuit of Military Excellence: the Evolution of Operational Theory*, London, Portland, OR, 1997.

M.J.Neufeld, *The Rocket and the Reich: Peenemünde and the Coming of the Ballistic Era*, New York, 1995.

C. R. Newell, *The Framework of Operational Warfare*, London, New York, 1991.

J. Nichol, 'Russian Military Reform and Defense Policy', Congressional Research Service, August 24th, 2011.

C. J. Nolan, *The Allure of Battle: a History of how Wars have been won and lost*, Oxford, 2017.

N. Norton, 'The US Navy's Evolving Cyber/Cybersecurity Story', *The Cyber Defense Review*, vol.1, no.1,

2016, pp.21-26.

B. Nosworthy, *With Musket, Cannon and Sword: Battle Tactics of Napoleon and His Enemies*, New York, 1996.

B. Nosworthy, *The Bloody Crucible of Courage: Fighting Methods and Combat Experience of the Civil War*, New York, 2003.

O. Onuch, H. E.Hale, *The Zelensky Effect*, London, 2022.

W. F. Owen, 'The Operational Level of War does not exist', *The Journal of Military Operations*, vol.1, no.1, 2012, pp.17-20.

C. V. Pallin, *Russian Military Reform: a failed Exercise in Defence Decision Making*, London, New York, 2009.

D. Parrott, *The Business of War: Military Enterprise and Military Revolution in Early Modern Europe*, Cambridge, 2012.

R. Pennington, 'Was the Russian Military a Steamroller? From World War II to Today', War On the Rock, July 6th 2016. (https://warontherocks.com/2016/07/was-the-russian-military-a-steamroller-from-world-war-ii-to-today/)

P. P. Perla, *The Art of Wargaming: a Guide for Professionals and Hobbyists*, Annapolis, MD, 1990.

B. Perrett, *Iron Fist: Classic Armoured Warfare Case Studies*, London, 1995.

J. Peterson, *Playing at the World: a History of Simulating Wars, People and Fantastic Adventures, from Chess to Role-Playing Games*, San Diego, CA, 2012.

C. Pichichero, *The Military Enlightenment: War and Culture in the French Empire from Louis XIV to Napoleon*, Ithaca, NY, London, 2017.

R. S. Quimby, *The Background of Napoleonic Warfare: the Theory of Military Tactics in Eighteenth-Century France*, Whitefish, MT, 1956, 2011.

S. M. Rizip, A. Skali, 'How often do Dictators have Positive Economic Effects? Global Evidence, 1858–2010', *The Leadership Quarterly*, vol.31, 2020, pp.1-18.

S. Robinson, *The Blind Strategist: John Boyd and the American Art of War*, Dunedin, 2021.

J. O. Rodriguez Jr., 'Synchronization at the Operational Level', U. S. Army War College, 1997.

C. J. Rogers, 'Edward III and the Dialectics of Strategy, 1327-1360', *Transactions of the Royal Historical Society*, vol.4, 1994, pp.83-102.

C. J. Rogers (ed.), *The Military Evolution Debate*, Oxford, 1995.

J. L. Romjue, 'From Active Defense to AirLand Battle: the Development of Army Doctrine 1973-1982', TRADOC, 1984.

S. Ross, *From Flintlock to Rifle: Infantry Tactics, 1740-1866*, Cranbury, NJ, London, 1979.

G. E. Rothenberg, *The Art of Warfare in the Age of Napoleon*, Staplehurst, 1978, 1997.

D. D. Rudko, 'Logistical Analysis of the Littoral Combat Ship', Naval Postgraduate School, 2003.

P. Sabin, *Lost Battles: reconstructing the Great Clashes of the Ancient World*, London, New York, 2007.

A. Schrager, 'The Four Fallacies of Warfare, according to Donald Trump's New National Security Advisor', Quartz, February 21st, 2017. (https://qz.com/915438/the-four-fallacies-of-warfare-according-to-national-security-advisor-hr-mcmaster)

D. E. Showalter, 'Prussian-German Operational Art, 1740-1943', J. A. Olsen, M. van Creveld (eds.), *The Evolution of Operational Art*, Oxford, 2011.

D. A. Shlapa, M. W. Johnson, 'Reinforcing Deterrence on NATO's Eastern Flank: Wargaming the Defense of the Baltics', RAND Corporation, 2016.

R. Shirreff, *2017 War with Russia: an Urgent Warning from Senior Military Command*, London,2016.

R. Simpkin, *Race to the Swift: Thoughts on Twenty-First Century Warfare*, New Delhi, 1985, 2012.

K. Stepanenko et al., 'Explainer on Russian Conscription, Reserve, and Mobilization', ISW, March 5th, 2022.

D. R. Stone, 'Misreading Svechin: Attrition, Annihilation, and Historicism', *The Journal of Military History*, vol.76, 2012, pp.673-693.

J. Stone, 'Montesquieu: Strategist ahead of his Time', *Journal of Strategic Studies*, 2023 (published

online).
J. Storr, *Battlegroup!: the Lessons of the Unfought Battles of the Cold War*, Warwick, 2021.
J. Storr, *Something Rotten: Land Command in the 21st Century*, Havant, 2022.
A. A. Svechin, K. D. Lee (ed.), *Strategy*, Minneapolis, MN, 1992.
B. Taghvaee, *Guardians of Ukraine: the Ukrainian Air Force since 1992*, Manchester, 2020.
C. Telp, *The Evolution of Operational Art 1740-1813: from Frederick the Great to Napoleon*, London, New York, 2005.
R. Ti, C. Kinsey, 'Lessons from the Russo-Ukrainian Conflict: the Primacy of Logistics over Strategy', *Defence Studies*, vol.23, no.3, 2023, pp.381-398.
R. Tira, 'The Limitations of Standoff Firepower-Based Operations: on Standoff Warfare, Maneuver, and Decision', INSS, Tel Aviv University, 2007.
I. Trauschweizer, *The Cold War U. S. Army: Building Deterrence for Limited War*, Lawrence, KS, 2008.
J. F. Verbruggen, S.Willard (tr.), R.W.Southern (tr.), *The Art of Warfare in Western Europe during the Middle Ages*, Woodbridge,1954,1997 (2nd ed.).
D. Vergun, 'McMaster busts Myths of Future Warfare', U. S. Army, September 11th, 2014. (https://www.army.mil/article/133446/McMaster_busts_myths_of_future_warfare/)
A. Vershinin, 'Feeding the Bear: a Closer Look at Russian Army Logistics and the Fait Accompli', War on the Rocks, November 23rd, 2021. (https://warontherocks.com/2021/11/feeding-the-bear-a-closer-look-at-russian-army-logistics/)
H. Wass de Czege, 'Thinking and Acting like an Early Explorer: Operational Art is not a Level of War', *Small Wars Journal*, March 14th, 2011.
B. Wassaer et al., 'Against the Islamic State: the Role of Airpower in Operation Inherent Resolve', RAND, 2021.
J. Watling, N. Reynolds, 'Operation Z: the Death Throes of an Imperial Delusion', RUSI, 2022.
J. Watling, N. Reynolds, 'Ukraine at War: Paving the Road from Survival to Victory', RUSI, 2022.
J. Watling, N. Reynolds, 'Meatgrinder: Russian Tactics in the Second Year of its Invasion of Ukraine', RUSI, 2023.
J. Watling, N. Reynolds, 'Stormbreak: Fighting through Russian Defences in Ukraine's 2023 Offensive', RUSI, 2023.
F. Westerlund, S. Oxenstierna (eds.), 'Russian Military Capability in a Ten-Year Perspective – 2019', FOI, 2019.
T. Wheeler, *Mr. Lincoln's T-Mails: the Untold Story of how Abraham Lincoln used the Telegraph to win the Civil War*, New York, 2006.
P. H. Wilson, *Europe's Tragedy: a New History of the Thirty Years War*, London, 2009, 2010.
G. Wrightson, *Combined Arms Warfare in Ancient Greece*, London, New York, 2019.
M. Zabrodskyi et al., 'Preliminary Lessons in Conventional Warfighting from Russia's Invasion of Ukraine: February-July 2022', RUSI, 2022.
浅野裕一『孫子』講談社(1997年)
浅野裕一『墨子』講談社(1998年)
有坂純「ランチェスタ・モデル　戦争科学の先駆者たち」、『歴史群像』、157号、ワン・パブリッシング(2019年)
有坂純「極超音速ブースト滑空兵器　1～2」、『歴史群像』、158～159号、ワン・パブリッシング(2019年)
有坂純「ナポレオン戦争の起源　1～4」、『歴史群像』、164～167号、ワン・パブリッシング(2021年)
ゲルト・アルトホフ、柳井尚子訳『中世人と権力　「国家なき時代」のルールと駆引』八坂書房(2004年)
デヴィッド・S・アルバーツ、リチャード・E・ヘイズ、安田浩監訳『パワートゥザエッジ　ネットワークコミュニケーション技術による戦略的組織論』東京電機大学出版局(2009年)
ハンナ・アーレント、大久保和郎／大島かおり訳『全体主義の起原　1～3』みすず書房(2017年新版)

デービッド・C・イスビー、林憲三訳『ソ連地上軍　兵器と戦術のすべて』原書房（1987年）
マイケル・カーヴァー、桑田悦訳「核時代における在来戦」、ピーター・パレット編、防衛大学校「戦争・戦略の変遷」研究会訳『現代戦略思想の系譜　マキャヴェリから核時代まで』ダイヤモンド社（1989年）
ロジェ・カイヨワ、秋枝茂夫訳『戦争論　われわれの内にひそむ女神ベローナ』法政大学出版局（1974年）
川端香男里『ユートピアの幻想』講談社（1993年）
金谷治訳注『孫臏兵法　もうひとつの孫子』筑摩書房（2008年）
菊池宏『戦略基礎理論　戦略定義・力・消耗・逆転』内外出版株式会社（1984年、一部改訂版）
クラウゼヴィッツ、篠田英雄訳『戦争論　上中下』岩波書店（1968年）
トム・クランシー、井坂清訳『レッド・ストーム作戦発動　上下』文藝春秋（1987年）
デイヴィッド・M・グランツ、梅田宗法訳『ソ連軍作戦術　縦深会戦の追求』作品社（2020年）
コリン・グレイ、奥山真司訳『現代の戦略』中央公論新社（2015年）
マーチン・ファン・クレフェルト、石津朋之訳『戦争の変遷』原書房（2011年）
蔵本由紀『非線形科学』集英社（2007年）
ハンス・ケルゼン、長尾龍一／植田俊太郎訳『民主主義の本質と価値　他一篇』岩波書店（2015年）
ヴァルター・ゲルリッツ、守屋純訳『ドイツ参謀本部興亡史』学研プラス（1998年）
佐藤總夫『自然の数理と社会の数理　微分方程式で解析する　1』日本評論社（1984年）
佐藤總夫『自然の数理と社会の数理　微分方程式で解析する　2』日本評論社（1987年）
デービッド・サンガー、高取芳彦訳『サイバー完全兵器』朝日新聞出版（2019年）
サイモン・シャーマ、栩木泰訳『フランス革命の主役たち　臣民から市民へ　上』中央公論社（1994年）
ジョミニ、佐藤徳太郎訳『戦争概論』中央公論社（2001年）
ジェームズ・ジョンソン、川村幸城訳『ヒトは軍用AIを使いこなせるか　新たな米中覇権戦争』並木書房（2023年）
P・W・シンガー、山崎淳訳『戦争請負会社』NHK出版（2004年）
ジョージ・H・スティン、吉本隆昭監修、吉本貴美子訳『詳解武装SS興亡史　ヒトラーのエリート護衛部隊の実像　1939-45』学習研究社（2005年）
スヴォーロフ、吉本晋一郎訳『ソ連軍の素顔』原書房（1983年）
ハリエット・F・スコット、ウィリアム・F・スコット、乾一宇訳『ソ連軍　思想・機構・実力』時事通信社（1986年）
リットン・ストレイチー、福田逸訳『エリザベスとエセックス　王冠と恋』中央公論社（1983年）
アダム・スミス、高哲男『国富論　上』講談社（2020年）
ジャン・セルヴィア、朝倉剛／篠田浩一郎訳『ユートピアの歴史』筑摩書房（1972年）
ジェイムズ・F・ダニガン、岡芳輝訳『新・戦争のテクノロジー』河出書房新社（1992年）
アレクサンドル・デュマ、山内義雄訳『モンテ・クリスト伯　4』岩波書店（1956年）
寺田寅彦「変った話」青空文庫（1934年）（2003）（https://www.aozora.gr.jp/cards/000042/card4359.html）
アーノルド・J・トインビー、秀村欣二／清水昭次訳『ハンニバルの遺産　ハンニバル戦争のローマ人の生活に及ぼした影響』河出書房新社（1969年）
アルビン・トフラー、徳山二郎監修、鈴木健次／桜井元雄訳『第三の波』日本放送出版協会（1980年）
アルビン・トフラー、ハイジ・トフラー、徳山二郎訳『アルビン・トフラーの戦争と平和』フジテレビ出版（2013年）
戸部良一他『失敗の本質　日本軍の組織論的研究』ダイヤモンド社（1984年）
トルストイ、藤沼貴訳『戦争と平和　4、6』岩波書店（2006年）
マクレガー・ノックス／ウィリアムソン・マーレー編著、今村伸哉訳『軍事革命とRMAの戦略史　軍事革命の史的変遷　1300～2050年』芙蓉書房出版（2004年）
ラインハルト・バウマン、菊池良生訳『ドイツ傭兵の文化史　中世末期のサブカルチャー／非国家組

織の生態誌』新評論（2002年）
ジョン・ハケット、青木榮一訳『第三次世界大戦　1985年8月』二見書房（1978年）
ユルゲン・ハーバーマス、細谷貞雄／山田正行訳『公共性の構造転換』未来社（1994年、第2版）
I・バーリン、河合秀和訳『ハリネズミと狐　『戦争と平和』の歴史哲学』中央公論社（1973年）
デイビッド・ハルバースタム、浅野輔訳『ベスト&ブライテスト　2　ベトナムに沈む星条旗』サイマル出版会（1983年新版）
マイケル・ハンデル、防衛研究所翻訳グループ訳『戦争の達人たち　孫子・クラウゼヴィッツ・ジョミニ』原書房（1994年）
平井友義『スターリンの赤軍粛清　統帥部全滅の謎を追う』東洋書店（2012年）
アルフレート・ファークツ、望月幸男訳『ミリタリズムの歴史　文民と軍人』福村出版（1994年）
アーサー・フェリル、石原正毅訳『戦争の起源　石器時代からアレクサンドロスにいたる戦争の古代史』河出書房新社（1988年）
福田毅「クラスター弾の軍事的有用性と問題点　兵器の性能、過去の使用例、自衛隊による運用シナリオ」、『レファレンス』第57巻第9号、2007-2009年、pp.151-173.
藤原辰史『カブラの冬　第一次世界大戦期ドイツの飢饉と民衆』人文書院（2011年）
J・フラー、中村好寿訳『制限戦争指導論』原書房（1975年）
ノルベルト・フライ、芝健介訳『総統国家　ナチスの支配　1933-1945年』岩波書店（1994年）
フランソワ・フュレ、モナ・オズーフ、河野健二他監訳『フランス革命事典　1』みすず書房（1995年）
ローレンス・フリードマン、貫井佳子訳『戦略の世界史　上』日本経済新聞出版社（2018年）
フレデリック・P・ブルックスJr.、滝沢徹／牧野祐子／富澤章一訳『人月の神話　狼人間を撃つ銀の弾はない』ピアソン・エデュケーション（2002年新装版）
ダニエル・R・ヘッドリク、塚原東吾／隠岐さや香訳『情報時代の到来　「理性と革命の時代」における知識のテクノロジー』法政大学出版局（2011年）
D・R・ヘッドリク、横井勝彦／渡辺昭一訳『インヴィジブル・ウェポン　電信と情報の世界史　1851-1945』日本経済評論社（2013年）
ハインツ・ヘーネ、森亮一訳『髑髏の結社　SSの歴史』フジ出版社（1981年）
ハイム・ヘルツォーグ、滝川義人訳『図解中東戦争　イスラエル建国からレバノン進攻まで』原書房（1985年）
カール・ポパー、小河原誠訳『開かれた社会とその敵　1下、2上』岩波書店（2023年）
村上淳一『「権利のための闘争」を読む』岩波書店（1983年）
マーティン・メイリア、白須英子訳『ソヴィエトの悲劇　ロシアにおける社会主義の歴史　上下』草思社（1997年）
ジョージ・L・モッセ、宮武実知子訳『英霊　創られた世界大戦の記憶』柏書房（2002年）
J・B・モラル、柴田平三郎訳『中世の政治思想』未来社（1975年）
モンテスキュー、田中治男／栗田伸子訳『ローマ人盛衰原因論』岩波書店（1989年）
山本七平『一下級将校の見た帝国陸軍』朝日新聞出版（1983年）
エルンスト・ユンガー、川合全弘訳『労働者　支配と形態』月曜社（2013年）
J・リンス、高橋進監訳『全体主義体制と権威主義体制』法律文化社（1995年）
エドワード・ルトワック、武田康裕／塚本勝也訳『エドワード・ルトワックの戦略論』毎日新聞出版（2014年）

注 記

第1章　よみがえった通常戦

1 'US and Allies can learn from Military Medical Lessons in Ukraine', American College of Surgeons, April 24th, 2023.（https://www.facs.org/for-medical-professionals/news-publications/news-and-articles/press-releases/2023/us-and-allies-can-learn-from-military-medical-lessons-in-ukraine/）

2 ジョン・ハケット、青木榮一訳『第三次世界大戦　1985年8月』二見書房（1978年）

3 NATO軍の前方配備と対戦車ミサイルの多用は、現実の1980年代の「空地戦（エアランド・バトル）」ドクトリンではなく、本書発行当時に策定されて間もない「能動防御（アクティヴ・ディフェンス）」ドクトリンに従って描写されている。

4 R. Shirreff, *2017 War with Russia: an Urgent Warning from Senior Military Command*, London,2016.

5 一つないし複数の加盟国に対する武力攻撃を、全加盟国に対する攻撃と見なし、個別的ないし集団的自衛権を行使する。ただしここで言う「武力攻撃」は冷戦時代の通常戦を想定したもので、近年ではサイバー戦を含めた不正規戦に対する準備が不十分だと批判されている。

6 ハケット、前掲書、p.326.

7 D. A. Shlapa, M. W. Johnson, 'Reinforcing Deterrence on NATO's Eastern Flank: Wargaming the Defense of the Baltics', RAND Corporation, 2016; このシナリオに対するアレックス・ヴェルシーニンの批判については第3章第10節を参照。

8 'NATO's Enhanced Forward Presence', NATO Factsheet, May, 2017; 'NATO's Forward Presence', NATO Factsheet, June, 2022.

9 M. Saito et al., 'Abandoned Russian Base holds Secrets of Retreat in Ukraine', Reuters, October, 26th, 2022.（https://www.reuters.com/investigates/special-report/ukraine-crisis-russia-base/）; T. Nilsen, 'Land Forces at Kola reduced to one-fifth, Norwegian Intelligence says', The Barents Observer, February, 13th, 2023.（https://thebarentsobserver.com/en/security/2023/02/four-fifths-kola-land-forces-wiped-out）; 'Russian Offensive Campaign Assessment', ISW, April 14th, 2022.（https://www.iswresearch.org/2023/04/russian-offensive-campaign-assessment_14.html）

10 I. van Brugen, 'Russia planned to Attack Japan in 2021: Leaked FSB Letters', Newsweek, November 24th, 2022.（https://www.newsweek.com/russia-planned-attack-japan-2021-fsb-letters-1762133）

11 F. Westerlund, S. Oxenstierna（eds.）, 'Russian Military Capability in a Ten-Year Perspective – 2019', FOI, 2019, p.71.

12 この種の脅威の例として、中国による沖縄への認知戦攻撃のシナリオについては、A. MacDonald, R. Ratcliffe, 'Cognitive Warfare: Maneuvering in the Human Dimension', *Proceedings*, vol.149, no.4, 2023.

13 ISW, April 14th, 2022; IISS, *The Military Balance 2022*, London, 2022, p.206.

14 S. Boston, D. Massicot, 'The Russian Way of Warfare', RAND Corporation, 2017; Westerlund, Oxenstierna, op. cit.

15 'Russia's Army is in a Woeful State', The Economist, April 30th, 2022.（https://www.economist.com/briefing/how-deep-does-the-rot-in-the-russian-army-go/21808989）

16 M. Schwirtz et al., 'Putin's War', The New York Times, December 16th, 2022.（https://www.nytimes.com/interactive/2022/12/16/world/europe/russia-putin-war-failures-ukraine.html）

17 A. Monaghan, 'Book Review: 2017 War with Russia: an Urgent Warning from Senior Military Command'（https://www.ccw.ox.ac.uk/blog/2016/6/10/book-review-2017-war-with-russia-an-urgent-warning-from-senior-military-command-by-andrew-monaghan）
18 C. Duffy, *The Military Experience in the Age of Reason 1715-1789*, New York, 1987, pp.198-221.
19 1991年のクーデタで、叛乱軍は両師団をモスクワの確保とロシア共和国大統領ボリス・エリツィンの無力化に使おうとして失敗した。2023年のワグネルの叛乱は、両師団の出番なく終わった。
20 C. D'Este, *Patton: a Genius for War*, New York, 1995, pp.463-464.
21 M.J.Neufeld, *The Rocket and the Reich: Peenemünde and the Coming of the Ballistic Era*, New York, 1995, pp.184-189.
22 Ibid., pp.263, 272-273.
23 B. King, T. Kutta, *Impact: the History of Germany's V-Weapons in World War II*, New York, 1998, p.313.
24 ソ連から供与されたエジプト海軍の2隻のミサイル艇が、イスラエル駆逐艦「エイラート」を撃沈したのは1967年10月である。
25 D. D. Rudko, 'Logistical Analysis of the Littoral Combat Ship', Naval Postgraduate School, 2003.
26 ローレンス・フリードマン、貫井佳子訳『戦略の世界史　上』日本経済新聞出版社（2018年）、pp.308-311; デイビッド・ハルバースタム、浅野輔訳『ベスト&ブライテスト　2　ベトナムに沈む星条旗』サイマル出版会（1983年新版）、pp.66-70; D. Folliard, 'DOD Managers need a New Approach. SOCOM can lead the Way', Defense One, May 12th,2023.（https://www.defenseone.com/ideas/2023/05/dod-management-needs-overhaul-socom-can-lead-way/386306/）; もっとも、マクナマラ前の時代の、シヴィリアン・コントロールを欠く野放図で無秩序なやり方がより優れていたわけではない。それは彼個人の資質には無関係で、後述するように、アルヴィン・トフラーの言う「第一の波」に対する「第二の波」の優位性ゆえである。
27 Rudko, op. cit.; J. Trevithick, T. Rogoway, 'Air Force Boss gives Reality Check on "Over-Hyped" Digital Engineering Revolution', The Warzone, May 25th, 2023.（https://www.thedrive.com/the-war-zone/air-force-boss-gives-reality-check-on-over-hyped-digital-engineering-revolution）; J. Pollack, 'Why do US Hypersonic Missile Tests keep Failing? They're going too Fast', Defense One, January, 3rd, 2022.（https://www.defenseone.com/ideas/2022/01/why-do-us-hypersonic-missile-tests-keep-failing-theyre-going-too-fast/360276/）
28 S.Trimble, 'U.S. Hypersonic Testing shows Mixed Results in Pivotal Year', Aviation Week, May 2nd, 2023.（https://aviationweek.com/defense-space/missile-defense-weapons/us-hypersonic-testing-shows-mixed-results-pivotal-year）
29 ハンナ・アーレント、大久保和郎／大島かおり訳『全体主義の起原　3　全体主義』みすず書房（2017年新版）、pp.106-107; ノルベルト・フライ、芝健介訳『総統国家　ナチスの支配　1933-1945年』岩波書店（1994年）、pp.249-250; J・リンス、高橋進監訳『全体主義体制と権威主義体制』法律文化社（1995年）、pp.23-38, 65-77.
30 ハンナ・アーレント、大久保和郎／大島かおり訳『全体主義の起原　2　帝国主義』みすず書房（2017年新版）、pp.249-253; R. Shorten, 'Putin's not a Fascist, Totalitarian or Revolutionary - He's a Reactionary Tyrant', The Conversation, March 17th, 2022.（https://theconversation.com/putins-not-a-fascist-totalitarian-or-revolutionary-hes-a-reactionary-tyrant-179256）
31 汎スラブ主義、そしていわゆるユーラシア主義。そもそもが多民族・多文化国家であるロシアでは、全体主義的な絶滅政策を実行しない限り、虚構の概念に過ぎない。逆に言えば、概念を真実に変換するために、イデオロギー運動としてそれを実行するのが全体主義である。
32 S. B. Glasser, P. Baker, 'Inside the War between Trump and his Generals', The New Yoker, August 8th, 2022.（https://www.newyorker.com/magazine/2022/08/15/inside-the-war-between-trump-and-his-generals）
33 'Attack on Europe: documenting Russian Equipment Losses during the 2022 Russian Invasion of Ukraine', ORYX.（https://www.oryxspioenkop.com/2022/02/attack-on-europe-documenting-equipment.html）
34 https://twitter.com/DefenceHQ/status/1612337912091217920
35 2020年における単価は47億ルーブル。軍需産業の購買力平価換算で1億3,910万ドル。ただしロ

シアでは、政府が企業から装備品を安く「買い叩く」慣習がある。P.Butowski, T.Newdick, 'Here is what Russia's Military Aircraft and Missiles Actually Cost', The Warzone, February 9th, 2023.（https://www.thedrive.com/the-war-zone/here-is-what-russias-military-aircraft-and-missiles-actually-cost）

36 V. Isachenkov, 'Putin shows new Russian Nuclear Weapons: "It isn't a bluff"', AP News, March 2nd, 2018.（https://apnews.com/article/moscow-russia-ap-top-news-international-news-europe-de8fb0159f314a849e1c36ff975c4637）

37 'Kh-47M2 Kinzhal', CSIS Missle Threat.（https://missilethreat.csis.org/missile/kinzhal/）

38 例えば、この記事中の図。N. Vashiyeva, ''We can no longer do our Job', say Russian Missile Scientists following Arrests for Treason', The Telegraph, May 17th, 2023.（https://www.telegraph.co.uk/world-news/2023/05/17/russian-hypersonic-missile-scientists-arrested-for-treason/）

39 ただしドイツは、改造したA-4（A-4b）を史上最初の極超音速兵器として試射していた。Neufeld, 1995, pp.248-251.

40 機体に損傷を与えても、弾頭を破壊できなかった。G. N. Lewis, T. A. Postol, 'Video Evidence on the Effectiveness of Patriot during the 1991 Gulf War', *Science & Global Security*, vol.4, 1993, pp.1-63; J. Cirincione, 'In Ukraine, a New Chance to judge the Patriot Missile', Defense One, May 5th, 2023.（https://www.defenseone.com/ideas/2023/05/ukraine-another-chance-judge-patriot-missile/386036/）

41 冷戦時代に、Tu-22M爆撃機と組み合わせた「空母キラー」として開発された。

42 'Yurii Ihnat, Spokesperson of the Air Forces Command of the Armed Forces of Ukraine', Media Center Ukraine - Ukrinform, January 16th, 2023.（https://www.youtube.com/watch?v=YAWnPHKyLds）

43 'An Interview with General Valery Zaluzhny, Head of Ukraine's Armed Forces', The Economist, December 15th, 2022.（https://www.economist.com/zaluzhny-transcript）; A. Taylor, D. L. Stern, 'Ukraine intercepts Missiles as Russia steps up Strikes on Kyiv', The Washington Post, May 16th, 2023.（https://www.washingtonpost.com/world/2023/05/16/missiles-russia-ukraine-war-kyiv/）; 加えて、防空システムが情況認識システムDELTAに接続された意義が大きいが、それについては本章第8節で後述する。

44 J. M. Acton, 'Hypersonic Boost-Glide Weapons', *Science & Global Security*, vol.23, 2015, pp.191-219; 有坂純「極超音速ブースト滑空兵器　1〜2」、『歴史群像』、158〜159号、学研プラス（2019年）

45 K. Button, 'Hypersonic Weapons Race', AIAA Aerospace America, June, 2018.（https://aerospaceamerica.aiaa.org/features/hypersonic-weapons-race/）

46 A.Macias, 'Russia hits a Snag in developing a Hypersonic Weapon – after Putin said it was already in Production', CNBC, October 12th, 2018.（https://www.cnbc.com/2018/10/12/russia-having-trouble-building-hypersonic-weapon-putin-hyped.html）; 'Avangard Hypersonic Missiles replace Rubezh ICBMs in Russia's Armament Plan through 2027', TASS, March 22nd, 2018.（https://tass.com/defense/995628）

47 フレデリック・P・ブルックスJr.、滝沢徹／牧野祐子／富澤章一訳『人月の神話　狼人間を撃つ銀の弾はない』ピアソン・エデュケーション（2002年新装版）、pp.12-17, 165-214.

48 T. J. Czerwinski, 'Coping with the Bounds: a Neo-Clausewitzean Primer'. CCRP Publications, 2008.

49 'Secretary of Defense Lloyd J. Austin III and Chairman of the Joint Chiefs of Staff General Mark A. Milley hold a Post-Ukraine Defense Contact Group Press Conference, Ramstein Air Base, Germany', DOD, April 21st, 2023.（https://www.defense.gov/News/Transcripts/Transcript/Article/3370530/secretary-of-defense-lloyd-j-austin-iii-and-chairman-of-the-joint-chiefs-of-sta/）

50 トルストイ、藤沼貴訳『戦争と平和　6』岩波書店（2006年）、pp.379-459; ローレンス・フリードマン、前掲書、pp.163-170;I・バーリン、河合秀和訳『ハリネズミと狐　『戦争と平和』の歴史哲学』中央公論社（1973年）

51 トルストイ、藤沼貴訳『戦争と平和　4』岩波書店（2006年）、pp.494-508; J. S. Baskin, 'According To U.S. Big Data, We won the Vietnam War', Forbes, July 25th, 2014.（https://www.

forbes.com/sites/jonathansalembaskin/2014/07/25/according-to-big-data-we-won-the-vietnam-war/）

52 トルストイ『戦争と平和　4』、pp.439-440; クラウゼヴィッツ、篠田英雄訳『戦争論　上』岩波書店（1968年）、pp.91-93, 131-136.

53 蔵本由紀『非線形科学』集英社（2007年）

54 トルストイ『戦争と平和　6』、pp.408-409.

55 J. France, *Victory in the East: a Military History of the First Crusade*, Cambridge, 1994, 1996（rp.）, pp.122-142; B. S. Bachrach, 'Crusader Logistics: from Victory at Nicaea to resupply at Dorylaion', J. H. Pryor（ed.）, *Logistics of Warfare in the Age of the Crusades*, London, New York, 2016.

56 「指揮」「統制」「通信」「コンピュータ」「情報」の略語。近年は「監視」「偵察」を加えたC^4ISRが用いられることが少なくない。逆に、デジタル・テクノロジー以前の軍隊については、「コンピュータ」を抜いたC^3Iを用いるのが一般的である。

57 J. E. Lendon, *Soldiers and Ghosts: a History of Battle in Classical Antiquity*, New Haven, CT, London, 2005; D. Dawson, *The Origins of Western Warfare: Militarism and Morality in the Ancient World*. Boulder, CO, 1996.

58 アーサー・フェリル、石原正毅訳『戦争の起源　石器時代からアレクサンドロスにいたる戦争の古代史』河出書房新社（1988年）、pp.217-226.

59 J・フラー、中村好寿訳『制限戦争指導論』原書房（1975年）、p.37.

60 ジョージ・L・モッセ、宮武実知子訳『英霊　創られた世界大戦の記憶』柏書房（2002年）、pp.87-104.

61 エルンスト・ユンガー、川合全弘訳『労働者　支配と形態』月曜社（2013年）、pp.137-195.

62 N. Bertrand, O. Liebermann, J. Sciutto, 'US Officials say Damage to Patriot Missile Defense System was Minimal following Russian Attack near Kyiv', CNN, May 17th, 2023.（https://edition.cnn.com/2023/05/16/politics/patriot-missile-damage-ukraine/index.html）

63 J. Pace, H. Arhirova, J. Jordan, 'Takeaways from AP's Interview with Ukraine's Zelenskyy', AP News, March 30th, 2023.（https://apnews.com/article/ukraine-zelenskyy-russia-putin-war-78f55fbf4fb7e57711c2fadaf914fd45）

64 C. A. Fowler, 'Asymmetric Warfare: a Primer', IEEE Spectrum, March 1st, 2006.（https://spectrum.ieee.org/asymmetric-warfare-a-primer）; Defense Science Board, 'Summer Study on Conventional Counterforce against a Pact Attack', Office of the Director of Defense Research and Engineering, Washington DC,1977.

65 J. Bronk, N.Reynolds, J. Walting, 'The Russian Air War and Ukrainian Requirements for Air Defence', RUSI, November 7th, 2022; E. Cook, 'Russian Glider Bombs spark New Air Defence Woes for Ukraine', Newsweek, April 13th, 2023.（https://www.newsweek.com/russia-glider-bombs-ukraine-air-defense-jdams-1794155）

66 ただしパトリオットの配備後、スタンドオフ攻撃任務に当たる戦闘機が数機以上撃墜されていると考えられる。

67 'Hit or Miss: the Russian Loitering Munition Kill List', ORYX.（https://www.oryxspioenkop.com/2022/11/hit-or-miss-russian-loitering-munition.html）; G. Linganna, 'Russian Lancet-3 drones alter the shoot and scoot advantage of Western Artillery in Ukraine', Frontier India, April 6th, 2023.（https://frontierindia.com/russian-lancet-3-drones-alter-the-shoot-and-scoot-advantage-of-western-artillery-in-ukraine/）

68 D. A. Deptula, D.A. Birlkey, 'A Better Way to measure Combat Value', *Air & Space Forces Magazine*, vol.103, no.9, September ,2020, pp.60-65.

69 https://twitter.com/Shtirlitz53/status/1654855988996984836

70 H. Gregory, *McNamara's Folly: the Use of Low-IQ Troops in the Vietnam War, plus the Induction of Unfit Men, Criminals, and Misfits*, West Conshohocken, PA, 2015; B. Waller, 'Inside the Pentagon's Shameful Effort to draft Mentally Disabled Men to fight in Vietnam', Task Purpose, May 3rd, 2022.（https://taskandpurpose.com/history/project-100000-vietnam/）; K. M. Greenhill, 'Don't dumb down the Army', The New York Times, February 17th, 2006.（https://www.nytimes.

com/2006/02/17/opinion/dont-dumb-down-the-army.html）; 'Project 100,000: New Standard Program', RAND, Year unknown but probably 1970s.

71 スヴォーロフ、吉本晋一郎訳『ソ連軍の素顔』原書房（1983年）、p.99; デービッド・C・イスビー、林憲三訳『ソ連地上軍　兵器と戦術のすべて』原書房（1987年）、p.94.

72 イスビー、前掲書、p.94.

73 'Abrams Tank: Operating Costs more than expected', GAO, February, 1991, pp.4-6.

74 ハイム・ヘルツォーグ、滝川義人訳『図解中東戦争　イスラエル建国からレバノン進攻まで』原書房（1985年）、pp.243-244, 247-248; T. N. Dupuy, *Elusive Victory: the Arab-Israeli Wars 1947-1974*, New York, 1978, pp.428-429, 486-489; G. W. Gawrych, *The 1973 Arab-Israeli War: the Albatross of Decisive Victory*, Fort Leavenworth, KS, 1996, pp.49, 56-57.

75 ジョミニ、佐藤徳太郎訳『戦争概論』中央公論社（2001年）、pp.75-76, 126-127; クラウゼヴィッツ、篠田英雄訳『戦争論　下』岩波書店（1968年）、pp.81-83.

76 C. Duffy, *Austerlitz 1805*, London, 1977, 1999, pp.84-123; O. Connelly, *Blundering to Glory: Napoleon's Military Campaigns*, Wilmington, DE, 1987, 1993, pp.87-91; 現代のドクトリンでは、集中されるのは地上戦力や航空戦力のみならず、スタンドオフ打撃戦力やサイバー戦力も含まれる。P. Murdock, 'Principles of War on the Network-Centric Battlefield : Mass and Economy of Force', Parameters, vol.32, no.1, 2002, pp.86-95.

77 B. A. Friedman, *On Tactics: a Theory of Victory in Battle*, Annapolis, MD, 2017, pp.174-178.

78 J. E. Barnes, 'Why the U.S. was Wrong about Ukraine and the Afghan War', The New York Times, March 24th, 2022.（https://www.nytimes.com/2022/03/24/us/politics/intelligence-agencies-ukraine-afghanistan.html）

79 'SBU: Firtash, Top Associates accused of embezzling Millions of Hryvnias Worth of State Gas', The Kyiv Independent, May 15th, 2023.（https://kyivindependent.com/sbu-gas-scandal-firtash/）; 'NABU: Supreme Court Head arrested but not charged yet', The Kyiv Independent, May 16th. 2023.（https://kyivindependent.com/charges-to-be-filed-against-corrupt-supreme-court/）

80 M. Colborne, *From the Fires of War: Ukraine's Azov Movement and the Global Far Right*, Stuttgart, 2022; B. Talant, 'Nationalist Azov Battalion starts Political Party', Kyiv Post, October 15th, 2016.（https://www.kyivpost.com/post/7925）; S. Mariupol, 'Azov Fighters are Ukraine's Greatest Weapon and may be its Greatest Threat', The Guardian, September 10th, 2014.（https://www.theguardian.com/world/2014/sep/10/azov-far-right-fighters-ukraine-neo-nazis）

81 'Corruption Perceptions Index 2021', Transparency International, 2022.

82 B. Watson, 'In Ukraine, the US trains an Army in the West to fight in the East', Defense One, October 5th, 2017.（https://www.defenseone.com/threats/2017/10/ukraine-us-trains-army-west-fight-east/141577/）; D. Michaales, 'The Secret of Ukraine's Military Success: Years of NATO Training', The Wall Street Journal, April 13th, 2022.（https://www.wsj.com/articles/ukraine-military-success-years-of-nato-training-11649861339）

83 S. Gallagher, 'Mission Ukraine: U.S. Army leads Multinational Training Group to counter Russian Threat', AUSA, May 19th, 2020.（https://www.ausa.org/articles/mission-ukraine-us-army-leads-multinational-training-group-counter-russian-threat）

84 L.Collins, 'In 2014, the "Decrepit" Ukrainian Army hit the Refresh Button. Eight Years later, it's paying off.', The Conversation, March 8th, 2022.（https://theconversation.com/in-2014-the-decrepit-ukrainian-army-hit-the-refresh-button-eight-years-later-its-paying-off-177881）

85 'Military Expenditure（% of GDP）– Ukraine', The World Bank.（https://data.worldbank.org/indicator/MS.MIL.XPND.GD.ZS?locations=UA）

86 T.Cooper, et al., *War in Ukraine, vol.2, Russian Invasion, February 2022*, Warwick, 2023, p.5.

87 Ibid., p.6.

88 A. Horton, 'Russia's Commando Units gutted by Ukraine War, U.S. Leak shows', The Washington Post, April 14th, 2023.（https://www.washingtonpost.com/national-security/2023/04/14/leaked-documents-russian-spetsnaz/）

89 H. Altman, 'Meet The Shadowy Ukrainian Unit that Sabotages Targets inside Russia', The Warzone,

July 1st, 2022.（https://www.thedrive.com/the-war-zone/meet-the-shadowy-ukrainian-unit-that-sabotages-targets-inside-russia）

90 P. Adams, G.,Wright, ‘Ukraine War: Leak shows Western Special Forces on the Ground’, BBC, April 11th, 2023.（https://www.bbc.com/news/world-europe-65245065）

91 A. Copp, ‘Why is Ukraine's Internet still up? Perhaps because the Invaders need It’, Defense One, Mach 8th, 2022.（https://www.defenseone.com/threats/2022/03/why-ukraines-internet-still-perhaps-because-invaders-need-it/362854/）

92 ‘Defending Ukraine: Early Lessons from the Cyber War’, Microsoft, June 22nd, 2022

93 S. Skove, ‘How One Millennial Ukrainian is defeating Russians: Viral Videos, Collaboration, and Lots of Drones’, Defense One, May 16th, 2023.（https://www.defenseone.com/threats/2023/05/how-one-millennial-ukrainian-defeating-russians-viral-videos-collaboration-and-lots-drones/386402/）

94 D. M. Herszenhorn, P. McLeary, ‘Ukraine's “Iron General” is a Hero, but he's No Star’, POLITICO, April 8th, 2022.（https://www.politico.com/news/2022/04/08/ukraines-iron-general-zaluzhnyy-00023901）; S. Shuster, V. Bergengruen, ‘Inside the Ukrainian Counterstrike that turned the Tide of the War’, TIME, September 26th, 2022.（https://time.com/6216213/ukraine-military-valeriy-zaluzhny/）; D. Boffey, ‘Everything is still ahead: inside a Secret Military Base with Top Ukraine General’, The Guardian, 23rd, June,2023.（https://www.theguardian.com/world/2023/jun/23/everything-is-still-ahead-inside-a-secret-military-base-with-top-ukraine-general）

95 O. Onuch, H. E.Hale, *The Zelensky Effect*, London, 2022, pp.259-260.

96 ハンス・ケルゼン、長尾龍一／植田俊太郎訳『民主主義の本質と価値　他一篇』岩波書店（2015年）、pp.164-171.

97 K. Khudov, A. Martins, ‘Ukraine's Azov Brigade races to rebuild ahead of Fateful Fight’, The Washington Post, April 26th, 2023.（https://www.washingtonpost.com/world/2023/04/26/azov-brigade-ukraine-war-recruits/）

98 ジョージ・H・スティン、吉本隆昭監修、吉本貴美子訳『詳解武装SS興亡史　ヒトラーのエリート護衛部隊の実像　1939-45』学習研究社（2005年）、pp.326-363.

99 A. E. Kramer, ‘In High-Profile Raids, Zelensky showcases Will to tackle Corruption’, The New York Times, February, 2nd, 2023.（https://www.nytimes.com/2023/02/02/world/europe/ukraine-corruption-probe.html）;

100 O. Sorokin et al., ‘Reznikov's Tenure as Defense Chief ends after Latest Corruption Allegations’, The Kyiv Independent, September 5th, 2023.（https://kyivindependent.com/reznikovs-tenure-as-defense-chief-ends-amid-new-corruption-allegations/）

101 B. Cole, ‘Fact Check: does Zelensky Live in $5.5M Mansion with Infinity Pool?’, Newsweek, July 19th, 2023.（https://www.newsweek.com/zelensky-ukraine-russia-infinity-1814058）

102 K. Toripin, ‘J. Keller, Russian Fronts, Criminal Gangs: US couldn't account for Weapons sent to Ukraine Last Year’, Military.com, July 20th,2023.（https://www.military.com/daily-news/2023/07/20/weapons-sent-ukraine-were-danger-of-falling-criminal-hands-watchdog-warned.html）

103 D. Peleschuk, ‘Ukraine sacks Top Cyber Defence Officials amid Graft Probe', Reuters, november 21st, 2023.（https://www.reuters.com/world/europe/top-ukrainian-cyber-defence-officials-sacked-amid-corruption-probe-2023-11-20/）

104 超兵器は主人公の騎士的な活躍を支えるガジェットにも、主人公が克服すべき最大の困難にも設定し得るので、戦いを題材とするフィクションとの親和性がことの外高い。

105 ここでの「リニア」は歩兵部隊の隊形を指す用語で、線形性（リニアリティ）とは無関係なので注意。

106 C. J. Rogers（ed.）, *The Military Evolution Debate*, Oxford, 1995; D. Eltis, *The Military Revolution in Sixteenth Century Europe*, New York, 1995.; C. J. Nolan, *The Allure of Battle: a History of how Wars have been won and lost*, Oxford, 2017, PP.78-81.

107 J. F. Verbruggen, S.Willard（tr.）, R.W.Southern（tr.）, *The Art of Warfare in Western Europe during*

the Middle Ages, Woodbridge,1954,1997（2nd ed.）, pp.111-114, 145.

108 J. A. Lynn, *The Bayonets of the Republic: Motivation and Tactics in the Army of Revolutionary France, 1791-94*, Urbana, IL, Chicago, 1984, pp.96-118.

109 アルビン・トフラー、徳山二郎監修、鈴木健次／桜井元雄訳『第三の波』日本放送出版協会（1980年）

110 マクレガー・ノックス／ウィリアムソン・マーレー編著、今村伸哉訳『軍事革命とRMAの戦略史 軍事革命の史的変遷　1300〜2050年』芙蓉書房出版（2004年）; アルビン・トフラー、ハイジ・トフラー、徳山二郎訳『アルビン・トフラーの戦争と平和』フジテレビ出版（2013年）、pp.103-154.

111 W. S. Lind et al., 'The Changing Face of War: Into the Fourth Generation', *Marine Corps Gazette*, vol.73, no.10, 1989, pp.22-26.

112 A. J. Echevarria II, 'Fourth-Generation War and other Myths', Strategic Studies Institute, US Army War College, 2005.

113 マーチン・ファン・クレフェルト、石津朋之訳『戦争の変遷』原書房（2011年）、pp.257-260, 316-326; C. H. Gray, *Postmodern War: the New Politics of Conflict*, New York, 1997, pp.158-184.

114 トフラー『第三の波』、pp.31. 気候変動は彼の予測のリストにはないが、エネルギー危機は必然的にエネルギーの持続性と多様性を必要とするようになる、と説いている。

115 トフラー『戦争と平和』、pp.128-129, 131-132.

116 クラウゼヴィッツ『戦争論　下』、pp.291-293.

117 D. Vergun, 'McMaster busts Myths of Future Warfare', U. S. Army, September 11th, 2014.（https://www.army.mil/article/133446/McMaster_busts_myths_of_future_warfare/）; A. Schrager, 'The Four Fallacies of Warfare, according to Donald Trump's New National Security Advisor', Quartz, February 21st, 2017.（https://qz.com/915438/the-four-fallacies-of-warfare-according-to-national-security-advisor-hr-mcmaster）

118 S. Biddle, *Military Power: Explaining Victory and Defeat in Modern Battles*, Princeton, NJ, 2004.

119 B. I. Gudmundsson, *Stormtroop Tactics: Innovation in the German Army, 1914-1918*, New York, 1989; P. Griffith, *Battle Tactics of the Western Front: the British Army's Art of Attack 1916-18*, New Haven, CT, London, 1994.

120 Biddle, op. cit., pp.2-4, 30–77; S. Robinson, *The Blind Strategist: John Boyd and the American Art of War*, Dunedin, 2021, pp.242-259.

121 S. Ross, *From Flintlock to Rifle: Infantry Tactics, 1740-1866*, Cranbury, NJ, London, 1979.

122 J. K. Anderson, *Military Theory and Practice in the Age of Xenophon*, Berkeley, Los Angeles, CA, 1970; G. Wrightson, *Combined Arms Warfare in Ancient Greece*, London, New York, 2019; フェリル、前掲書

123 P. Griffith, *Battle Tactics of the American Civil War*, Marlborough, 1987, 1996（new ed.）, pp.137-163; B. Nosworthy, *The Bloody Crucible of Courage: Fighting Methods and Combat Experience of the Civil War*, New York, 2003, pp.258-279, 571-593; E. J. Hess, *The Rifle Musket in Civil War Combat: Reality and Myth*, Lawrence, KS, 2008.

124 ダニエル・R・ヘッドリク、塚原東吾／隠岐さや香訳『情報時代の到来　「理性と革命の時代」における知識のテクノロジー』法政大学出版局（2011年）、pp.233.

125 寺田寅彦「変った話」青空文庫（1934年）（2003年）（https://www.aozora.gr.jp/cards/000042/card4359.html）; Aeneas Tacticus, *Attestations and Fragments*, iii.

126 D・R・ヘッドリク、横井勝彦／渡辺昭一訳『インヴィジブル・ウェポン　電信と情報の世界史 1851-1945』日本経済評論社（2013年）; T. Wheeler, *Mr. Lincoln's T-Mails: the Untold Story of how Abraham Lincoln used the Telegraph to win the Civil War*, New York, 2006; M. van Creveld, *Command in War*, Cambridge, MA, 1985, pp.145-147.

127 アレクサンドル・デュマ、山内義雄訳『モンテ・クリスト伯　4』岩波書店（1956年）、pp.296-317; ヘッドリク『情報時代の到来』、pp.212-224.

128 Van Creveld, op. cit., pp.193-194; B. Perrett, *Iron Fist: Classic Armoured Warfare Case Studies*, London, 1995, pp.76-81.

129 'EDF Intelligence Chief: Russia still has Long-Term Offensive Capabilities', ERR.ee, September 12th, 2022.（https://news.err.ee/1608815692/edf-intelligence-chief-russia-still-has-long-term-offensive-capabilities）; C. Kube, 'Russia and Ukraine are firing 24,000 or more Artillery Rounds a Day', NBC News, November 11th, 2022.（https://www.nbcnews.com/politics/national-security/russia-ukraine-war-ammo-rcna56210）; O. Hlushchenko, 'Ukraine's Defence Minister asks EU to send Ukraine 250,000 artillery Shells a Month', Ukrainska Pravda, March 4th, 2023.（https://www.pravda.com.ua/eng/news/2023/03/4/7391955/）

130 J. Watling, N. Reynolds, 'Meatgrinder: Russian Tactics in the Second Year of its Invasion of Ukraine', RUSI, 2023, pp.24.

131 M. Santora, C. Meheut, 'Kill and be Killed: Ukraine's Bloody Battlefield Equation', The New York Times, October 23rd, 2023.（https://www.nytimes.com/2023/10/23/world/europe/ukraine-russia-war.html）

132 Watling, Reynolds, op. cit., pp.24.

133 I. Koshiw, 'We're almost Out of Ammunition and relying on Western Arms, says Ukraine', The Guardian, June 10th, 2022.（https://www.theguardian.com/world/2022/jun/10/were-almost-out-of-ammunition-and-relying-on-western-arms-says-ukraine）

134 A. Myroniuk, 'Investigation: EU Inability to ramp up Production behind Acute Ammunition Shortages in Ukraine', The Kyiv Independent, July 10th, 2023.（https://kyivindependent.com/investigation-eu-inability-to-ramp-up-production-behind-acute-ammunition-shortages-in-ukraine/）

135 Ibid.

136 J. Henley, 'Bulgaria secretly supplied Ukraine Fuel and Ammunition in Early Months of War', The Guardian, January 18th, 2023.（https://www.theguardian.com/world/2023/jan/18/bulgaria-secretly-supplied-ukraine-fuel-ammunition-first-months-war-russia）

137 'Ukroboronprom establishes the Production of 122-mm and 152-mm Shells', Militarnyi, November 4th, 2022.（https://mil.in.ua/en/news/ukroboronprom-establishes-the-production-of-122-mm-and-152-mm-shells/）; https://twitter.com/UAWeapons/status/1609641212193177601

138 'What is the Current State of Weapon Production in Ukraine?', Ukraine World, December 29th, 2022.（https://ukraineworld.org/articles/analysis/weapon-production）

139 Myroniuk, op. cit., The Kyiv Independent, July 10th, 2023.

140 J. Beale, 'Ukraine War: Bakhmut Defenders worry about losing Support', BBC News, April 27th,2023.（https://www.bbc.com/news/world-europe-65347835）

141 P. McLeary, 'NATO sets Sights on rebuilding Ukraine's Defense Industry', POLITICO, October 12th, 2022.（https://www.politico.com/news/2022/10/12/pentagon-chief-ukraine-support-00061387）

142 'Fact Sheet on US Security Assistance to Ukraine', DOD, April 19th, 2023.

143 M. R. Brady, P. Goethals, 'A Comparative Analysis of Contemporary 155 mm Artillery Projectiles', Journal of Defense Analytics and Logistics, vol.3, no.2, 2019, pp.171-192.

144 当初、2022年9月に掲げられた目標は3倍で、翌年1月に6倍に改められた。J. Ismay, E. Lipton, 'Pentagon will increase Artillery Production Sixfold for Ukraine', The New York Times, January 24th, 2023.（https://www.nytimes.com/2023/01/24/us/politics/pentagon-ukraine-ammunition.html; H. Britzky, O. Liebermann, 'Ukraine is burning through Ammunition faster than the US and NATO can produce it. Inside the Pentagon's Plan to close the Gap', CNN, February 17th, 2023;（https://edition.cnn.com/2023/02/17/politics/us-weapons-factories-ukraine-ammunition/index.html）

145 G. Lubold, 'The US Military relies on One Louisiana Factory. It blew up'., The Wallstreet Journal, April 26th, 2023.（https://www.wsj.com/articles/the-u-s-military-has-an-explosive-problem-6e1a1049）; J. Stavridis, 'Ukraine Is running Out of Ammo. So is the US.', The Washington Post, April 28th, 2023.（https://www.washingtonpost.com/business/2023/04/28/ukraine-and-the-pentagon-are-using-ammo-far-faster-than-us-makes-it/297c7afa-e57e-11ed-9696-8e874fd710b8_story.html）

146 Belton, Rauhala, op. cit., The Washington Post, May 19th, 2023.

147 H. Shin, 'South Korea to lend 500,000 Rounds of Artillery Shells to US', Reuters, April 12th, 2023.（https://www.reuters.com/world/south-korea-lend-500000-rounds-artillery-shells-us-report-2023-04-12/）; T. Kelly et al., 'Exclusive: US seeking Explosives in Japan for Ukraine Artillery Shells', Reuters, June 2nd, 2023.（https://www.reuters.com/world/asia-pacific/us-seeking-explosives-japan-ukraine-artillery-shells-sources-2023-06-02/）; J. Joseph, 'Japan in Talks to provide Artillery shells to U.S. to help Ukraine, Wall Street Journal reports', Reuters, June 15th, 2023.（https://www.reuters.com/world/japan-talks-provide-artillery-shells-us-help-ukraine-wsj-2023-06-15/）

148 J. Thomas, 'Majority of NATO Nations fail to spend 2 Percent GDP Guideline for Defense', Newsweek, March 31st, 2022.（https://www.newsweek.com/majority-nato-nations-fail-spend-2-percent-gdp-guideline-defense-1694014）

149 'Europe is struggling to rebuild its Military Clout', The Economist, May 7th, 2023.（https://www.economist.com/europe/2023/05/07/europe-is-struggling-to-rebuild-its-military-clout）; S. Siebold, S. Marsh, 'Germany only has 20,000 High Explosive Artillery Shells left, Report says', Reuters, June 20th, 2023.（https://www.reuters.com/world/europe/germany-only-has-20000-high-explosive-artillery-shells-left-report-2023-06-19/）

150 A. Gray, 'EU Envoys seal Deal on Joint Ammunition Buying for Ukraine', Reuters, May 4th, 2023.（https://www.reuters.com/world/europe/eu-envoys-seal-deal-joint-ammunition-buying-ukraine-2023-05-03/）

151 Belton, Rauhala, op. cit., The Washington Post, May 19th, 2023.

152 L. Jakes, 'Europe has Pledged a Million Shells for Ukraine in a Year. Can it deliver?', The New York Times, April 9th,2023.（https://www.nytimes.com/2023/04/09/world/europe/europe-shells-ukraine-ammunition.html）; Myroniuk, op. cit., The Kyiv Independent, July 10th, 2023.

153 https://twitter.com/RALee85/status/1584541338099666944 ; https://twitter.com/UKikaski/status/1639182695178596352

154 「両用」とは対人、対装甲両用の意。

155 *The Evolution of Artillery for Increased Effectiveness*, RDECOM, US Army, June 10-11th, 2008.

156 'Under Secretary of Defense for Policy Dr. Colin Kahl holds Press Briefing', July 7th, 2023.（https://www.defense.gov/News/Transcripts/Transcript/Article/3452000/under-secretary-of-defense-for-policy-dr-colin-kahl-holds-press-briefing/）

157 福田毅「クラスター弾の軍事的有用性と問題点　兵器の性能、過去の使用例、自衛隊による運用シナリオ」、『レファレンス』第57巻第9号、2007-2009年、pp.151-173.

158 E. Schmitt, 'U.S. Cluster Munitions Arrive in Ukraine, but Impact on Battlefield remains Unclear', The New York Times, July 14th, 2023.（https://www.nytimes.com/2023/07/14/us/politics/ukraine-war-cluster-munitions.html）

159 'Growing Civilian Toll from Russian Cluster Munition Attacks: Global Report tracks New Use, Production of Widely Rejected Weapon', Human Rights Watch, August 25th, 2022.（https://www.hrw.org/news/2022/08/25/growing-civilian-toll-russian-cluster-munition-attacks）

160 U. Pavlova, J. Berlinger, 'Putin says Russia has Sufficient Cluster Munitions and may retaliate if Ukraine uses them', CNN, July 16th, 2023.（https://edition.cnn.com/2023/07/16/europe/putin-cluster-munitions-ukraine-intl/index.html）

161 W. Murray, R. R. Mansoor（eds.）, *Hybrid Warfare: Fighting Complex Opponents from the Ancient World to the Present*, Cambridge, 2012.

162 B.M.Kreutz, 'Ships,Shipping and the Implications of Change in the Early Medieval Mediterranean' *Viator*,vol.7,1976, pp.79-109; L. V. Mott, 'Iberian Naval Power, 1000-1650', J. B. Hattendorf, R.W. Unger（eds.）, *War at Sea in the Middle Ages and the Renaissance*, Woodbridge, 2003.

163 O. Jonsson, *The Russian Understanding of War*, Washington DC, 2019, pp.67-93.

164 'Wales Summit Declaration', NATO, September 5th, 2014.（https://www.nato.int/cps/ic/natohq/official_texts_112964.htm）

165 R. N. McDermott, 'Does Russia have a Gerasimov Doctrine?', *Parameters*, vol.46, no.1, 2016, pp.97-105; C.K. Bartles, 'Getting Gerasimov Right', Military Review, vol.96, no.1, 2016, pp.30-38.
166 Ibid., p.34,
167 コリン・グレイ、奥山真司訳『現代の戦略』中央公論新社（2015年）、pp.295-297.
168 J. N. Mattis, F. Hoffman, 'Future Warfare: the Rise of Hybrid Wars. *Proceedings*, vol.131, no.11, 2005, p.18. C. Libiseller, ''Hybrid Warfare'as an Academic Fashion', *Journal of Strategic Studies*, 2023.
169 マイケル・ハンデル、防衛研究所翻訳グループ訳『戦争の達人たち　孫子・クラウゼヴィッツ・ジョミニ』原書房（1994年）、pp.102-125.
170 C. Bellamy, 'Manoeuvre Warfare', R. Holmes（ed.）, *The Oxford Companion to Military History*, Oxford, 2001, p.544;エドワード・ルトワック、武田康裕／塚本勝也訳『エドワード・ルトワックの戦略論』毎日新聞出版（2014年）、pp.124-125.
171 N. Norton, 'The US Navy's Evolving Cyber/Cybersecurity Story', *The Cyber Defense Review*, vol.1, no.1, 2016, pp.21-26.
172 M. Dahm, 'The Reality of War should define Information Warfare', *Proceedings*, vol.147, no.3, 2021.
173 デービッド・サンガー、高取芳彦訳『サイバー完全兵器』朝日新聞出版（2019年）、pp.450-461.
174 サンガー、前掲書、pp.244-249.
175 Schwirtz et al., op. cit., The New York Times, December 16th, 2022.
176 E. O. Goldman, M. Warner, 'Why a Digital Pearl Harbor makes Sense...and is Possible', G. Perkovich, A.Levite（eds.）, *Understanding Cyber Conflict: 14 Analogies*, Washington DC, 2017, p.150.
177 Schwirtz et al., op. cit., The New York Times, December 16th, 2022.
178 Westerlund, Oxenstierna, op. cit., pp.65, 73-74.
179 ロッキード・マーティン社との協同事業。
180 M. Weisgerber, 'War in Ukraine could change the Types of Weapons the Pentagon wants, Raytheon CEO Says', Defense One, July 20th, 2022.（https://www.defenseone.com/business/2022/07/war-ukraine-could-change-types-weapons-pentagon-wants-raytheon-ceo-says/374740/）
181 クラウゼヴィッツ、篠田英雄訳『戦争論　中』岩波書店（1968年）、p.123.
182 Dupuy, op. cit., p.489.
183 J. Ellis, *Brute Force: Allied Strategy and Tactics in the Second World War*, London, 1990, pp.431-432; E. G. Miller, *A Dark and Bloody Ground; the Hürtgen Forest and the River Dams*, 1944-1945, College Station, TX, 1995, pp.203-209.
184 J. Ellis, *World War II: the Sharp End*, London, 1980, 1990（rev. ed.）, pp.134-142.
185 ハケット、前掲書、p.157.
186 A. K. Kramer, 'In an Epic Battle of Tanks, Russia was routed, repeating Earlier Mistakes', The New York Times, March 1st, 2023.（https://www.nytimes.com/2023/03/01/world/europe/ukraine-russia-tanks.html）
187 'Russian Troops flee as Ukrainian Tank fires on their Position in Bakhmut', The Telegraph.（https://www.youtube.com/watch?v=y8jOqJCaRf4）
188 H. Arhirova, 'Ukrainian Minister says "Next Stage" is to develop Air-to-Air Combat Drones', The Times of Israel, December 28th, 2022.（https://www.timesofisrael.com/ukrainian-minister-says-next-stage-is-to-develop-air-to-air-combat-drones/）; H. Altman, 'Ukrainian Drone Pilot's Frontline Account of Fighting via Eyes in The Sky', The Warzone, March 21st, 2023.（https://www.thedrive.com/the-war-zone/ukrainian-drone-pilots-frontline-account-of-fighting-via-eyes-in-the-sky）; 'Ukraine is betting on Drones to strike deep into Russia', The Economist, March 20th, 2023.（https://www.economist.com/europe/2023/03/20/ukraine-is-betting-on-drones-to-strike-deep-into-russia）; M. Shashkova, 'Ukraine launches New Platform to help Start-Ups 'Strike the Russians'', Kyiv Post, April 27th,2023.（https://www.kyivpost.com/post/16348）
189 R. Soylu, 'Ukraine received 50 Turkish Bayraktar TB2 Drones since Russian Invasion', Middle East Eye, June 28th, 2022.（https://www.middleeasteye.net/news/russia-ukraine-war-tb2-bayraktar-drones-fifty-received）; J. Trevithick, O. Parken, 'Ukrainian Fighter Pilots call B. S. on Need for Gray Eagle Drones', The Warzone, Jun 22nd, 2022.（https://www.thedrive.com/the-war-zone/

ukrainian-fighter-pilots-call-bullshit-on-need-for-mq-1c-gray-eagle-drones）

190 C. Roulo, ‘Low-Cost Tech shaping Modern Battlefield’, DOD News, July 26th, 2022.（https://www.defense.gov/News/News-Stories/Article/Article/3105155/low-cost-tech-shaping-modern-battlefield/）

191 S. Kaushal, ‘Ukraine's Uncrewed Raid on Sevastopol and the Future of War at Sea’, RUSI, February 2nd, 2023.（https://rusi.org/explore-our-research/publications/commentary/ukraines-uncrewed-raid-sevastopol-and-future-war-sea）; H. Canue, ‘From a Prestige Fleet to the Jeune Ecole: French Naval Policy and Strategy under the Second Empire and the Early Third Republic（1852–1914）’, *Naval War College Review*, vol.71, no.1, 2018, pp.93-118.

192 J. Trevithick, ‘M1 Abrams ineffective by 2040 in Fight against China: Army Study’, The Warzone, October 4th, 2023.（https://www.thedrive.com/the-war-zone/m1-abrams-ineffective-by-2040-in-fight-against-china-army-study）

193 脅威の探知から指揮官の意思決定、脅威の無力化に至る、C^4ISR上のサイクル。いわゆるOODAループ等の概念モデルが用いられることがある。ロシア軍では戦域のそれを偵察打撃コンプレクス（RYK）、戦術のそれを偵察射撃コンプレクス（ROK）と呼ぶ。

194 T. Robinson, S. Bridgewater, ‘Highlights from the RAeS Future Combat Air & Space Capabilities Summit’, Royal Aeronautical Society, June 2nd（updated）, 2023.（https://www.aerosociety.com/news/highlights-from-the-raes-future-combat-air-space-capabilities-summit/）

195 B. Joy, ‘Why the Future doesn’t need Us’, WIRED, April 1st, 2000.（https://www.wired.com/2000/04/joy-2/）

196 Robinson, Bridgewater, op. cit.

197 ジェームズ・ジョンソン、川村幸城訳『ヒトは軍用AIを使いこなせるか　新たな米中覇権戦争』並木書房（2023年）、pp.38-56; トフラーはAI（彼はこの語を使ってはいないが）の潜在的脅威を認識していたが、判断は保留している。トフラー『第三の波』、pp.243-249; トフラー『戦争と平和』、pp.244-246.

198 S. Lingel et al., ‘Joint All-Domain Command and Control for Modern Warfare’, RAND, 2020; T. Rogoway, ‘Here's what the Army's Long-Awaited Super Air Defense Network can actually do’, The Warzone, April 28th, 2021.（https://www.thedrive.com/the-war-zone/37175/heres-what-the-armys-long-awaited-super-air-defense-network-can-actually-do）

199 K. Tyshcheniko, ‘Ukraine's Defence Forces to introduce Delta System which gives Advantage over Occupiers’, Ukrainska Pravda, February 4th, 2023.（https://www.pravda.com.ua/eng/news/2023/02/4/7387937/）; J. Borger,‘”Our Weapons are Computers”: Ukrainian Coders aim to gain Battlefield Edge’, The Guardian, December 18th, 2022.（https://www.theguardian.com/world/2022/dec/18/our-weapons-are-computers-ukrainian-coders-aim-to-gain-battlefield-edge）

200 M. Fornusek, ‘Minister: Ukrainian Delta System ready to integrate Western Equipment, including F-16 Jets’, The Kyiv Independent, July 11th, 2023.（https://kyivindependent.com/minister-ukrainian-delta-system-ready-to-integrate-western-equipment-including-f-16/）

201 ‘Joint All-Domain Command and Control（JADC2）’, Congressional Research Service, January 21st, 2022.

202 L. Jakes, ‘For Western Weapons, the Ukraine War is a Beta Test’, The New York Times, November 15th, 2022.（https://www.nytimes.com/2022/11/15/world/europe/ukraine-weapons.html）

203 H. Cooper et al., ‘Leaked Documents suggest Ukrainian Air Defense is in Peril if not reinforced’, The New York Times, April 9th, 2023.（https://www.nytimes.com/2023/04/09/us/politics/leaked-documents-ukrainian-air-defense.html）

204 L. Seligman, P. McLeary, ‘Biden will send Bradley Fighting Vehicles to Ukraine. And Tanks could be Next’, POLITICO, January 5th, 2023.（https://www.politico.com/news/2023/01/05/biden-ukraine-bradley-vehicles-tanks-00076549）

205 ‘How Kyiv fended off a Russian Missile Blitz in May’, The Economist, June 13th, 2023.（https://www.economist.com/europe/2023/06/13/how-kyiv-fended-off-a-russian-missile-blitz-in-may）; B.

Lendon, 'How Ukraine turned the Tables on Russia's Aerial Assault with these Western Weapons', CNN, May 17th, 2023.（https://edition.cnn.com/2023/05/17/europe/ukraine-kyiv-air-defense-weapons-intl-hnk-ml/index.html）

206 GIS "ARTA": automated Command and Control System.（https://gisarta.org/en/index.html）; C. Parker, 'Uber-Style Technology helped Ukraine to destroy Russian Battalion', The Times, May 14th, 2022.（https://www.thetimes.co.uk/article/uk-assisted-uber-style-technology-helped-ukraine-to-destroy-russian-battalion-5pxnh6m9p）; H. Altman, 'Debacle on The Donets: How Russian Forces got obliterated trying to cross a River', The Warzone, May 12th, 2022.（https://www.thedrive.com/the-war-zone/debacle-on-the-donets-russian-forces-got-obliterated-trying-to-cross-a-river）; GIS Artaの、イギリス企業との協同開発が始まったのが2014年という情報が本当ならば、これがDELTAの基礎の一端となった可能性も考えられる。

207 P. Tucker, 'The Ukraine War is teaching the US How to move Intelligence Faster, Defense One', October 12th,2022.（https://www.defenseone.com/technology/2022/10/ukraine-war-teaching-us-how-move-intelligence-faster/378361/）

208 F. S. Gady, M. Kofman, 'Ukraine's Strategy of Attrition', *Journal of Strategic Studies*, vol.65, no. 2, 2023, pp.7-22.

209 https://twitter.com/DefenceHQ/status/1604711619635945472

210 'Ukraine's Army must shed its Soviet Legacy, says a Military Expert', The Economist, May 17th, 2023.（https://www.economist.com/by-invitation/2023/03/17/ukraines-army-must-shed-its-soviet-legacy-says-a-military-expert）

211 L.C.Williams, 'Ukraine, Irregular-War Changes are reshaping Pentagon's Info-Ops Strategy', Defense One, November 21st, 2022.（https://www.defenseone.com/policy/2022/11/ukraine-irregular-war-changes-are-reshaping-pentagons-info-ops-strategy/380025/）

212 'Russian Offensive Campaign Assessment', ISW, September 3rd, 2022.（https://www.iswresearch.org/2022/ how09/russian-offensive-campaign-assessment_3.html）; I. Kottasová, 'Putin's Digital Footsoldiers: Bloggers became a Key Cog in Russia's War Machine', CNN, April 4th, 2023.（https://edition.cnn.com/2023/04/04/europe/russia-military-bloggers-war-machine-intl-cmd/index.html）

213 'Russian Offensive Campaign Assessment', ISW, July 22th, 2023.（https://www.iswresearch.org/2023/07/russian-offensive-campaign-assessment_22.html

第2章　「特別軍事作戦」のモデリング

1 M. Zabrodskyi et al., 'Preliminary Lessons in Conventional Warfighting from Russia's Invasion of Ukraine: February-July 2022', RUSI, 2022, p.7.

2 T.Cooper, et al., *War in Ukraine, vol.2, Russian Invasion, February 2022*, Warwick, 2023, p.37.

3 Zabrodskyi et al., op. cit., p.1.

4 有坂純「ランチェスタ・モデル　戦争科学の先駆者たち」、『歴史群像』、157号、学研プラス（2019年）; 浅野裕一『墨子』講談社（1998年）、pp.221-233.

5 菊池宏『戦略基礎理論　戦略定義・力・消耗・逆転』内外出版株式会社（1984年、一部改訂版）; 佐藤總夫『自然の数理と社会の数理　微分方程式で解析する　1』日本評論社（1984年）、pp.72-91; 佐藤總夫『自然の数理と社会の数理　微分方程式で解析する　2』日本評論社（1987年）、pp.74-89; R. Simpkin, *Race to the Swift: Thoughts on Twenty-First Century Warfare*, New Delhi, 1985, 2012, pp.79-92.

6 Defense Science Board, 'Summer Study on Conventional Counterforce against a Pact Attack', Office of the Director of Defense Research and Engineering, Washington DC,1977.

7 T. N. Dupuy, *Understanding War: History and Theory of Combat*, New York, 1987; Dupuy, *Numbers, Predictions and War: Using History to Evaluate Combat Factors and Predict the Outcome of Battles*,

Indianapolis, IN, New York, 1979; C. A. Lawrence, *War by Numbers: Understanding Conventional Combat*, Lincoln, NE, 2017.

8 L. Binkovitz, 'When an Army of Artists fooled Hitler', Smithsonian Magazine, May 20th, 2013.（https://www.smithsonianmag.com/history/when-an-army-of-artists-fooled-hitler-71563360/）

9 ジェイムズ・F・ダニガン、岡芳輝訳『新・戦争のテクノロジー』河出書房新社（1992年）、pp.42-43.

10 Cooper, et al., op. cit., pp.37, 54.

11 Dupuy, *Understanding War*, pp.31-35.

12 G. Miller, C. Belton, 'FSB Errors played Crucial Role in Russia's failed War Plans in Ukraine', The Washington Post, August 19th, 2022.（https://www.washingtonpost.com/world/interactive/2022/russia-fsb-intelligence-ukraine-war/）

13 Zabrodskyi et al., op. cit., pp.8-10.

14 Cooper, et al., op. cit., p.42.

15 Cooper, et al., op. cit., pp.41-42.

16 J. Watling, N. Reynolds, 'Operation Z: the Death Throes of an Imperial Delusion', RUSI, 2022, p.3

17 M. Schwirtz et al., 'Putin's War', The New York Times, December 16th, 2022.（https://www.nytimes.com/interactive/2022/12/16/world/europe/russia-putin-war-failures-ukraine.html）

18 Cooper, et al., op. cit., pp.45.

19 Zabrodskyi et al., op. cit., pp.10-11.

20 Watling, Reynolds, op. cit., p.3-4.

21 Ibid.

22 Cooper, et al., op. cit., pp.45-46.

23 N. J. Fiore, 'Defeating the Russian Battalion Tactical Group', *Armor*, vol.128, no.2, 2017, pp.9-17; L. W. Grau, C. K. Bartles, *The Russian Way of War: Force Structure,Tactics,and Modernization of the Russian Groud Forces*, Fort Leavenworth, KS, 2016, pp.36-39; Zabrodskyi et al., op. cit., pp.30-32; M. Galeotti, *Russia's Five-Day War: the Invasion of Georgia, August 2008*, Oxford, 2023, pp.31-34, 57-58.

24 C. M. Kenny, 'Divisions, Corps to replace Brigades as Army's Wartime Formation of Choice', Defense One, October 10th, 2022.（https://www.defenseone.com/policy/2022/10/divisions-corps-replace-brigades-armys-wartime-formation-choice/378234/）

25 Zabrodskyi et al., op. cit., p.10.

26 M. Bielieskov, 'Ukraine's Territorial Defence Forces: the War so Far and Future Prospects', RUSI, May 11th, 2023.（https://rusi.org/explore-our-research/publications/commentary/ukraines-territorial-defence-forces-war-so-far-and-future-prospects）

27 L. Sly, K. Khudov, 'In Bucha, Officials tally the Dead and Unidentified', The Washington Post, August 8th, 2022.（https://www.washingtonpost.com/world/2022/08/08/ukraine-bucha-bodies/）; C. Gall, 'Ukraine Struggles to identify Bucha Massacre Victims, Five Months on', The New York Times, September 3rd, 2022.（https://www.nytimes.com/2022/09/03/world/europe/ukraine-bucha-massacre-victims.html）;'Ukraine: Russian Forces Tortured Izium Detainees, Human Rights Watch', October 19th, 2022.（https://www.hrw.org/news/2022/10/19/ukraine-russian-forces-tortured-izium-detainees）

28 L. C. Zabuchchya, 'Bodies of mutilated Children among Horrors the Russians left behind', The Times, April 2nd, 2022.（https://www.thetimes.co.uk/article/bodies-of-mutilated-children-among-horrors-the-russians-left-behind-5ddnkkwp2）

29 Y. Al-Hlou et al., 'New Evidence shows how Russian Soldiers executed Men in Bucha', The New York Times, May 19th, 2022.（https://www.nytimes.com/2022/05/19/world/europe/russia-bucha-ukraine-executions.html）

30 L. Sly, 'As War Crimes mount, Ukraine faces Hard choices about Prosecutions', The Washington Post, February 6th, 2023.（https://www.washingtonpost.com/world/2023/01/29/war-crimes-ukraine-prosecution/）; 'Situation in Ukraine: ICC Judges issue Arrest Warrants against Vladimir

Vladimirovich Putin and Maria Alekseyevna Lvova-Belova, ICC, March 17th, 2023.（https://www.icc-cpi.int/news/situation-ukraine-icc-judges-issue-arrest-warrants-against-vladimir-vladimirovich-putin-and）

31 'Colonel Patrick Sullivan explains why Russia's Army commits Atrocities', The Economist, April 8th, 2023.（https://www.economist.com/by-invitation/colonel-patrick-sullivan-explains-why-russias-army-commits-atrocities/21808701）

32 Cooper, et al., op. cit., pp.46-48.

33 Fiore, op. cit.

34 Cooper, et al., op. cit., pp.48-50.

35 D. Chandler, *The Campaign of Napoleon*, New York, 1966, pp.63-76; J. T. Kuehn, *Napoleonic Warfare: the Operational Art of the Great Campaigns*, Santa Barbara, CA, Denver, CO, 2015, pp.25-34.

36 Cooper, et al., op. cit., pp.53-61.

37 https://twitter.com/defencehq/status/1597483602274566146

38 C. Bellamy, *The Evolution of Modern Land Warfare: Theory and Practice*, London, New York, 1990, pp.73.

39 J. Watling, N. Reynolds, 'Meatgrinder: Russian Tactics in the Second Year of its Invasion of Ukraine', RUSI, 2023, p.24.

40 Bellamy, op. cit., 75-77.

41 J. Watling, N. Reynolds, 'Meatgrinder: Russian Tactics in the Second Year of its Invasion of Ukraine', RUSI, 2023.

42 正規軍の囚人部隊、懲罰部隊は「ストームZ」と呼称されている。その識別記号は2022年春季攻勢時のSZ集団、つまり南部軍管区のものと同じだが、関係は不明。K. Lewis, 'Ukrainian Reserve Officer says Russia is forming Special "Storm Z" Units', Newsweek, April 7th, 2023.（https://www.newsweek.com/ukrainian-reserve-officer-says-russia-forming-special-storm-z-units-1793135）; 'Russian Offensive Campaign Assessment', ISW, June 18th, 2023.（https://www.understandingwar.org/backgrounder/russian-offensive-campaign-assessment-june-18-2023）; S. E. Sirgany et al., 'Captured Russian Soldiers tell of Low Morale, Disarray and Horrors of Trench Warfare', CNN, July 6th, 2023.（https://edition.cnn.com/2023/07/06/europe/captured-russian-soldiers-ukraine-intl-cmd/index.html）

43 P. Oppmann, 'Why Cubans are fighting for Russia in Ukraine', CNN, September 19th, 2023.（https://edition.cnn.com/2023/09/19/americas/cuba-fighters-russia-ukraine-war-intl-latam/index.html）

44 B. I. Gudmundsson, *Stormtroop Tactics: Innovation in the German Army, 1914-1918*, New York, 1989, pp.55-75; P. Griffith, *Battle Tactics of the Western Front: the British Army's Art of Attack 1916-18*, New Haven, CT, London, 1994, pp.65-100.

45 S. Vlasova, M. Kostenko,'Claims Russia executes own Soldiers and Offensive Intensifies: Here's what to know about the latest in Ukraine', CNN, October 28th, 2023.（https://edition.cnn.com/2023/10/28/world/ukraine-need-to-know-intl/index.html）

46 T. Newdick, T. Rogoway, 'Ukraine's Armor appears to have a Russian Attack Helicopter Problem', The Warzone, June 15th, 2023.（https://www.thedrive.com/the-war-zone/ukraines-armor-appears-to-have-a-russian-attack-helicopter-problem）

47 https://twitter.com/DefenceHQ/status/1715241527071441273

48 IISS, *The Military Balance 2022*, London, 2022, pp.195, 199-201, 212-213.

49 Grau, Bartles, op. cit., pp.384-388

50 Watling, Reynolds, 'Operation Z', pp.20-24; 'Russia's Economy can withstand a Long War, but not a more Intense One', The Economist, April 23rd, 2023.（https://www.economist.com/briefing/2023/04/23/russias-economy-can-withstand-a-long-war-but-not-a-more-intense-one）; H. Altman, 'Captured Russian Weapons are Packed with U.S. Microchips', The Warzone, May 27th, 2022.（https://www.thedrive.com/the-war-zone/captured-russian-weapons-are-packed-with-foreign-microchips）

51 J. Bronk, 'Is the Russian Air Force actually Incapable of Complex Air Operations?', RUSI, March 4th,

2022.（https://rusi.org/explore-our-research/publications/rusi-defence-systems/russian-air-force-actually-incapable-complex-air-operations）; Bronk, 'Russia likely has Local Air Superiority in Donbas, but it may not Matter', RUSI, April 19th, 2022.（https://rusi.org/explore-our-research/publications/commentary/russia-likely-has-local-air-superiority-donbas-it-may-not-matter）

52 O. Pawlyk, 'Air Force sets Goal of 20 Flight Hours per Month for Pilots', Military.com, March 14th, 2018.（https://www.military.com/daily-news/2018/03/14/air-force-sets-goal-20-flight-hours-month-pilots.html）

53 Bronk, March 4th, 2022.

54 E. Cook, 'Russian Air Force's Non-Combat Losses during Ukraine War: Full List', Newsweek, August 24th, 2023.（https://www.newsweek.com/russia-air-force-self-inflicted-losses-ukraine-war-jets-crashed-helicopters-1819568）

55 T. Newdick, 'Russian Su-34 Strike Fighter bombed one of its own Cities', The Warzone, April 21st, 2023.（https://www.thedrive.com/the-war-zone/russian-su-34-strike-fighter-bombed-one-of-its-own-cities）

56 О.Ившина,'"Стингер"на выходе из атаки,взрыв в воздухе и··Всё". Российские паблики обсуждают гибель летчика-генерала', BBC, May 24th, 2022.（https://www.bbc.com/russian/features-61559430）; この一件は西側では、ちょうど同時期に公開された映画「トップガン　マーヴェリック」の筋書きにたとえられたが、無論、現実はフィクションのようにはゆかない。

57 Bronk, 'Russia likely has Local Air Superiority'; Galeotti, op. cit., pp.45-48.

第3章　何が戦いを支配するのか

1 '«Руки-ноги есть? Годен». С Украиной воюют сотни ВИЧ-положительных россиян— «Верстка»', The Insider, May, 27th, 2023.（https://theins.ru/news/262084）

2 IISS, *The Military Balance 2022*, London, 2022, pp.192-207, 211-215.

3 F. Westerlund, S. Oxenstierna（eds.）, 'Russian Military Capability in a Ten-Year Perspective – 2019', FOI, 2019.

4 R. Dixon, 'Russian Security Chiefs militarizing School Children, censoring Textbooks', The Washington Post, June 11th, 2022.（https://www.washingtonpost.com/world/2022/06/11/russia-schools-textbooks-war-propaganda/）

5 ハリエット・F・スコット、ウィリアム・F・スコット、乾一宇訳『ソ連軍　思想・機構・実力』時事通信社（1986年）、pp.278-288; デービッド・C・イスビー、林憲三訳『ソ連地上軍　兵器と戦術のすべて』原書房（1987年）、p.11-12; L. W. Grau, C. K. Bartles, *The Russian Way of War: Force Structure,Tactics,and Modernization of the Russian Groud Forces*, Fort Leavenworth, KS, 2016, p.6.

6 アルフレート・ファークツ、望月幸男訳『ミリタリズムの歴史　文民と軍人』福村出版（1994年）、pp.3-6.

7 W. D. Henderson, *The Hollow Army: how U. S. Army is oversold and undermanned*, New York, 1990, pp.11-18.

8 'Democratic People's Republic of Korea', UN data.（https://data.un.org/en/iso/kp.html）

9 'N. Korea spends $170 Million on 2-Day Missile Launch', The Dong-A Libo, Nobember 4th, 2022.（https://www.donga.com/en/article/all/20221104/3740374/1）

10 Ibid. C. Lee, 'Price of North Korea's Missile Launches measured in Food Relief', VOA, February 2nd, 2022.（https://www.voanews.com/a/price-of-north-korea-s-missile-launches-measured-in-food-relief-/6423243.html）

11 R. N. McDermott, 'Russia's Strategic Mobility: Supporting "Hard Power" to 2020?', FOI, 2013, pp.30-31.

12 J. Nichol, 'Russian Military Reform and Defense Policy', Congressional Research Service, August 24th, 2011; Grau, Bartles, op. cit., pp.10, 27-28; A. E. Kramer, 'Putin Ousts Defense Chief, Longtime Ally', The New York Times, November 6th, 2012.（https://www.nytimes.com/2012/11/07/world/europe/putin-dismisses-russian-defense-minister.html）
13 スコット、前掲書、pp.274-276; イスビー、前掲書、pp.12, 72; 'Russian Offensive Campaign Assessment', ISW, September 25th, 2022.（https://www.iswresearch.org/2022/09/russian-offensive-campaign-assessment_25.html）
14 *The Military Balance 2022*, p.193; イスビー、前掲書、pp.67-68.
15 T. Gibbons-Neff, 'How a 4-Hour Battle between Russian Mercenaries and U.S. Commandos unfolded in Syria', The New York Times, May 24th, 2018.（https://www.nytimes.com/2018/05/24/world/middleeast/american-commandos-russian-mercenaries-syria.html）
16 G. Faulconbridge, 'Video shows Sledgehammer Execution of Russian Mercenary', Reuters, November 14th, 2023.（https://www.reuters.com/world/europe/sledgehammer-execution-russian-mercenary-who-defected-ukraine-shown-video-2022-11-13/）
17 ファークツ、前掲書、p.5
18 J・リンス、高橋進監訳『全体主義体制と権威主義体制』法律文化社（1995年）、pp.145-147, 150-152.
19 マーティン・メイリア、白須英子訳『ソヴィエトの悲劇　ロシアにおける社会主義の歴史　上』草思社（1997年）、pp.422-426; ハンナ・アーレント、大久保和郎／大島かおり訳『全体主義の起原　3　全体主義』みすず書房（2017年新版）、pp.264-281; ただしノルベルト・フライが指摘するように、ナチ・ドイツにおいてさえ全体主義の理念型は実現されてはおらず、権威主義的支配の要素は依然残されていて、そしてイデオロギーと社会との乖離は戦局の悪化に伴い拡大していった。ノルベルト・フライ、芝健介訳『総統国家　ナチスの支配　1933-1945年』岩波書店（1994年）pp.145-161, 245-248.
20 ユルゲン・ハーバーマス、細谷貞雄／山田正行訳『公共性の構造転換』未来社（1994年、第2版）、pp.26-38, 86-120.
21 前掲書、pp.16-23; J・B・モラル、柴田平三郎訳『中世の政治思想』未来社（1975年）、pp.11-22; ゲルト・アルトホフ、柳井尚子訳『中世人と権力　「国家なき時代」のルールと駆引』八坂書房（2004年）、pp.64-129.
22 ハーバーマス、前掲書、pp.23-26, 99-100; サイモン・シャーマ、栩木泰訳『フランス革命の主役たち　臣民から市民へ　上』中央公論社（1994年）、pp.211-233, 287-287; フランソワ・フュレ、モナ・オズーフ、河野健二他監訳『フランス革命事典　1』みすず書房（1995年）、pp.440-443.
23 M. Parks, 'Soviets free the Dreaded Photocopier', Los Angeles Times, October 5th, 1989.（https://www.latimes.com/archives/la-xpm-1989-10-05-mn-913-story.html）
24 'The Russian Social Contract: Russia has a Social Contract with its Citizens. Is it about to expire?', The Berggruen Institute, 2022.（https://www.berggruen.org/the-russian-social-contract/）; J. Burke, 'Perspectives: Russia's Social Contract is fraying. What are the implications?', eurasianet, May 27th, 2020.（https://eurasianet.org/perspectives-russias-social-contract-is-fraying-what-are-the-implications）
25 S. Rosenberg, P. Kirby, 'Russian whose Daughter drew Anti-War Picture flees Jail Term', BBC, March 28th, 2023.（https://www.bbc.com/news/world-europe-65102392）
26 規模の差こそあれ、ドイツ軍に北東と南東から挟撃されたクルスク突出部の情況は、ウクライナ軍の2023年夏季反攻に晒されるバフムートのそれとよく似ているが、そのことだけを根拠に、プリゴジンの死の日付に隠されたメッセージを求めるのは、（少なくとも今のところは）陰謀論でしかない。
27 S. Rosenberg, 'Ukraine War: the Russian Student under Arrest for an Instagram Story', February 14th, BBC, 2023.（https://www.bbc.com/news/world-europe-64625127）
28 C. Brown, 'Are Russia's Youth buying into the "Geonocidal Language of the State" ? or is there Hope for a Better Future?', CBC News, May 16th, 2023.（https://www.cbc.ca/news/world/russia-putin-fascism-youth-1.6842657）

29 アダム・スミス、高哲男『国富論　上』講談社（2020年）、pp.557-577; 'Yevgeny Prigozhin's Death may consolidate Putin's Power', The Economist, August 23rd, 2023.（https://www.economist.com/europe/2023/08/23/yevgeny-prigozhins-reported-death-may-consolidate-putins-power）

30 А.Захаров, '"Вывозили на КАМАЗе". Как российские солдаты и офицеры воровали у армии трусы,берцы и бронежилеты', BBC, October 10th, 2022.（https://www.bbc.com/russian/features-63177093）

31 J, Kilner, 'Russian Army Commander arrested for "selling Tank Engines", The Telegraph, April 27th, 2023.（https://www.telegraph.co.uk/world-news/2023/04/27/colonel-alexander-denisov-russia-ukraine-tank-engines/）

32 S. Cranny-Evans, T. Withington, 'Russian Comms in Ukraine: a World of Hertz', RUSI, March 9th, 2022.（https://rusi.org/explore-our-research/publications/commentary/russian-comms-ukraine-world-hertz）

33 Grau, Bartles, op. cit., pp.18-19.

34 A. Khrebet, 'Russia's Key Attack Force, Wagner Group, embroiled in Conflict with Regular Army', The Kyiv Independent, March 1st, 2023.（https://kyivindependent.com/wagner-groups-conflict-with-russian-defense-ministry-worsens/）

35 Ibid.

36 C. Parker, J. Hassan, 'Why Russia and Ukraine are fighting over Bakhmut', The Washington Post, March 3rd, 2023, May 22nd, 2023（updated）.（https://www.washingtonpost.com/world/2023/03/03/bakhmut-battle-ukraine-russia/）; M. Santora, 'A Symbol of Loss in almost every Ukrainian Kitchen', The New York Times, April 27th, April 28th, 2023（updated）.（https://www.nytimes.com/2023/04/27/world/europe/ukraine-soledar-salt.html）

37 The Military Balance 2022, p.193

38 P. Kirby, 'Russian Wagner Chief Prigozhin blames Ammunition Shortage for High Deaths', BBC, February 22nd, 2023.（https://www.bbc.com/news/world-europe-64731945）; Khrebet, op. cit., The Kyiv Independent, March 1st, 2023.

39 S. Holland, 'Exclusive: US says Russia's Wagner Group bought North Korean Weapons for Ukraine War', Reuters, December 23rd,2022.（https://www.reuters.com/world/us-says-russias-wagner-group-bought-north-korean-weapons-ukraine-war-2022-12-22/）

40 ハインツ・ヘーネ、森亮一訳『髑髏の結社　SSの歴史』フジ出版社（1981年）、pp.100-138.

41 リットン・ストレイチー、福田逸訳『エリザベスとエセックス　王冠と恋』中央公論社（1983年）

42 山本七平『一下級将校の見た帝国陸軍』朝日新聞出版（1983年）、pp.126-143; 戸部良一他『失敗の本質 日本軍の組織論的研究』ダイヤモンド社（1984年）、pp.255-256, 259-264.

43 'Russian Offensive Campaign Assessment', ISW, September 4th, 2022.（https://www.iswresearch.org/2022/09/russian-offensive-campaign-assessment_4.html）

44 加谷珪一「独裁政治、なのに『豊かで幸福』な国が続々…カンボジア選挙が示した民主主義の『不都合な真実』」、ニューズウィーク日本版（2023年8月15日）（https://www.newsweekjapan.jp/kaya/2023/08/post-246.php）

45 S. M. Rizip, A. Skali, 'How often do Dictators have Positive Economic Effects? Global Evidence, 1858–2010', *The Leadership Quarterly*, vol.31, 2020, pp.1-18; Hyug Baeg Im, 'Democratic Development and Authoritarian Development Compared: South Korea', Shiping Hua, Ruihua Hu（eds.）, *East Asian Development Model: Twenty-first Century Perspectives*, New York, 2015.

46 'Article by Vladimir Putin, "On the Historical Unity of Russians and Ukrainians"', President of Russia, July 12th,2021.（http://en.kremlin.ru/events/president/news/66181）; J. Lassin, E. Channell-Justice, 'Why Putin has such a Hard Time accepting Ukrainian Sovereignty', The Conversation, December 21st, 2021.（https://theconversation.com/why-putin-has-such-a-hard-time-accepting-ukrainian-sovereignty-174029）; G. E. L. Hall, 'Ukraine: the History behind Russia's Claim that NATO promised not to expand to the East', The Conversation, February, 14th, 2022.（https://theconversation.com/ukraine-the-history-behind-russias-claim-that-nato-promised-not-to-expand-to-the-east-177085）

47 G. Faulconbridge, 'Russia is now fighting NATO in Ukraine, Top Putin Ally says', Reuters, January 10th, 2023. (https://www.reuters.com/world/europe/putin-ally-patrushev-says-russia-is-now-fighting-nato-ukraine-2023-01-10/)

48 C. Wang, 'Putin responds to Wagner Rebellion, accuses Mercenaries of Treason', CNBC, June 24th, 2023. (https://www.cnbc.com/2023/06/24/putin-vows-to-punish-those-involved-in-mutiny-accuses-them-of-treason.html)

49 В.Даценко,'Скільки грошей витрачає Росія на війну в Україні', Forbes, November 24th, 2022. (https://forbes.ua/war-in-ukraine/za-devyat-misyatsiv-rosiya-vitratila-na-viynu-82-mlrd-tse-chvert-ii-richnogo-byudzhetu-rozrakhunki-forbes-24112022-9997)

50 O. Artyushenko, '"Empty Promises": Wives of Russian Soldiers fighting in Ukraine say Pay is not what was promised', RFE/RL, April 1st, 2023. (https://www.rferl.org/a/russia-soldiers-salaries-unpaid-ukraine-invasion/32345161.html); 'Report: Russian Soldiers in Ukraine face increasing Payment Delays', The Moscow Times, March 22nd, 2023. (https://www.themoscowtimes.com/2023/03/22/3-anthrax-cases-confirmed-in-central-russia-a80577)

51 В.Пономарева,'«Окоп рыли ложками,жевали листья,думали только,как спрятаться».Как мобилизованных везут на фронт без подготовки,снабжения и мотивации', The Insider, April 19th, 2023. (https://theins.ru/politika/259967); 'Russian Offensive Campaign Assessment', ISW, October 10th, 2022. (https://www.iswresearch.org/2022/10/russian-offensive-campaign-assessment_10.html)

52 В.Даценко,'За півтора року Росія витратила на війну з Україною приблизно $167,3 млрд.З них лише техніки,знищеної ЗСУ,більш як на $34 млрд.Розрахунки', Forbes, September 16th, 2023. (https://forbes.ua/war-in-ukraine/za-pivtora-roku-rosiya-vitratila-na-viynu-z-ukrainoyu-blizko-1673-mlrd-z-nikh-tilki-tekhniki-na-ponad-34-mlrd-rozrakhunki-forbes-16092023-16050)

53 'Is the Russian Air Force''Russian Offensive Campaign Assessment', ISW, September 25th, 2022. (https://www.iswresearch.org/2022/09/russian-offensive-campaign-assessment_25.html); '«Руки-ноги есть?Годен».С Украиной воюют сотни ВИЧ-положительных россиян—«Верстка»', The Insider. May 27th, 2023. (https://theins.ru/news/262084)

54 S. Kaushal, 'Can Russia continue to fight a Long War?', RUSI, August 23rd, 2022. (https://rusi.org/explore-our-research/publications/commentary/can-russia-continue-fight-long-war)

55 'Russian Family alleges "Suicide" Conscript tortured to Death', The Telegraph, September 21st, 2011. (https://www.telegraph.co.uk/news/worldnews/europe/russia/8779624/Russian-family-alleges-suicide-conscript-tortured-to-death.html)

56 S. L. Myers, 'Hazing Trial bares Dark Side of Russia's Military', The New York Times, August 13th, 2006. (https://www.nytimes.com/2006/08/13/world/europe/13hazing.html)

57 П. Аксенов,'Армия преступников', Lenta Ru, February 3rd, 2006. (http://lenta.ru/articles/2006/02/03/repentance/)

58 U. Pavlova, 'Putin signs Law to mobilize Russian Citizens convicted of Serious Crimes', CNN, November 5th, 2022. (https://edition.cnn.com/2022/11/05/europe/russia-ukraine-law-mobilize-serious-crime-offenders-intl/index.html)

59 A. Osborn, F. Lebedev, 'Russia to soon introduce Electronic Call-Up Papers in Crackdown on Draft Dodgers after Parliament Vote', Reuters, April 12th, 2023. (https://www.reuters.com/world/europe/russia-plans-electronic-call-up-papers-help-mobilisation-2023-04-11/); 'Минобороны РФ опубликовало доклад замглавы Генштаба о ходе мобилизации в 2022 году,но вскоре его удалили', The Insider, June, 3rd,2023. (https://theins.ru/news/262263)

60 'У росії найближчим часом можлива нова хвиля мобілізації - Генштаб', Ukrinform, November 24th, 2022. (https://www.ukrinform.ua/rubric-ato/3621209-u-rosii-najblizcim-casom-mozliva-nova-hvila-mobilizacii-genstab.html)

61 'Russian Offensive Campaign Assessment', ISW, December 21st, 2022. (https://www.iswresearch.

org/2022/12/russian-offensive-campaign-assessment_21.html）
62 P. Sonne, A. E. Kramer, 'As Putin bides his Time, Ukraine faces a Ticking Clock', The New York Times, May 6th, 2023.（https://www.nytimes.com/2023/05/06/world/europe/ukraine-counteroffensive-russia.html）
63 P. Sabin, *Lost Battles: reconstructing the Great Clashes of the Ancient World*, London, New York, 2007, pp.136-139. そもそも、当時の兵站が100万の戦力を短期であれ養えたとは考えにくい。
64 A. Osborn, P. Nikolskaya, 'Russia's Putin authorises "Special Military Operation" against Ukraine', Reuters, February, 24th, 2022.（https://www.reuters.com/world/europe/russias-putin-authorises-military-operations-donbass-domestic-media-2022-02-24/）
65 'Putin says Russia will achieve "noble" Aims of its Ukraine Military Campaign', Reuters, April 12th, 2022.（https://www.reuters.com/world/europe/putin-says-russia-will-achieve-noble-aims-its-ukraine-military-campaign-2022-04-12/）
66 M. Ilyushina, R. Dixon, 'Putin says "Real War" being waged against Russia in muted Victory Day Parade', The Washington Post, May 9th, 2023.（https://www.washingtonpost.com/world/2023/05/09/russia-victory-day-parade-ukraine-putin/）
67 T. L. Friedman, 'Vladimir Putin is the World's Most Dangerous Fool', The New York Times, May 9th, 2023.（https://www.nytimes.com/2023/05/09/opinion/putin-ukraine-war.html）
68 J. Keegan, *The First World War*, New York, 1998, pp.129-133; P. Hart, *The Great War 1914-1918*, London, 2013, 70-78.
69 ジョージ・L・モッセ、宮武実知子訳『英霊　創られた世界大戦の記憶』柏書房（2002年）、pp.77-87.
70 ジョージ・H・スティン、吉本隆昭監修、吉本貴美子訳『詳解武装SS興亡史　ヒトラーのエリート護衛部隊の実像　1939-45』学習研究社（2005年）、pp.209-221.
71 L. Freedman, *Command: the Politics of Military Operations from Korea to Ukraine*, Oxford, 2022, pp.15-73, 175-211.
72 Ibid., p.28. 浅野裕一『孫子』講談社（1997年）、pp.133-141, 185-189.
73 Freedman, op. cit., p.280,.
74 Ibid., p.399.
75 J. Keegan, *The Mask of Command*, New York, 1987, p.290.
76 *The Military Balance 2022*, pp.207-208; Grau, Bartles, op. cit., p.25.
77 'Russia's vaunted Second Offensive is a Damp Squib', The Economist, February 23rd, 2023.（https://www.economist.com/europe/2023/02/23/russias-vaunted-second-offensive-is-a-damp-squib）; ただし、多くは重装備を欠くところのこれらの部隊が全て前線で戦っているわけではなく、例えばチェチェン民兵の多くは南部戦線で、正規軍に対する督戦隊の任務を負っていると見られる。'Russian Offensive Campaign Assessment', ISW, August 16th, 2022.（https://www.iswresearch.org/2022/08/russian-offensive-campaign-assessment_16.html）; S. Cranny-Evans, 'The Chechens: Putin's Loyal Foot Soldiers', RUSI, November 4th, 2022.（https://rusi.org/explore-our-research/publications/commentary/chechens-putins-loyal-foot-soldiers）
78 T. Lozovenko, 'Shoigu deploys his Private Military Company, which competes with Wagner Group, to war against Ukraine', Ukrainska Pravda, December 28th, 2022.（https://www.pravda.com.ua/eng/news/2022/12/28/7382706/）
79 F. Farrell, 'Wagner a "shadow of what it once was": Russia Security Expert on the Rage of Mercenary Boss Prigozhin', The Kyiv Independent, May 7th, 2023.（https://kyivindependent.com/the-end-of-the-line-for-wagner-russia-security-expert-on-the-desperate-rage-of-mercenary-boss-prigozhin/）
80 平井友義『スターリンの赤軍粛清　統帥部全滅の謎を追う』東洋書店（2012年）; メイリア、前掲書、pp.400-408.
81 へーネ、前掲書、pp.464-468, 532; スティン、前掲書、pp.368-369.
82 'National Guard may get Tanks, Heavy Weaponry, says Director', TASS, June, 28th, 2023.（https://tass.com/defense/1639467）; Н.Кондратьев,'Росгвардия начала принимать н

а службу наемников ЧВК из числа помилованных заключенных', iStories, September, 12th, 2023. (https://istories.media/news/2023/09/11/rosgvardiya-nachala-prinimat-na-sluzhbu-naemnikov-chvk-iz-chisla-pomilovannikh-zaklyuchennikh/)

83 クラウゼヴィッツ、篠田英雄訳『戦争論　上』岩波書店（1968年）、pp.158-166.

84 前近代の戦争では、戦力を移動させる手段は徒歩、馬、船しか存在しなかったので、士気と兵站が速度の緊要な変数だったのである。

85 C. Bellamy, 'Operational Concept', R. Holmes (ed.), *The Oxford Companion to Military History*, Oxford, 2001, p.673.

86 J. Watling, N. Reynolds, 'Stormbreak: Fighting through Russian Defences in Ukraine's 2023 Offensive', RUSI, 2023, p.21

87 クラウゼヴィッツ、前掲書、p.143; ジョミニ、佐藤徳太郎訳『戦争概論』中央公論社（2001年）、p.119; 浅野裕一、前掲書、pp.30-32.

88 彼の実在性や、『孫子』テキストの成立過程は、ここでの議論とは無関係である。

89 Livy, xxviii, 44.

90 A. Goldsworthy, *The Punic Wars*, London, 2000, pp.286-309; またウクライナ戦争の場合と同じく、戦争を国土から遠ざけ、荒廃した社会やインフラの回復を早急に図ることもローマの喫緊の課題であった。アーノルド・J・トインビー、秀村欣二／清水昭次訳『ハンニバルの遺産　ハンニバル戦争のローマ人の生活に及ぼした影響』河出書房新社（1969年）、pp.162-180.

91 J. France, *Hattin*, Oxford, 2015, pp.64-112.

92 C. J. Rogers, 'Edward III and the Dialectics of Strategy, 1327-1360', *Transactions of the Royal Historical Society*, vol.4, 1994, pp.83-102.

93 C. Duffy, *Instrument of War: the Austrian Army in the Seven Years War vol.1*, Warwick, 2000, 2020, pp.333-348; 民間資産の掠奪や破壊を必然的に伴う不正規戦ないし「ハイブリッド戦」としての七年戦争の様態は、「理性の時代」の制限戦争は一般社会から安全に隔離されていた、という神話を打ち砕く。近代の不正規戦の起源はもっと後のアメリカ独立戦争（1775〜83）にある、とする通説についても同様である。

94 C. Telp, *The Evolution of Operational Art 1740-1813: from Frederick the Great to Napoleon*, London, New York, 2005, pp.8-16.

95 R. M. Citino, *The German Way of War: from the Thirty Years' War to the Third Reich*, Lawrence, KS, 2005, pp.72-90; フリードリヒの方法論の性格と限界については、C. J. Nolan, The Allure of Battle: a History of how Wars have been won and lost, Oxford, 2017, pp.182-187.

96 C. Pichichero, *The Military Enlightenment: War and Culture in the French Empire from Louis XIV to Napoleon*, Ithaca, NY, London, 2017, pp.110-149

97 C. Duffy, *The Military Experience in the Age of Reason 1715-1789*, New York, 1987, p18.

98 ノーベル賞物理学者ルイ・ド・ブロイの先祖。

99 R. S. Quimby, *The Background of Napoleonic Warfare: the Theory of Military Tactics in Eighteenth-Century France*, Whitefish, MT, 1956, 2011, pp.41-62, 90-184, 233-268; J. Abel, Guibert: Father of Napoleon's Grande Armée, Norman, OK, 2016, pp.55-193; S. Ross, *From Flintlock to Rifle: Infantry Tactics, 1740-1866*, Cranbury, NJ, London, 1979, pp.17-49; B. Nosworthy, *With Musket, Cannon and Sword: Battle Tactics of Napoleon and His Enemies*, New York, 1996, pp.89-102; 有坂純「ナポレオン戦争の起源　1〜4」、『歴史群像』、164〜167号、ワン・パブリッシング（2021年）

100 しばしば誤解されているが、攻撃縦隊は戦闘隊形として横隊に取って代わるものではなく、横隊との迅速な相互変換が可能であることがその最大の特徴である。

101 P. Griffith, *The Art of War of Revolutionary France 1789-1802*, London, Mechanicsburg, PA, 1998, p.200.

102 J. A. Lynn, *The Bayonets of the Republic: Motivation and Tactics in the Army of Revolutionary France, 1791-94*, Urbana, IL, Chicago, 1984, pp.110-113.

103 モンテスキュー、田中治男／栗田伸子訳『ローマ人盛衰原因論』岩波書店（1989年）、pp.18-19, 34-37.

104 G. E. Rothenberg, *The Art of Warfare in the Age of Napoleon*, Staplehurst, 1978, 1997, pp.146-148; J. T. Kuehn, *Napoleonic Warfare: the Operational Art of the Great Campaigns*, Santa Barbara, CA, Denver, CO, 2015, pp.17-37, 91-120; Telp, op. cit., pp.59-97; M. van Creveld, 'Napoleon and the Dawn of Operational Warfare', J. A. Olsen, Van Creveld（eds.）, *The Evolution of Operational Art*, Oxford, 2011; Ross, op. cit. pp.88-125.
105 D. G. Chandler, *On the Napoleonic Wars: collected Essays*, London, Mechanicsburg, PA, 1994, pp.82-98; O. Connelly, *Blundering to Glory: Napoleon's Military Campaigns*, Wilmington, DE, 1987, 1993, pp.80-84. , 91
106 J. R. Elting, *Swords around a Throne: Napoleon's Grande Armée*, New York, London, 1988, pp.81-101.
107 Rothenberg, op. cit., pp.128-129.
108 J. Stone, 'Montesquieu: Strategist ahead of his Time', *Journal of Strategic Studies*, 2023（published online）, p.12.
109 Ross, op. cit., pp.126-157.
110 Telp, op. cit., pp.98–119；ヴァルター・ゲルリッツ、守屋純訳『ドイツ参謀本部興亡史』学研プラス（1998年）、pp.50-57, 65-67, 75-76.
111 Citino, op. cit., pp.147-190; D. E. Showalter, 'Prussian-German Operational Art, 1740-1943', Olsen, Van Creveld（eds.）, op. cit; ゲルリッツ、前掲書、pp.108-110, 116-121.
112 A. Jones, *Civil War Command and Strategy: the Process of Victory and Defeat*, New York, 1992, pp.75-83.
113 Keegan, *The Mask of Command*, p.194.
114 Ibid., pp.156-172; T. Wheeler, *Mr. Lincoln's T-Mails: the Untold Story of how Abraham Lincoln used the Telegraph to win the Civil War*, New York, 2006, pp.110-163.
115 C. Bellamy, *The Evolution of Modern Land Warfare: Theory and Practice*, London, New York, 1990, pp.65-67.
116 B. A. Friedman, *On Operations: Operational Art and Military Disciplines*, Annapolis, MD, 2021, pp.25-26, 46-47; ゲルリッツ、前掲書、pp.140-142, 150-173.
117 T. N. Dupuy, *Understanding War: History and Theory of Combat*, New York, 1987, pp.84-86; Bellamy, op. cit., pp.45-52; ナポレオン戦争と比較しての南北戦争の火力の過大評価については、第1章第6節も参照。
118 E. A. Cohen, J. Gooch, *Military Misfortunes: the Anatomy of Failure in War*, New York, London, 1990, pp.23-26.
119 M. van Creveld, *Command in War*, Cambridge, MA, London, 1985, pp.148-168.
120 A. Goldsworthy, *Cannae*, London, 2001, pp.143-150; Sabin, op. cit., pp.61-88.
121 J. O. Rodriguez Jr., 'Synchronization at the Operational Level', U. S. Army War College, 1997.
122 J. Peterson, *Playing at the World: a History of Simulating Wars, People and Fantastic Adventures, from Chess to Role-Playing Games*, San Diego, CA, 2012, pp.221-251; Citino, op. cit., p.150.
123 D. M. Glantz, J. M. House, *When Titans clashed: How the Red Army stopped Hitler*, Lawrence, KS, 1999, 2015（revised and expanded ed.）, pp.383-389.
124 Ibid., pp.140-141, 176, 438.
125 Ibid., pp.217, 356.
126 Ibid., p.265.
127 C. A. Lawrence, *War by Numbers: understanding Conventional Combat*, Lincoln, NE. pp.228-229.
128 T. N. Dupuy et al., *Hitler's Last Gamble: the Battle of the Bulge, December 1944-January 1945*, New York, 1994, pp.498-500.
129 白軍他の反ボリシェヴィキ軍、ポーランド、ウクライナ、外国の干渉軍との戦争。
130 A. A. Svechin, K. D. Lee（ed.）, *Strategy*, Minneapolis, MN, 1992, pp.68-69.
131 Ibid., p.239.
132 クラウゼヴィッツ、篠田英雄訳『戦争論　上』岩波書店（1968年）、pp.81-91.
133 W. C. Blythe, 'A History of Operational Art', *Military Review*, vol.98, no.6, 2018, pp.37-49; S. Naveh, *In Pursuit of Military Excellence: the Evolution of Operational Theory*, London, Portland, OR,

1997, pp.164-208.
134 Svechin, op. cit., pp.240-256; D. R. Stone, 'Misreading Svechin: Attrition, Annihilation, and Historicism', *The Journal of Military History*, vol.76, 2012, pp.673-693.
135 J. S. Corum, *The Roots of Blitzkrieg: Hans von Seeckt and German Military Reform*, Lawrence, KS, 1992, pp.190-197; G. P. Gross, *The Myth and Reality of German Warfare: Operational Thinking from Moltke the Elder to Heusinger*, Lawrence, KS, 2016, pp.189-257; Naveh, op. cit., pp.121-150.
136 R. Pennington, 'Was the Russian Military a Steamroller? From World War II to Today', War On the Rock, July 6th 2016.（https://warontherocks.com/2016/07/was-the-russian-military-a-steamroller-from-world-war-ii-to-today/）; 彼女の評価は、RANDやFOIの報告書と同じく、ウクライナ戦争でのプーチンの失敗を正しく予測していた。
137 J. Ellis, *Brute Force: Allied Strategy and Tactics in the Second World War*, London, 1990, pp.355-358.
138 T. N. Dupuy et al., op. cit., pp.478-486.
139 B. Montgomery, *The Memoirs of Field-Marshal Montgomery*, New York, 1958, pp.243, 273.
140 N. Barr, *Pendulum of War: the Three Battles of El Alamein*, London, 2004, 2005, pp.332-358-408; ただし、狭い正面に主攻を集中したモンゴメリの初期計画に対するエリスの批判は、グッドウッド作戦やマーケット・ガーデン作戦の先触れを指摘するものとして傾聴に値する。 Ellis, op. cit., pp. 279-284.
141 マイケル・カーヴァー、桑田悦訳「核時代における在来戦」、ピーター・パレット編、防衛大学校「戦争・戦略の変遷」研究会訳『現代戦略思想の系譜　マキャヴェリから核時代まで』ダイヤモンド社（1989年）
142 Defense Science Board, 'Summer Study on Conventional Counterforce against a Pact Attack', Office of the Director of Defense Research and Engineering, Washington DC,1977.
143 Ibid.
144 スコット、前掲書、pp.79-83; デイヴィッド・M・グランツ、梅田宗法訳『ソ連軍作戦術　縦深会戦の追求』作品社（2020年）、pp.56-59; M. Kofman, 'The Ogarkov Reforms: the Soviet Inheritance behind Russia's Military Transformation', Russia Military Analysis, July 11th, 2019.（https://russianmilitaryanalysis.wordpress.com/2019/07/11/the-ogarkov-reforms-the-soviet-inheritance-behind-russias-military-transformation/）
145 I. Trauschweizer, *The Cold War U. S. Army: Building Deterrence for Limited War, Lawrence*, KS, 2008, pp.198-237; J. L. Romjue, 'From Active Defense to AirLand Battle: the Development of Army Doctrine 1973-1982', TRADOC, 1984.
146 M. C. Fitzgerald, 'Marshal Ogarkov on the Modern Theater Operation', *Naval War College Review*, vol.39, no.4, 1986, pp.6-25.
147 *DOD Dictionary of Military and Associated Terms*, DOD, November, 2021.
148 H. Wass de Czege, 'Thinking and Acting like an Early Explorer: Operational Art is not a Level of War', *Small Wars Journal*, March 14th, 2011.
149 B. A. Frieddman, op. cit., pp.40-41; Blythe, op. cit.; E. N. Luttwak, 'The Operational Level of War', *International Security*, vol.5, no.3, 1981, pp.61-79; エドワード・ルトワック、武田康裕／塚本勝也訳『エドワード・ルトワックの戦略論　戦争と平和の論理』毎日新聞出版（2014年）、pp.174-175.
150 *FM 100-5 Operations*, Department of the Army, August 20th, 1982.
151 P. P. Perla, *The Art of Wargaming: a Guide for Professionals and Hobbyists*, Annapolis, MD, 1990, pp.168-173.
152 Friedman, op. cit., pp.5-10.
153 Friedman, op. cit., pp.42-51; Wass de Czege, op. cit.; Blythe, op. cit.; W. F. Owen, 'The Operational Level of War does not exist', *The Journal of Military Operations*, vol.1, no.1, 2012, pp.17-20.
154 J. Kelly, M. Brennan, 'Alien: How Operational Art devoured Strategy', Strategic Studies Institute, 2009; R. T. Foley, 'Operational Level and Operational Art: Still useful Today?', the Defence Studies Department, King's College London, September 14th, 2015.（https://defenceindepth.

co/2015/09/14/operational-level-and-operational-art-still-useful-today/）
155 C. Buckel, 'A New Look at Operational Art: How we view War dictates how we fight it', *Joint Force Quarterly*, vol.100, 2021, pp.94-101.
156 Wass de Czege, op. cit.
157 Svechin, op. cit., p.67.
158 M. Galeotti, *Putin's Wars: from Chechnya to Ukraine*, Oxford, 2022, pp.108-112; Grau, Bartles, op. cit., p.5.
159 Grau, Bartles, op. cit., p.8.
160 'Conscripts' Share in Russian Army declines to 30%, says Lawmaker', TASS, March 15th, 2021.（https://tass.com/defense/1265975）
161 K. Stepanenko et al., 'Explainer on Russian Conscription, Reserve, and Mobilization', ISW, March 5th, 2022.
162 Ibid.; 'Russia drafts 134,500 Conscripts but says they won't go to Ukraine', Reuters, March 31st, 2022.（https://www.reuters.com/world/europe/russia-drafts-134500-conscripts-says-they-wont-go-ukraine-2022-03-31/）; 'Russia's Putin signs Decree on Routine Autumn Conscription - TASS', Reuters, October 1st, 2022.（https://www.reuters.com/world/russias-putin-signs-decree-routine-autumn-conscription-tass-2022-09-30/）; 'Russia's Putin signs Decree on Autumn Military Conscription', Reuters, September 29th, 2023.（https://www.reuters.com/world/europe/russias-putin-signs-decree-autumn-military-conscription-2023-09-29/）
163 'Russia extends Conscription for Compulsory Military Service up to Age 30', Reuters, July 26th, 2023.（https://www.reuters.com/world/europe/russian-lawmakers-vote-raise-conscription-age-limit-30-2023-07-25/）
164 J. Lehrfeld, 'New in 2023: Update on Marine recruiting and retention Numbers coming', Marine Corps Times, January 10th, 2023.（https://www.marinecorpstimes.com/news/your-marine-corps/2023/01/09/new-in-2023-update-on-marine-recruiting-and-retention-numbers-coming/）
165 イスビー、前掲書、pp.25-26.
166 P. Felgenhauer, 'Moscow increasingly Ready for Major Military Confrontation', The Jamestown Foundation, March 21st, 2019.（https://jamestown.org/program/moscow-increasingly-ready-for-major-military-confrontation/）; L. W. Grau, C. Bartles, 'Getting to know the Russian Battalion Tactical Group', RUSI, April 14th, 2022.（https://rusi.org/explore-our-research/publications/commentary/getting-know-russian-battalion-tactical-group）
167 S. Dean, R. Picheta, 'Russia admits Conscripts have been fighting in Ukraine, despite Putin's Previous Denials', CNN, March 9th, 2022.（https://edition.cnn.com/2022/03/09/europe/russia-conscripts-fighting-ukraine-intl/index.html）
168 G. Miller et al., '"Wiped out": the War in Ukraine has decimated a once feared Russian Brigade', The Washington Post, December 16th, 2022.（https://www.washingtonpost.com/world/2022/12/16/russia-200th-brigade-decimated-ukraine/）; T. Nilsen, '200th Motorized Rifle Brigade sends Mixed Volunteer Battalion to Ukraine War', The Barents Observer, July 4th, 2022.（https://thebarentsobserver.com/en/security/2022/07/200th-motorized-rifle-brigade-sends-mixed-volunteers-battalion-ukraine-war）
169 'Указ Президента Российской Федерации от27.04.2023 №. 312: "О присвоени и 200 отдельной мотострелковой Печенгской ордена Кутузова бригаде почетного наименования"', April 27th, 2023.（http://publication.pravo.gov.ru/Document/View/0001202304270006）
170 Р.Крецул, А. Рамм, 'Зачем российскую Арктику укрепляют танками и пехо той', Izvestia, July 3rd, 2023.（https://iz.ru/1538203/roman-kretcul-aleksei-ramm/poliarnyi-okrug-v-sostave-severnogo-flota-sozdadut-obshchevoiskovuiu-armiiu）
171 C. Gall, 'Ukrainians in a Hidden Command Post see Bakhmut going their Way', The New York Times, March 30th, 2023.（https://www.nytimes.com/2023/03/30/world/europe/ukraine-bakhmut-russia.html）; M. Schwirtz, 'Ukraine Wants to push Forward. Not so Fast, says its Black Soupy

Mud', The New York Times, May 1st, 2023.（https://www.nytimes.com/2023/05/01/world/europe/ukraine-mud-counteroffensive-weapons.html）; F. Farrell, 'Trained in the Heat of Battle: the Journey of Kharkiv Oblast's Territorial Defense', The Kyiv Independent, May 3rd, 2023.（https://kyivindependent.com/trained-in-the-heat-of-battle-the-journey-of-kharkiv-oblasts-territorial-defense/）

172 T. N. Dupuy, *Understanding Defeat: How to recover from Loss in Battle to gain Victory in War*, New York, 1990, pp.196-198.

173 https://twitter.com/DefenceHQ/status/1711984643921092876；ウクライナ軍の情況については、'Thousands of Ukrainian soldiers are suffering with PTSD', The Economist, February 9th, 2023.（https://www.economist.com/europe/2023/02/09/thousands-of-ukrainian-soldiers-are-suffering-with-ptsd）

174 ロシア軍の標準的な編制よりもやや高い比率だが、「使い捨て」歩兵を多用する新しい戦術ドクトリンを考慮した。

175 T.Cooper, et al., *War in Ukraine, vol.2, Russian Invasion, February 2022*, Warwick, 2023, p.6.

176 Ibid., p.6; The Military Balance 2022, p.212.

177 Cooper et al., p.12.

178 Ibid., pp.11-12.

179 S. Scherer, 'Canada's MDA providing Ukraine with Satellite Imagery to fight Russia', Reuters, March 9th, 2022.（https://www.reuters.com/world/canadas-mda-provide-sar-satellite-imagery-ukraine-help-it-fight-2022-03-08/）

180 彼らはあくまで営利企業であり、かつウクライナを支援する諸国に本拠を置いているのである、社会的、政治的に中立というわけではない。そのことに注意は必要である。

181 C. Baraniuk, 'How Access to Satellite Images shifts the View of War', BBC, March 22nd, 2022.（https://www.bbc.com/news/business-60762772）

182 P. Luzin, 'Russia's Space Satellite Problems and the War in Ukraine', The Jamestown Foundation, May 24th, 2022.（https://jamestown.org/program/russias-space-satellite-problems-and-the-war-in-ukraine/）

183 P. Luzin, 'Satellites of Stagnation', Riddle, March 15th, 2023.（https://ridl.io/satellites-of-stagnation/）

184 A. Jones, 'Chinese Commercial Remote Sensing Satellite Firm to double Size of Constellation', SpaceNews, October 28th, 2022.（https://spacenews.com/chinese-commercial-remote-sensing-satellite-firm-to-double-size-of-constellation/）

185 K. Ng, 'Ukraine: US sanctions Chinese firm helping Russia's Wagner Group', BBC, January, 27th, 2023.（https://www.bbc.com/news/world-asia-china-64421915）; B. Smith, 'Wagner Group reportedly bought Chinese Satellites for Use in War in Ukraine', The Telegraph, October 6th, 2023.（https://www.telegraph.co.uk/world-news/2023/10/06/wagner-satellite-china-russia-ukraine-war-evgeny-prigozhin/）

186 A. Marquardt, 'Exclusive: Musk's SpaceX says it can no longer pay for Critical Satellite Services in Ukraine, asks Pentagon to pick up the Tab', CNN, October 14th, 2022.（https://edition.cnn.com/2022/10/13/politics/elon-musk-spacex-starlink-ukraine/）

187 T. Withington, 'Ukraine's Favourite Dish, European Security and Defence' , European Security & Defence, May 30th, 2023.（https://euro-sd.com/2023/05/articles/30035/ukraines-favourite-dish/）

188 M. Stone, J. Roulette, 'SpaceX's Starlink wins Pentagon Contract for Satellite Services to Ukraine', Reuters, June 2nd, 2023.（https://www.reuters.com/business/aerospace-defense/pentagon-buys-starlink-ukraine-statement-2023-06-01/）

189 Luzin, 'Russia's Space Satellite Problems'.

190 J. Porter, 'SpaceX's New Starlink Premium Tier promises up to 500 Mbps for $500 a Month', The Verge, February 2nd, 2022.（https://www.theverge.com/2022/2/2/22913921/spacex-starlink-premium-satellite-internet-faster-speed-expensive）

191 スターリンクの総ユーザ数は2023年9月に200万に到達した。ウクライナの軍事専用の基地局数を多めに見積もって5万としても、その2.5%に過ぎない。Surur, ‘Starlink announces 2 Million Active Subscribers: Growth going Geometric’, Big Tech Wire, September 24th, 2023.（https://www.bigtechwire.com/2023/09/24/starlink-announces-2-million-active-subscribers-growth-going-geometric/）;

192 ‘Starlink Statistics’, Jonathan's Space Pages, October 6th, 2023（updated）.（https://planet4589.org/space/con/star/stats.html）;

193 B. Turner, ‘Chinese Scientists call for Plan to destroy Elon Musk's Starlink Satellites’, Live Science, May 28th, 2022.（https://www.livescience.com/china-plans-ways-destroy-starlink）

194 C. Henry, ‘Telesat wins Study Contract for DARPA's Experimental Constellation’, SpaceNews 29th, 2018.（https://spacenews.com/telesat-wins-study-contract-for-darpas-experimental-constellation/）

195 S. Erwin, ‘SpaceX providing Starlink Services to DoD under “Unique Terms and Conditions”’, SpaceNews, October 3rd, 2023.（https://spacenews.com/spacex-providing-starlink-services-to-dod-under-unique-terms-and-conditions/）

196 ‘Intelligence Successes and Failures in Operations Desert Shield/Storm’, Committee on Armed Services House of Representatives, 1993.

197 https://twitter.com/ameliairheart/status/1494504427553763328 ; ‘International Cooperation in Finnish Airspace’, The Finnish Defence Forces, March 23rd, 2023.（https://puolustusvoimat.fi/en/-/international-cooperation-in-finnish-airspace）

198 P. Butowski, *Flashpoint Russia, Russia's Air Power: Capabilities and Structure*, Wien, 2019, p.141-142; この機体はもっとも貴重なアセットの一つとしてウクライナ空軍でも運用されている。B. Taghvaee, *Guardians of Ukraine: the Ukrainian Air Force since 1992*, Manchester, 2020, pp.128-132.

199 J, Gregory, ‘Russian Jet released Missile near RAF Aircraft over Black Sea’, BBC, October 20th, 2022.（https://www.bbc.co.uk/news/uk-63327999）; D. Vergun, ‘Russian Fighter strikes U.S. Unmanned Aircraft’, DOD News, March 14th, 2023.（https://www.defense.gov/News/News-Stories/Article/Article/3329229/russian-fighter-strikes-us-unmanned-aircraft/）

200 J. Watling, N. Reynolds, ‘Meatgrinder: Russian Tactics in the Second Year of its Invasion of Ukraine’, RUSI, 2023, pp.24.

201 J. Watling, N. Reynolds, ‘Ukraine at War: Paving the Road from Survival to Victory’, RUSI, 2022, pp.9-12; Watling, Reynolds, ‘Meatgrinder’, pp.18.

202 Watling, Reynolds, ‘Ukraine at War:’, pp.12-13.

203 *FM 3-0 Operations*, Department of the Army, October 1st, 2022, pp.1-18-1-19.

204 このことは同時に、「ハイブリッド戦」の定義が軍事的に無意味であることを教えている。

205 浅野裕一、前掲書、p.72.

206 前掲書、pp.73-80; 金谷治訳注『孫臏兵法　もうひとつの孫子』筑摩書房（2008年）、pp.226-229.

207 D. J. Eicher, *The Longest Night: a Military History of the Civil War*, New York, 2001, pp.696-715, 769-780.

208 S. E. Jackowski, ‘William T. Sherman: Evolution of an Operational Artist’, CGSC, 2013; 浅野裕一、前掲書、p.62.

209 E. Cook, ‘Is Ukraine's Army now the Best in the World? Major Countries compared’, Newsweek, April 1st, 2023.（https://www.newsweek.com/ukraine-army-best-world-compared-russia-us-military-china-1791441）

210 M. Hastings, *Overlord: D-Day and the Battle for Normandy 1944*, London, 1984, pp.230-243.

211 P. Dickinson, ‘Putin's Fleet retreats: Ukraine is winning the Battle of the Black Sea’, Atlantic Council, October 4th, 2023.（https://www.atlanticcouncil.org/blogs/ukrainealert/putins-fleet-retreats-ukraine-is-winning-the-battle-of-the-black-sea/）

212 ‘Ukraine's Strike Campaign against Crimea Seeks to degrade Russian Defenses in Southern Ukraine

and supports Ongoing Ukrainian Counteroffensive Operations', ISW, October 8th, 2023.（https://www.iswresearch.org/2023/10/ukraines-strike-campaign-against-crimea.html）

213 T. Newdick, 'ATACMS hits Battlefield Ukraine In Spectacular Fashion（Updated）', The Warzone, October 17th, 2023.（https://www.thedrive.com/the-war-zone/atacms-appears-to-have-hit-battlefield-ukraine-in-spectacular-fashion）

214 Watling, Reynolds, 'Meatgrinder', pp.18.

215 Ibid., pp.11-14.

216 M. Zabrodskyi et al., 'Preliminary Lessons in Conventional Warfighting from Russia's Invasion of Ukraine: February-July 2022', RUSI, 2022, pp.62-63.

217 Ibid.; イスビー、前掲書、pp.58-60.

218 H. Altman, 'Israel's Iron Beam Laser successfully downs Rockets, Drones, Mortars', The Warzone, April 15th, 2022.（https://www.thedrive.com/the-war-zone/israels-iron-beam-laser-successfully-downs-rockets-drones-mortars）

219 クラウゼヴィッツ、篠田英雄訳『戦争論　中』岩波書店（1968年）、pp.122-124; Friedman, op. cit., pp.94-97.

220 B. Wassaer et al., 'Against the Islamic State: the Role of Airpower in Operation Inherent Resolve', RAND, 2021;A. C. Fox, 'Precision Fires hindered by Urban Jungle', AUSA, April 16th, 2018.（https://www.ausa.org/articles/precision-fires-hindered-urban-jungle）

221 R. Tira, 'The Limitations of Standoff Firepower-Based Operations: on Standoff Warfare, Maneuver, and Decision', INSS, Tel Aviv University, 2007.

222 J. Storr, *Battlegroup!: the Lessons of the Unfought Battles of the Cold War*, Warwick, 2021, pp.225-229.

223 P. H. Wilson, *Europe's Tragedy: a New History of the Thirty Years War*, London, 2009, 2010, pp.786-787.

224 D. Parrott, *The Business of War: Military Enterprise and Military Revolution in Early Modern Europe*, Cambridge, 2012, pp.101-136; M. van Creveld, *Supplying War: Logistics from Wallenstein to Patton*, Cambridge, New York, 1977, 2004（2nd ed.）, pp.5-17; ラインハルト・バウマン、菊池良生訳『ドイツ傭兵の文化史　中世末期のサブカルチャー／非国家組織の生態誌』新評論（2002年）、pp.207-217.

225 J. A. Lynn, 'Food, Funds, and Fortresses: Resource Mobilization and Positional Warfare in the Campaigns of Louis XIV', Lynn（ed.）, *Feeding Mars: Logistics in Western Warfare from the Middle Ages to the Present*, Boulder, CO, 1993

226 P・W・シンガー、山崎淳訳『戦争請負会社』NHK出版（2004年）、pp.111-152, 240-294.

227 McDermott, op. cit., pp.37-38, M. Galeotti, *Russia's Five-Day War: the Invasion of Georgia, August 2008*, Oxford, 2023, pp.58-59.

228 Ibid., pp.41, 44-45.

229 Ibid., pp.45-54; Watling, Reynolds, 'Ukraine at War', pp.8-9; D. Axe, 'The Russian Army depends on Civilians to keep It supplied. This could be a Problem in Ukraine', Forbes, January 14th, 2022.（https://www.forbes.com/sites/davidaxe/2022/01/14/the-russian-army-depends-on-civilians-to-keep-it-supplied-this-could-be-a-problem-in-ukraine/?sh=1fd9d3172e37）

230 R. Ti, C. Kinsey, 'Lessons from the Russo-Ukrainian Conflict: the Primacy of Logistics over Strategy', *Defence Studies*, vol.23, no.3, 2023, pp.381-398.

231 逆に言えば、企業の通常の業務ではあり得ない大きな「摩擦」、例えば災害やテロによって生産システムの一部が破壊されれば、全体が機能不全に陥る。池松由香「熊本地震で全国のトヨタの工場が止まる理由」日経ビジネス（2016年4月19日）（https://business.nikkei.com/atcl/report/15/110879/041800313/）

232 A. Vershinin, 'Feeding the Bear: a Closer Look at Russian Army Logistics and the Fait Accompli', War on the Rocks, November 23rd, 2021.（https://warontherocks.com/2021/11/feeding-the-bear-a-closer-look-at-russian-army-logistics/）

233 アメリカ陸軍では維持部隊、ロシア地上軍ではMTO部隊。

234 'Ukrainian Troops defending Chernihiv blow up 56 Tanks of Diesel Fuel', Ukrainska Pravda, February, 26th, 2022.（https://www.pravda.com.ua/eng/news/2022/02/26/7326282/）

235 Grau, Bartles, op. cit.

236 Zabrodskyi et al., op. cit, p.42.

237 Watling, Reynolds, 'Ukraine at War' p.4.

238 Vershinin, op. cit.

239 Westerlund, Oxenstierna, op. cit., pp.65, 73-74.

240 *ADP 6-0 Mission Command: Command and Control of Army Forces*, Department of the Army, July 31st, 2019.

241 デヴィッド・S・アルバーツ、リチャード・E・ヘイズ、安田浩監訳『パワートゥザエッジ　ネットワークコミュニケーション技術による戦略的組織論』東京電機大学出版局（2009年）、pp.21-29.

242 Storr, op. cit., pp.15-18, 55-60.

243 アルバーツ、ヘイズ、前掲書、pp.57-68

244 前掲書、pp.35-36, 82-89.

245 W. P. Guthrie, *Battles of the Thirty Years War: from White Mountain to Nordlingen, 1618-1635*, Westport, CT, London, 2002, pp.59-67.

246 Keegan, *The Mask of Command*, pp.113-114.

247 F. Khaled, 'Russian Military Failures "likely to endure" in Ukraine: UK Defence', Newsweek, May 8th, 2022.（ https://www.newsweek.com/russian-military-failures-likely-endure-ukraine-uk-defence-1704596）; B. Cole, 'Russian Generals killed in War "Unbelievably High": Japanese Intelligence', February 9th, 2023.（https://www.newsweek.com/russian-generals-killed-war-ukraine-japanese-intelligence-1780131）

248 ジャン・セルヴィア、朝倉剛／篠田浩一郎訳『ユートピアの歴史』筑摩書房（1972年）、pp.302-312; 川端香男里『ユートピアの幻想』講談社（1993年）、pp.128-131, 186-189.

249 カール・ポパー、小河原誠訳『開かれた社会とその敵　1下』岩波書店（2023年）、pp.95-119; ポパー、小河原訳『開かれた社会とその敵　2上』岩波書店（2023年）、pp.219-222, 275-278.

250 Grau, Bartles, *The Russian Way of War*, p.51-56.

251 J. Storr, *Something Rotten: Land Command in the 21st Century*, Havant, 2022, pp.117-122; Grau, Bartles, op. cit., p.34.

252 ジェイムズ・F・ダニガン、岡芳輝訳『新・戦争のテクノロジー』河出書房新社（1992年）、p.315.

253 Ibid., pp.10-12: スコット、スコット、前掲書、pp.301-303, 314-317.

254 トム・クランシー、井坂清訳『レッド・ストーム作戦発動　上下』文藝春秋（1987年）

255 グランツ、前掲書、pp.283-296.

256 イスビー、前掲書、p.96.

257 T. Hitchens, 'Combatant Commands worry about Service JADC2 Stovepipes', Breaking Defense, August 31st, 2021.（https://breakingdefense.com/2021/08/combatant-commands-worry-about-service-jadc2-stovepipes/）

258 グランツ、前掲書、pp. 285-286, 291-292, 295-298; L. W. Grau, 'The Soviet Combined Arms Battalion Reorganization for Tactical Flexibility', SASO, 1989.

259 Zabrodskyi et al., op. cit., pp.31-32.

260 Grau, op. cit., p.27; Grau, Bartles, op. cit., p.37-40.

261 Zabrodskyi et al., op. cit., pp.47-52; ロシア防空部隊による友軍航空機の撃墜が盛んに報じられているが、ザブロツキによれば、味方撃ちでもっとも悪名高いのは電子戦部隊である。

262 中世キエフ大公国に発する三叉戟のシンボルは現在のウクライナの国章であり、彼らの国産巡航ミサイルの名となっている海神ネプチューン（ネプトゥヌス）のアトリビュートでもある。

263 D. Lamothe, I. Khurshudyan, 'Spike in Russian Combat Deaths fuels Fears of Worse Carnage to come', Th Washington Post, May 2nd, 2023.（https://www.washingtonpost.com/national-security/2023/05/02/russia-ukraine-combat-deaths/）

264 H. Cooper et al., 'Troop Deaths and Injuries in Ukraine War Near 500,000, U.S. Officials say', The New York Times, August 18th, 2023.（https://www.nytimes.com/2023/08/18/us/politics/ukraine-

russia-war-casualties.html）
265 https://twitter.com/DefenceHQ/status/1715968466501472576
266 V. Cotovio, 'NATO estimates Russia lost 5 times more Soldiers in Bakhmut than Ukraine', BBC, March 6th, 2023.（https://edition.cnn.com/europe/live-news/russia-ukraine-war-news-03-06-23/h_265c92682c57b8228fbbf082fb3b6888）
267 M. Santora, 'Moscow's Military Capabilities are in Question after Failed Battle for Ukrainian City', The New York Times, February 15th, 2023.（https://www.nytimes.com/2023/02/15/world/europe/russia-military-vuhledar-ukraine.html）; V. Melkozerova, 'Russia may have lost an Entire Elite Brigade near a Donetsk Coal-Mining Town', POLITICO, February 12th, 2023.（https://www.politico.eu/article/russia-may-have-lost-an-entire-elite-brigade-near-a-coal-mining-town-in-donbas-ukraine-says/）
268 'Russian Offensive Campaign Assessment', ISW, October 16th, 2023.（https://www.understandingwar.org/backgrounder/russian-offensive-campaign-assessment-october-16-2023）; S. Korshak, 'Worst Russian Land Battle Defeat in Nine Months: Kremlin Forces hit a Wall at Avdiivka', Kyiv Post, October 13th, 2023.（https://www.kyivpost.com/post/22706）
269 G. F. Krivosheev（ed.）, *Soviet Casualties and Combat Losses in the Twentieth Century*, London, 1993, 1997（English ed.）, pp.96-97.
270 L. Lopukhovsky, B. Kavalerchik, H. Orenstein（tr.）, *The Price of Victory: the Red Army's Casualties in the Great Patriotic War*, Barnsley, 2017, pp.142-143.
271 Glantz, House, op. cit., p.390.
272 Watling, Reynolds, 'Ukraine at War:', pp.15-17.
273 Elting, op. cit., p.224; Rothenberg, op. cit., pp.145-146; ただし、簒奪者であり軍事国家の指導者であるナポレオンにとって、親衛隊は単なる軍事的な戦力ではなく、文字通り体制の「親衛隊」として、手元に残しておかねばならぬ政治的な最後の切り札でもあった。
274 M. Bielieskov, 'Ukraine's Territorial Defence Forces: the War so Far and Future Prospects', RUSI, May 11th, 2023.（https://rusi.org/explore-our-research/publications/commentary/ukraines-territorial-defence-forces-war-so-far-and-future-prospects）
275 D. Vergan, 'Multiple Factors contribute to Ukraine's Battlefield Successes', DOD News, April 13th, 2022.（https://www.defense.gov/News/News-Stories/Article/Article/2998839/multiple-factors-contribute-to-ukraines-battlefield-successes/）; L. Garamnone, 'U.S. Troops train Ukrainians in Germany', DOD News,April 29th, 2022.（https://www.defense.gov/News/News-Stories/Article/Article/3015610/us-troops-train-ukrainians-in-germany/）
276 S. Skove, 'Some Ukrainian Troops are still using Soviet Methods, despite US Training', Defense One, April 7th, 2023.（https://www.defenseone.com/threats/2023/04/some-ukrainian-troops-are-still-using-soviet-methods-despite-us-training/384967/）
277 'Ukraine's Army must shed its Soviet Legacy, says a Military Expert', The Economist, May 17th, 2023.（https://www.economist.com/by-invitation/2023/03/17/ukraines-army-must-shed-its-soviet-legacy-says-a-military-expert）; このような「文化闘争」はもちろん初めてのものではない。大モルトケの時代については、Nolan, op. cit., pp.296-297.
278 S. Skove, 'How One Millennial Ukrainian is Defeating Russians: Viral Videos, Collaboration, and Lots of Drones', Defense One, May 16th, 2023.（https://www.defenseone.com/threats/2023/05/how-one-millennial-ukrainian-defeating-russians-viral-videos-collaboration-and-lots-drones/386402/）; K-2大隊のyoutube公式チャネルは、https://www.youtube.com/@k2_bat
279 J. Borger,'"Our Weapons are Computers": Ukrainian Coders aim to gain Battlefield Edge', The Guardian, December 18th, 2022.（https://www.theguardian.com/world/2022/dec/18/our-weapons-are-computers-ukrainian-coders-aim-to-gain-battlefield-edge）

あとがきに代えて

問 戦争終結の見込みはあるか？

答 戦争は政治の延長であるから、政策意思決定者が士気を保ち続ける限り続く。言い換えれば、指導者が敗北を認めた瞬間に終わる。

継戦と終戦の境界がどこにあるのかは、情況によって大きく異なる。第一次大戦のドイツは、海上封鎖によって飢餓に陥った社会が既に動揺を来していたところに、[*1]最後の望みをかけた大攻勢を破砕され、事実上の国家指導者であるルーデンドルフ参謀次長が戦意を喪失したことで、国土が戦場となる前に降伏した。対して第二次大戦では、軍の組織的な戦力がほぼ消滅し、国土の主要地域が破壊されてもなお、ヒトラーが死ぬまでドイツ人は戦いを止めなかったのである。

ウクライナ戦争の情況を鑑みてみれば、ゼレンスキがこのまま政権を維持し続けるか否かにかかわらず、ウクライナが先んじて和平を提案する公算は小さいと見られる。ロシアの侵略は、それまでウクライナに存在していた親ロシア感情を蒸発させ、ウクライナ人をナショナリズムの下に結集させてしまった。加えて、ロシア軍を国土から追い払い、国境の防御を固め相応の抑止力を保有しない限り、プーチンは何度でもやって来るだろう、というゼレンスキの戦略は明解であり、ウクライナ国民の感情によく適合している。チャーチルが言ったように、独裁者への妥協は、彼の野心をさらに燃え上がらせる燃料にしかならない。

　将来的に「国土」の定義が修正されることはあり得るが、戦略的合理性からは、黒海を制するクリミア、資源地帯であるドンバスの奪回の断念は、ウクライナを戦略的、経済的に脆弱な状態のままにしておくことを意味し、現実的ではない。

　ロシアの動向はプーチン次第であるが、彼自身はまだ何ひとつ失ってはいないので、隣国から軍を引き揚げて戦争を終わらせる理由はない。権威主義体制の安定は、公然と非公然の反対者及び中立の者から搾取し、支持者を富ませることで成立しているが、このメカニズムは微動だにしていない。プーチン自身が二〇二二年五月に「どんな贅沢品だろうが望めば輸入できるようにする」と約束した通り、ブローカーを巧みに使った制裁の迂回により、プーチンに忠実なシロヴィキとオルガリヒは、戦前と変わらず、世界中で西側製の高級車や携帯電話を大量に買い漁り、観光を楽しんで満足している。[*2] のみならず戦争は新たな利権を生み出し、それをめぐる権力闘争から内乱が起こる有様である。ワグネルの叛乱はロシアの戦争遂行能力に決して小さくない打撃をもたらしたが、プーチンの「偉大な物語《ナラティヴ》」にはいささかも影響していない。アゼルバイジャンに敗れたアルメニアがちらつかせているロシアからの離反も、ウクライナが片付き次第すぐさま鎮圧できる程度の問題に過ぎない。

　ウクライナ人は戦争によってむごい犠牲を払い、これからも払い続けるだろうが、やすやすと武器を捨てないだろう。二つの世界大戦はまさにそうであったし、またグローバル化した現代においても、第二次大戦後を対象としたＣＳＩＳ（戦略国際問題研究所）の統計解析によれば、短期での停戦に失敗し、二年目を迎えた戦争は、平均して一〇年以上続くのである。[*3]

人的な犠牲が、ロシア国民の感情を厭戦に走らせる可能性はさらにずっと小さい。バフムート戦より遥か以前から、戦術的に不器用なロシア軍は、勝敗にかかわらず敵よりも大きな人的損害を被ってきた。例えばノモンハン（一九三九）では、砲兵と戦車の優勢、戦力の集中、機動を作戦術の教科書的に駆使して日本軍の各個撃破に成功しているが、日本軍の死傷約一万七〇〇〇に対して、ソ連軍は約二万五〇〇〇を失っている。

もとよりロシア軍の戦争文化では個々の兵士の生命や尊厳はほとんど価値を認められていないが、そのような長い歴史の経験からまた国民も、大量の人的犠牲は、戦争――ロシア人の世界観では、規模や種類にかかわらずあらゆる戦争は祖国防衛と同義である――の勝利のための避けられない代償だと考えている。ゆえに、体制の安定に寄与していない人々、とりわけ地方や少数民族出身の兵士が五〇〇万、一〇〇〇万死のうとロシア政府も国民も動じないであろうが、血を流す当のそれらの人々も、黙って運命を受け容れるだろう。

ロシアにとっての切迫した、現実的な問題は、「使い捨て」歩兵として死ぬ準備ができている五〇〇万ないし一〇〇〇万の人的資源を、戦力として動員することが構造的にできないという点にある。

ロシアによるウクライナ全土の征服がもはや不可能となった現在、最小の犠牲と最短の時間で戦争を終結させる手段は、ゼレンスキの戦略に従い、ウクライナ全土からロシア軍を追い払うことである。平和の到来を望み、戦争の長期化による経済の疲弊、そして暴力のグローバルな拡散を嫌うのであれば、西側諸国はあらゆる領域での支援を強化し、集中するべきである。

問　戦争が長期化すれば、国力に優るロシアが勝つのではないか？

答　国力の差が勝利をもたらすというのは、最近のプーチンの代理人たちが気に入っているフレーズであるが、それは間違っているとは言えないものの、正しくもない。彼らの理屈では、国力で大きく劣る側が勝利した日露戦争やヴェトナム戦争はいったいどう説明されるのだろうか？

またもや繰り返しになるが、戦争は多変数から成る複雑な非線形問題であって、そのフレームワークの中では国力は重要ではあるが変数の一つに過ぎない。そして、ウクライナ国民の戦意や団結心、そして西側からの支援もまた、別の重要な変数なのである。

ロシアは国力の差で最後には戦争に勝つかも知れないし、勝てないかも知れない。それを予測する手段は現時点ではどこにも存在しない。

問　ウクライナはもっと積極的に和平交渉を働きかけ、人命の損失を防ぐべきではないか？

答　国際関係を支配するのは主権国家間の弱肉強食と恐怖の均衡のルールに過ぎない、という現実主義に立つならば、弱いウクライナが強いロシアに早々に降参することは合理的な選択とも思えるが、この理屈には二つの問題がある。

一つは、法の支配と権利である。多くの日本人にとって、法や権利といったものは「お上」からトップダウンで与えられるものでしかなく、日常における最重要の関心は「安心・安全」をドグマ的に追求することにあるのだから、開戦後にテレビの報道番組に出演したウクライナ政府の使者に対して、日本人のタレントたちが「安心・安全」のための降参を勧めて唖然とさせた珍事も驚くほどのことではないが、しかし欧州世界の人々にとってみれば、歴史的に法の支配や自由、独立といったものは、自らが昔から闘って勝ち取ってきた権利なのである。*4 欧州とロシア、あるいは欧州とアジアとの間にあって、滅亡と独立を繰り返してきたウクライナの人々も例外ではない。

もちろん、そのような二元論は単純化した理念型に過ぎないが、戦争に投げ込まれたウクライナ人の精神性を理解するためには、彼らの政治文化を知っておくべきである。

第二の問題は、平和は必ずしも戦争の反対概念ではなく、平和は「安心・安全」と同義ではないことである。近現代の戦争は地獄であり、「良い戦争」などというものはどこにも存在していないが、しかし「悪い平和」は存在し得るのである。平和は特殊的な現実の状態であって、プラトン的な真善美とは異なり、純粋で単一の概念などではない。

合法的に政権を獲得したヒトラーは、第二次大戦の勃発までドイツに平和と繁栄と秩序をもたらし、クメール・ルージュもまた、ヴェトナム戦争の余波に巻き込まれたカンボジアに平和と秩序を回復した。しかし、彼らの平和はテロルの平和であり、無辜の数百万人が戦場ではなく、日常生活において殺害されたのである。

プーチンがウクライナを征服してもたらそうとしている平和は、ヒトラーやクメール・ルージュとは違うかも知れない。しかし、ヒトラーがユダヤ人に生存の権利を認めていなかったように、プーチンがそもそもウクライナの民族と国家と文化の存在の権利を認めていないことを看過してはならない。彼の命令で行われた占領地統治の手始めが、ブチャの非戦闘員の虐殺であったことを忘れてはならない。それをよくよくわきまえた上で、ロシア人の慈悲と寛容にすがろうと言うのであれば仕方がないが。

問　ウクライナ戦争から我々が恐れるべきことは何か？

答　ロシアが核兵器を使用し、全面戦争へとエスカレーションする公算は決してゼロではないが、現時点で体制の存亡に迫られておらず、そもそもアメリカが対北朝鮮・イラン用として整備しているミサイル防衛システムが、ロシアの核抑止力をも無効化してしまうことを強く懸念しているプーチンがそれを行う公算は高くはない。

恐らくより危険なリスクは、既にガザの戦争で始まっていることであるが、暴力のグローバルな拡散である。本書で述べたように、致死的な火力の下で高度に紀律化された現代の通常戦は、虚無的な「塹壕の共同体」という形で、全体主義的なイデオロギー運動の種子を生み出しやすいのである。

スレッジハンマーを使ったワグネルの見せしめの処刑が、既にロシアの地方政治家等に礼賛者を出している情況、またアメリカや欧米においても、暴力的な極右や極右の運動に共感する政界や経済界のエリートが出ている情況は、ハンナ・アレントが全体主義の前段階として警告した、モッブ（階級的脱落者）とエリートとの同盟の始まりを思わせる。

前回の全体主義的イデオロギー運動――イスラム国（ＩＳ）による革命戦争は、危うげな国際協調によってかろうじて処理できたが、次回も成功する保証はない。とりわけそれが、核武装したロシアや西側の内部で起こった場合においては。

問　日本にできること、日本がするべきことは何か？

答　軍事合理性の視座のみから考えれば、最優先なのはともかく大量の砲弾（特に一五榴弾）とドローン、そしてＡＦＶ、防空ミサイル、滑空誘導爆弾、ボディ・アーマー、暗視装置、地雷除去装置、秘匿化通信装置等を、アメリカやＮＡＴＯ、ＥＵと密接に協調しつつウクライナに持続的に送ることである。また並行して、ウクライナ軍の戦闘部隊や参謀将校、その他人材の訓練も支援するべきである。

もちろん、日本国内の法規や国民感情の問題から現実にはそれは決して簡単ではないのだが、戦闘行為に直結しない分野でも可能な支援策はいくらでもある。地雷や不発弾の除去、医療とリハビリ、心理的なケア、インフラの修復と防護、教育、孤児や高齢者等の弱者の支援、地域の復興、そして産品や製品の輸入。

戦争への関与は日本の軍事大国化、侵略国家化を招くといった言説は空想ないしプロパガンダに過ぎない。「世界第二位の軍事力」を誇り、数千発の核兵器を保有しているロシアが、ずっと弱い孤立した隣国を屈服させられないのであれば、日本が「軍事大国化」したとしていったいどんな「侵略」ができるというのだろうか？

むしろ、ウクライナ戦争への関与の拒否は、将来的に日本が深刻な軍事的脅威に晒された時に、国際的な助けを得られる道を塞いでしまうリスクがある。プーチンがそれまでの間接的な干渉を超えて、大規模な侵略に踏み切った背景が、政治的、軍事的に孤立し、自衛のための充分な抑止力をも欠いたウクライナが、「権力の真空」として格好の獲物となっていたからである。

国際的な環境がウクライナとはまったく異なるので、日本について当てはまるものでないことをよく承知していただきたいが[*5]、ウクライナ戦争の勃発を見たビル・クリントンは、一九九四年に当時のウクライナ大統領レオニード・クラフチュクを説得して、ソ連から引き継いだ核兵器を放棄させたことを後悔していると語っている[*6]。

一方、日本が自身のためにできることも多くある。どこから手を付ければよいのか見当も付かないほどに多い。慌てふためいているドイツやイギリスと同様、日本もまた通常戦への備えはまったく整っていないに違いない。最低でも三〇〇万ないし四〇〇〇万発の砲弾の備蓄、予備戦力の拡充、長距離スタンドオフ兵器の調達、縦深防空システムの整備、ドローン戦の研究戦時及び準戦時体制の構築、インフラの防護と復旧計画の策定、非戦闘員の退避手段の整備――実際、やらねばならないことが多過ぎる。

しかしもっとも重要なのは、砂に頭を突っ込んだダチョウの如く、都合の悪いことはいっさい見ない、言わないで通してさえいれば、いつまでも「安心・安全」を享受できるという思い込みから世論を脱却させることだろう。平和を願うのであれば、戦争の準備をしなければならない、と古代人は言ったが、軍備は時間においても空間においても常に相対的であり、「専守防衛」といった絶対的な、つまり自己中心的な概念は戦争を防ぐ役には立たない。クラウゼヴィッツが言ったように、また現実にウクライナ戦争で観察されているように、侵略された側であろうがなかろうが、有力な攻撃手段を欠く国家及び軍隊は永遠に勝利できない。政府やメディアは、極右や極左のプロパガンダの、あるいは外国の認知戦の資材にされることを恐れずに、透明性の確保された議論の場を公共圏に、とりわけ議会に設けるべきである。その前にまず政府は、ウクライナに軍民の専門家から成る調査チームを常駐させ、現代戦のあらゆる教訓を摂取せしめるべきであろう。

1　藤原辰史『カブラの冬　第一次世界大戦期ドイツの飢饉と民衆』人文書院（二〇一一年）

2　A. Troianovski, J. Ewing, `How Russia's Rich get Their Luxuries now., The New York Times, May 11th, May 14th(updated), 2023.（https://www.nytimes.com/2023/05/11/world/europe/dubai-russia-cars-export.html）

3　B. Jensen, `How Does It End? What Past Wars tell Us about how to Save Ukraine., CSIS, March 4th, 2022.（https://www.csis.org/analysis/how-does-it-end-what-past-wars-tell-us-about-how-save-ukraine）

4　村上淳一『「権利のための闘争」を読む』岩波書店（一九八三年）、pp.267-295.

5　現実には使えず、資金と資源を際限なく喰らうばかりの核兵器を持たずにやってゆけるのであれば、それに越したことはない。

6　M. O'Callaghan, `Clinton regrets persuading Ukraine to give up Nuclear Weapons', RTE, April 4th, 2023.（https://www.rte.ie/news/primetime/2023/0404/1374162-clinton-ukraine/）

有坂 純（ありさか じゅん）

軍事史家。ゲーム・デザイナー。慶應義塾大学理工学部物理学科卒（物性物理学）。同文学部史学科（西洋史学）博士課程単位取得退学。専門は17世紀イングランド軍事史。『歴史群像』（ワン・パブリッシング）に「縦横無尽！世界戦史」を連載中。2007-2016年には「戦史の名画をよむ」を連載。

ウクライナ戦争の正体

2023年12月31日　第1刷発行

著者　有坂　純
発行人　松井謙介
編集人　長崎　有
編集担当　星川　武
デザイン　株式会社 ファントムグラフィックス
発行所　株式会社 ワン・パブリッシング
〒110-0005　東京都台東区上野3-24-6
印刷所　日経印刷株式会社

【この本に関する各種お問い合わせ先】
●内容等のお問い合わせは、下記サイトのお問い合わせフォームよりお願いします。
https://one-publishing.co.jp/contact/
●不良品（落丁・乱丁）については　Tel 0570-092555
業務センター　〒354-0045 埼玉県入間郡三芳町上富279-1
●在庫・注文については書店専用受注センター
Tel 0570-000346

ワン・パブリッシングの書籍・雑誌についての
新刊情報・詳細情報は、下記をご覧ください。
https://one-publishing.co.jp/

歴史群像ホームページ　https://rekigun.net/